高职普通话训练教程

（活页式教材）

主　编：王　瑞　　王英丽
副主编：王洁茹　　陈　帅
参　编：袁　理　　王楠楠

北京理工大学出版社
BEIJING INSTITUTE OF TECHNOLOGY PRESS

版权专有　侵权必究

图书在版编目（CIP）数据

高职普通话训练教程 / 王瑞，王英丽主编． -- 北京：北京理工大学出版社，2024.6.

ISBN 978-7-5763-4172-0

Ⅰ．H102

中国国家版本馆 CIP 数据核字第 2024BY0361 号

责任编辑：徐艳君　　**文案编辑：**徐艳君
责任校对：周瑞红　　**责任印制：**施胜娟

出版发行 /	北京理工大学出版社有限责任公司
社　　址 /	北京市丰台区四合庄路 6 号
邮　　编 /	100070
电　　话 /	（010）68914026（教材售后服务热线）
	（010）68944437（课件资源服务热线）
网　　址 /	http://www.bitpress.com.cn

版 印 次 /	2024 年 6 月第 1 版第 1 次印刷
印　　刷 /	河北盛世彩捷印刷有限公司
开　　本 /	787 mm×1092 mm　1/16
印　　张 /	13.5
字　　数 /	314 千字
定　　价 /	49.80 元

图书出现印装质量问题，请拨打售后服务热线，负责调换

前言 Preface

党的二十大报告中指出，要"增强中华文明传播力影响力，坚守中华文化立场，讲好中国故事、传播好中国声音，展现可信、可爱、可敬的中国形象，推动中华文化更好走向世界"。中国国际地位和影响力的日益提升，为汉语的国际传播带来了新机遇。中国经济的快速发展也给世界带来了巨大的市场机遇。有研究表明，在中国排名前十位的贸易伙伴中，都拥有大量熟悉中国文化、掌握普通话、精通中国事务的人才。普通话作为国家法律规定的国家通用语言，在中华文化传播和中外交流方面发挥着重要作用。因此，为贯彻落实党的二十大精神，进一步加强对外交流，"讲好中国故事、传播好中国声音"，以学校为基础，大力推广和普及普通话十分必要。

我国有五十六个民族、八十多种语言、七大方言区，它们分布区域广、差异大。因此推广全国通用的普通话，消除语言隔阂和交流障碍，有利于不同民族和地区之间的经济、文化交流，有利于维护国家统一、促进民族团结和推动社会进步。

中华人民共和国成立以后，国家重视推广普通话工作，把推广普通话作为我国长期的一项语言政策。2000年颁布的《中华人民共和国国家通用语言文字法》第十九条规定："凡以普通话作为工作语言的岗位，其工作人员应当具备说普通话的能力。"在2021年教育部新修订的《普通话水平测试管理规定》中把"行业主管部门规定的其他应该接手测试的人员"和"师范类专业、播音主持艺术专业、影视话剧表演专业以及其他与口语表达密切相关专业的学生"纳入测试对象。

在高职院校中，有许多相关专业的学生，未来从事的工作和普通话联系十分密切，普通话水平的高低对他们职业发展有着重要影响。因此，普通话的学习与训练是他们不可或缺的必修课。本教材为满足高职院校中相关专业学生的普通话学习需求而编写。结合编者多年来的教学经验和实际岗位需求，有的放矢，进行针对性的训练指导，强调实践性与实用性，为学生走进职场打下良好的语言能力基础。

本教材共十二个模块，分别阐述了普通话基本知识、普通话语音学习与训练、朗读训练和说话训练以及普通话水平测试等内容。本教材将专业知识讲解得通俗易懂，将专业知识和训练同学生语言生活相联系，努力激发学习兴趣，易于自主学习，提高实训能力。

本书的编者是来自吉林工程职业学院的专业教师团队。主编王瑞负责整体设计和统稿并编写了模块一、模块二、模块六、模块七；主编王英丽负责对全书进行审定并编写了模块十一；副主编王洁茹编写了模块三、模块四；副主编陈帅编写了模块八、模块九；参编袁理编写了模块十二；参编王楠楠编写了模块五、模块十。

编　者

目　　录

导入篇

模块一　走进普通话 ………………………………………………… 3

知识篇

模块二　普通话声母 ………………………………………………… 17

模块三　普通话韵母 ………………………………………………… 40

模块四　普通话声调 ………………………………………………… 71

模块五　普通话音变 ………………………………………………… 80

模块六　语言外部技巧训练 ………………………………………… 89

实训篇

模块七　声母综合训练 ……………………………………………… 113

模块八　韵母发音训练 ……………………………………………… 137

模块九　声调发音训练 ……………………………………………… 158

模块十　语流音变综合训练 ………………………………………… 167

模块十一　朗读基本功训练 ………………………………………… 172

附 录

模块十二　普通话水平测试 ··· 193

参考文献 ··· 209

导入篇

模块一 走进普通话

项目一 认识普通话

一、什么是普通话

普通话是我国规范的现代汉民族共同语，是我国的国家通用语言。1956年2月6日，国务院发布的《关于推广普通话的指示》，正式将普通话的定义确定为："以北京语音为标准音，以北方话为基础方言，以典范的现代白话文著作为语法规范。"从此"普通话"成为有明确含义的术语。普通话的"普通"二字是"普遍通行""共通"的意思，并不是"平常普通""普普通通"的意思。

普通话是汉民族共同语，但不是有了"普通话"这个词才有汉民族共同语的。汉民族共同语的形成已经经历了相当长的时期，难以确定开始形成的年代，但不会晚于14世纪。宋元以来的白话文学使白话取得了书面语言的地位。元代的"中原音韵"通过戏曲推广了北方话的语音。明清两代的所谓"官话"随着政治的力量和白话文传播到各地。辛亥革命特别是五四运动以后，反对文言文，提倡白话文，迅速促进了汉民族共同语的推广。"官话"这个名称逐步被"国语"代替，同时也称为"普通话"，这在历史上曾经标志着汉民族共同语的一个发展阶段。1956年以后，我国确定用"普通话"指称汉民族共同语，替代"国语""官话"的名称，是考虑到语言的群众性，考虑到汉语应当同少数民族语言平等。具体来说：

（1）以北京语音为标准音是针对语音而言，指的是以北京话的语音系统为普通话的语音标准。自元代以来，北京就是中国政治、经济、文化的中心，明清时期的"官话"，五四运动之后的"国语运动"，都极大地促进了北京语音在全国范围内的传播，从而确立了北京语音为标准音的地位。

（2）以北方话为基础方言是针对词汇而言，指的是以北方词汇为普通话的标准词汇。北方话分布区域最广，使用人数最多，影响也最大，因而成为普通话的基础方言也就顺理成章。当然，北方话为基础方言，不等于所有北方话当中的词汇都可以在普通话里"登堂入室"，也不等于非基础方言的词汇就难以"入编"成册。比如，北方话当中，有的地方将"傍晚"说成"晚半晌"，将"馒头"称为"馍馍"，普通话里就没有采用；南方方言中的"搞""尴尬""噱头"等，现在也流行开来。另外，"沙发""打的""写真"

"色拉油"等外来词,也以一些方言为中介加入了普通话词汇的行列中。

(3)以典范的现代白话文著作为语法规范是针对语法而言的。"典范"摒弃的是一般、普通,"白话文"排除的是"文言文","著作"指的是普通话的书面形式。所以,我们应该清楚,只有那些大家公认的现代优秀作家、理论家的优秀作品,以及国家发布的各种书面文本,才堪称"典范的现代白话文著作",也才得以成为普通话语法标准的依据。

二、普通话语音与北京语音

北京话毕竟是一种汉语方言。普通话采取北京语音系统(音系)作为标准音,并不是不加分析、不加选择囫囵采用,学习普通话要排除北京话的特殊土语成分。虽然,我们很难在普通语音和北京语音之间划一条绝对的界限,但我们还是能够区别普通话和北京话的特殊土语成分的。

北京话的特殊土语成分可以表现在语音的许多方面。如:biā 贴,"~在墙上";dèn 拃,"把绳子~直";tēi 是"忒"tuī 的变读;sēi 是"塞"sāi 的变读;piǎn 谝,自吹,炫耀;bíng 是"甭"béng 的变读。再比如,北京话把"邮局"yóu jú,读作 yōu jú;把"办公室"bàn gōng shì,读作 bàn gōng shǐ;把"附近"fù jìn,读作 fǔ jìn;把"侵略"qīn lüè,读作"qǐn lüè"。

除了这些异读音,北京话当中还有一些土音,比如:老北京人把"蝴蝶"hú dié 说成 hú diěr,把"告诉"gào su 说成 gào song。另外,北京人在碰到两个第四声相连的词语时,往往会把第一个字变成第二声,如把"意大利"读成"意 dá 利",把"打电话"读成"打 dián 话"。

要说北京人说普通话最不标准的地方,还要数北京话中的"吃字"现象。尤其是三音节词,比如"老师好""公主坟",很多人说话时经常省略中间的那个字。网上流传一个段子"学说北京话",考考你,是否知道下面这几句说的到底是什么意思:①王五井儿;②西日门儿;③公乳坟儿;④灯儿口儿;⑤胸柿炒鸡蛋;⑥装垫儿台。正确答案是:①王府井;②西直门;③公主坟;④灯市口;⑤西红柿炒鸡蛋;⑥中央电视台。

北京话尖团音不分,儿化音较多,还有一些独有的词汇,形成了风趣、俏皮、幽默的方言特点,受到不少人的喜欢。尽管如此,北京话也不过是具有特殊地位的一种方言罢了。因此,北京人学习普通话同样要纠正不少语音问题,也要花费一定的气力,我们学习普通话语音也不能不加选择地以其为标准。

项目二 普通话语音的性质及基本概念

一、普通话语音的特点

普通话语音音节界限分明,乐音较多,加上声调高低变化和语调的抑扬顿挫,因而具有音乐性强的特点，也具有区别于印欧语系语言的许多特点，具体表现如下：

（一）音节界限分明

在一个音节内，无论开头或是结尾，都没有两个或三个辅音连在一起的现象，对元音和辅音出现的位置限制严格，音节基本上是按照"声母＋韵母＋声调"模式构成的，外加少数零声母音节。不同于英语的"拼读"式发音，而采用压缩式的"合读"发音。因此，普通话音节的界限分明，音节的结构形式比较整齐。

（二）元音占优势

音节中可以没有辅音，但不能没有元音。一个音节可以只由一个单元音或者一个复元音构成，同时，由复元音构成的音节也比较多。因元音是乐音，所以汉语语音乐音成分比例大。

（三）有声调

每个音节都有一个声调，声调可以使音节和音节之间界限分明，又富于高低升降的变化，于是形成了汉语音乐性强的特殊风格。

二、语音的属性

语音是语言的物质外壳。它同自然界其他声音一样，产生于物体的振动，具有物理属性；语音是由人的发音器官发出的，还具有生理属性；更重要的是，语音要表达一定的意义，什么样的语音形式表达什么样的意义，必须是使用该语言的全体社会成员约定俗成的，所以语音又具有社会属性。社会属性是语音的本质属性。

（一）物理属性

语音与自然界的其他声音一样，产生于物体的振动。物体振动产生的音波作用于人耳的鼓膜，通过中耳的听小骨，把振动传到内耳，刺激那里的听觉神经，使人产生了听到声音的感觉。语音是一种物理现象，它具有音高、音强、音长、音色四个要素。

（1）音高，指声音的高低。它取决于声带的长短、松紧、厚薄。一般说来，男子的声带长而厚，所以声音较低，女子和小孩的声带短而薄，所以声音较高。同一个人通过控制声带的松紧可改变声音的高低。音高是构成汉语声调的主要因素，有区别意义的作用。如"妈、麻、马、骂"就是靠音高的不同来区别意义的。

（2）音强，指声音的强弱。它取决于发音时气流的强弱和共鸣的程度，这又取决于用力的大小。音强是构成普通话轻声音节和重音音节的因素之一。如"莲子"和"帘子"，"东西"（dōng xī）和"东西"（dōng xi），由于轻重音不同，意义也不同。

（3）音长，指声音的长短。它取决于发音时声带振动时间的长短。声带振动持续的时间长，声音就长；振动持续时间短，声音就短。它是构成普通话重音和轻声音节的重要因素。

（4）音色，指声音的本质和特色。造成不同音色的原因主要是发音体不同、共鸣器形状不同以及发音方法不同。由于每个人的发音器官的状况不可能完全一致，这就造成了不同人有不同音色。

（二）生理属性

语音是由人的发音器官发出的，是发音器官协调运动的产物，因而语音具有生理属性。人的发音器官可以分为三大部分：呼吸器官、喉头和声带、口腔和鼻腔。

（1）呼吸器官。呼吸器官包括肺和气管，肺部是气流的活动风箱，人在发音时，肺部产生的气流通过气管到达喉头，作用于声带，再从口腔、鼻腔中出来，才发出声音。

（2）喉头和声带。喉头是气管上端扩大的部分，它是由四块软骨和错综复杂的肌肉构成的一个圆筒。声带是两片富有弹性的薄膜，位于喉头中间，前端附着于甲状软骨上，后端连在两块杓状软骨上。两片声带中间的缝隙叫声门，声门可以闭合或张开。

从肺部呼出的气流通过关闭着的声门时，就引起声带振动，发出声音。人们控制声带松紧的变化，就可以发出高低不同的声音。

（3）口腔和鼻腔。口腔和鼻腔是人体发音的共鸣器官。人类能发出许多不同的声音，主要靠共鸣器官调节。在口腔和鼻腔之间有一道上下升降的活动门——软腭和小舌。当软腭和小舌下垂堵住口腔的通道，气流从鼻腔里发出的音叫鼻音；当软腭和小舌上升，气流从口腔发出的音叫口音；气流从鼻腔和口腔同时呼出的音叫鼻化音。

（三）社会属性

语言是社会现象，作为语言的物质外壳，语音也是一种社会现象，这可从语音表示意义的社会性看出来。比如同样一个物品，在不同语言或方言中就用不同的语音来表示。就是说用什么声音跟表示什么意义没有必然的联系，而是随着社会不同而不同，由全体社会成员约定俗成的。

同样的语音形式可以用来表示不同的意义，如 bié 这个音节在"别去、区别、别离、别针"等词语中所表示的意义各不相同。同样一个意义又可以有多种语音形式，如"头 tóu"和"脑袋 nǎo dai"是同一事物的两个不同的名称。如果有人不顾社会的约定俗成，擅自改动词语的语音形式或任意赋予某一语音形式以不同的内容（意义），那么别人就听不懂他的话，也就无法达到同别人交际的目的。

三、语音的基本概念

（一）音节与音素

音节是语音的基本单位，是听觉上自然分辨的最小的语音片段。一个汉字就是一个音节，如"学习普通话"是 5 个音节，但儿化词例外，"花儿"（huār）仅代表 1 个音节。

音素是语音的最小单位。汉语一个音节最少可以由 1 个音素构成，最多可以由 4 个音素构成（见表 1-1）。如"ā"（阿）这个音节由 1 个音素构成，"庄"（zhuāng）由 4 个音素构成。普通话共有32个音素,组成400多个基本音节。

表1-1 普通话音素表

一个字母代表一个音素	a、o、e、u、b、p、m、f、d、t、n、l、g、k、h、j、q、x、r、z、c、s
一个字母代表几个音素	i [i、-i(前)、-i(后)]
两个字母代表一个音素	er、ng、zh、ch、sh
一个字母加一个符号代表一个音素	ê、ü

(二)元音与辅音

发音时,气流在口腔不受阻碍,声带振动,声音响亮的音叫元音,如"a""o""e"等。普通话共有10个元音音素。元音可充当韵母。

发音时,气流在口腔受到一定阻碍,声带不振动,声音不响亮的音叫辅音。普通话共有22个辅音音素。除ng外,辅音都可充当声母。

(三)声母、韵母、声调

按照汉语传统的分析方法,把一个音节分成声母和韵母两部分,以及一个贯通整个音节的声调。

(1)声母,指音节中位于元音前头的部分,大多是音节开头的辅音。例如,在"好"(hǎo)这个音节里,辅音h就是它的声母。有的音节不以辅音开头,元音前头的部分是零,习惯上叫作"零声母"。例如"爱"(ài)开头没有辅音,就算是零声母音节。声母和辅音不是一个概念。虽然声母由辅音充当,但有的辅音不作声母只作韵尾,如"guāng"(光)中的ng。辅音n既可作声母,也可作韵尾,如"nán"(南)中的两个辅音n,在音节开头的是声母,在音节末尾的是韵尾。

(2)韵母,指音节中声母后面的部分。例如在"海"(hǎi)这个音节里,"ai"就是它的韵母。零声母音节,例如"欧"(ōu),它的韵母就是"ou"。韵母和元音不相等。韵母有的由单元音或复元音构成,如"tā(他)、xiā(瞎)、guài(怪)"中的"a、ia、uai";有的由元音带辅音构成,如"gān(甘)、gēng(耕)、guān(关)"中的"an、eng、uan"。

(3)声调,指的是音节中具有区别意义作用的音高变化。例如"底"(dǐ)读起来先降低然后再升上去,这种先降后升的音高变化形式就是音节"底"的声调。

项目三 汉语拼音方案

《汉语拼音方案》是一套拼写以北京语音为标准音的普通话的拼音字母和拼音方式,

它是中华人民共和国法定的拼音方案，是世界文献工作中拼写有关中国的专门名词和词语的国际标准。它的制定是中国人民文化生活中的一件大事。

1958年2月11日，第一届全国人民代表大会第五次会议通过关于《汉语拼音方案》的决议，指出"汉语拼音方案作为帮助学习汉字和推广普通话的工具，应该首先在师范、中、小学进行教学，积累教学经验"。1958年秋季，全国小学的语文课开始教学汉语拼音。

一、方案制定原则

《汉语拼音方案》主要是根据以下三个基本原则制定的：

（一）语音标准——拼写以北京语音为标准音的普通话

拼音方案一定要以一个地方的现实存在的语音系统作为语音标准。1000年来，北京一直是全国政治、经济、文化的中心。元代的"中原之音"、明代的"中原雅音"、清代的"官音"、辛亥革命后的"国音"，大都是北京语音系统。以北京语音为标准音是汉语历史发展的必然结果。作为语音标准指的是北京语音的语音系统（可以简称为"音系"），不包括北京话中特别缺乏共同性的土语成分。历史证明，人为拼凑的语音是不可能作为语音标准而广泛普及的。

（二）音节结构——采用"音素化"的音节结构

音节采用"音素化"的拼写法，指的是把音节分成最小的语音单位——音素，使字母数减少到最低限度，而拼写的灵活性提高到最大限度。普通话语音系统可以分出32个典型音素，用26个音素化的拉丁字母就可以拼写出普通话的400个音节。例如：a、i、n这三个字母就可以拼写出 a、ai、an、na、ni、nai、nan、nian 等音节。

（三）字母形式——采用国际通用的拉丁字母

拉丁字母是很古老的文字符号。它是历史上书写拉丁文的字母，因此被称作"拉丁字母"。它是古罗马帝国使用的文字的字母形式，被称作"罗马字母"。

拉丁字母是现在世界最通用的字母，使用的国家和地区已超过100个。它不是哪个国家的专有字母，而是国际通用的字母符号，也是现代科学中必须用到的符号。拉丁字母笔画简单，构形比较清楚，在阅读和书写上都很方便。用它来给汉字注音已有近400年的历史。采用拉丁字母是总结了从1892年以来我国人民创制拼音字母的丰富经验的结果。

二、方案内容简述

《汉语拼音方案》共分为五个部分：

（一）字母表

列出 26 个拉丁字母，其中字母 v "只用来拼写外来语、少数民族语言和方言"。

字母表规定了字母的顺序、名称、体式。《汉语拼音方案》字母表采用国际通用的拉丁字母排列顺序，即：a、b、c、d、e、f、g、h、i、j、k、l、m、n、o、p、q、r、s、t、u、v、w、x、y、z。掌握了这个排列顺序对使用工具书和编制索引、资料卡片、名单等都很有用处。规定字母名称是为了称说字母的方便，我们称为"字母名称音"。确定汉语拼音字母名称音的原则是以汉语的特点为依据，又符合拉丁字母一般的命名方法。5 个元音字母（a、o、e、i、u）以本音作为名称，辅音字母发音不响亮，必须附加一个元音构成名称。

辅音字母附加元音 ê 的有 14 个，其中前附加的有 f（êf）、l（êl）、m（êm）、s（ês），后附加的有 b（bê）、c（cê）、d（dê）、g（gê）、k（kê）、n（nê）、p（pê）、t（tê）、v（vê）、z（zê）。附加元音 a 的有 4 个，其中前附加的有 r（ar），后附加的有 h（ha）、w（wa）、y（ya）。其余 3 个字母的名称音分别是 j（jie）、q（qiu）、x（xi）。

按字母表的顺序读字母名称音，可以分成四句，每句押韵，便于记忆。下面是用汉语拼音注音的字母名称音：

a bê cê dê，e êf gê；ha i jie kê êl êm nê；o pê qiu，ar ês tê；u vê wa，xi ya zê。

（二）声母表

表 1-2 列出了 21 个辅音声母，它的顺序是按照辅音的发音部位和发音方法排列的。

表 1-2 普通话声母总表

发音部位	塞音		塞擦音		擦音		鼻音	边音
	清音		清音		清音	浊音	浊音	浊音
	不送气	送气	不送气	送气				
双唇音	b	p					m	
唇齿音					f			
舌尖前音			z	c	s			
舌尖中音	d	t					n	l
舌尖后音			zh	ch	sh	r		
舌面音			j	q	x			
舌根音	g	k			h			

（三）韵母表

韵母表共列有 39 个韵母。表格 1-3 中列出 35 个，表格外有 4 个。表格内竖行按 a 行、i 行、u 行、ü 行排列，横行按单韵母、复韵母、鼻韵母排列。

表1-3　韵母表

	i	u	ü
a	ia	ua	
o		uo	
e	ie		üe
ai		uai	
ei		uei	
ao	iao		
ou	iou		
an	ian	uan	üan
en	in	uen	ün
ang	iang	uang	
eng	ing	ueng	
ong	iong		

注：韵母-i（前）、-i（后）、ê、er虽然未出现在表格内，但仍是正式韵母。即"知、蚩、诗、日、资、雌、思"七个音节的韵母用i，拼作zhi、chi、shi、ri、zi、ci、si；韵母er用作韵尾的时候写成r。例如："儿童"拼作er tong，"花儿"拼作huar。

韵母表还规定了以下的拼写规则：

1. y、w的使用

拼写音节的时候，如果i行、u行、ü行的韵母前面没有辅音声母，即成为零声母音节的时候，为了避免音节界限的混淆，改换或添加隔音字母y、w。

改换y的有：i行ia—ya，ie—ye，iao—yao，iou—you，ian—yan，iang—yang，iong—yong。

添加y的有：i行i—yi，in—yin，ing—ying；ü行ü—yu，üe—yue，üan—yuan，ün—yun。注意：拼写时，在i上标调要去掉i上面的点。添加y后ü行的韵母要去掉ü上两点。

改换w的有：u行ua—wa，uo—wo，uai—wai，uei—wei，uan—wan，uen—wen，uang—wang，ueng—weng。

添加w的有：u行u—wu。

2. ü行韵母两点的省略

ü行韵母当前拼声母j、q、x的时候，要省略ü的两点。例如：jū（居）、quē（缺）、xuān（宣）。零声母音节，韵母前添加y的时候，也要省略的两点（参见1）。只有声母n、l后面的ü，保留ü的两点。实际拼写上，普通话ü带点的只有nü、lü、nüe、lüe 4个音节。

3. iou、uei、uen 的省写

iou、uei、uen 前拼辅音声母的时候，要省略中间的 o 或 e，写作 iu、ui、un。例如 niú（牛）、guī（规）、lùn（论）。这种省写，在实际语音中也是有根据的。iou、uei、uen 是基本形式，而实际拼写中一般不出现。

注意：iou、uei 省写作 iu、ui 后，声调符号要标在后一个字母上，如 niú、guī。

4. 儿化音节的拼写

儿化音节的拼写形式，就是在被儿化的音节末尾加上字母 r，表示儿化音节，读作儿化韵。例如：花儿 huār，玩儿 wánr。

5. ng 的语音

方案规定在给汉字注音的时候，为了使拼式简短，ng 可以省作"ŋ"。

6. 声调符号

方案采用符号标调法。阴平、阳平、上声、去声四个声调分别用符号"－""ˊ""ˇ""ˋ"标记，与这四个声调的实际调形相合，便于教学。轻声不标调。方案规定"声调标在主要母音（即主要元音）上"。注意：韵母省写形式 iu、ui 和主要元音 i 的标调（参见表 1-3）。

7. 隔音符号

隔音符号是为了拼音"分词连写"设计的。当多音节词连写的时候，a、o、e 开头的音节连接在其他音节后面，容易发生音节界限混淆，要用隔音符号"'"隔开。例如：皮袄 pí'ǎo，海鸥 hǎi'ōu，企鹅 qǐ'é。凡是 a、o、e 开头的音节连接在其他音节后面的时候，就要用隔音符号隔开，这是正规的写法。如果音节界限不发生相混，隔音符号当然可以省略，但这只是一种变通，不是正规的写法。

实训操练

1. 制定汉语拼音方案的原则是什么？
2. 背诵字母表，掌握字母名称音。
3. 默写字母表，掌握大写和小写字母的写法。
4. 默写声母表，要按顺序写，注意 zh、ch、sh 在 z、c、s 之前。
5. 按"行"默写韵母表。
6. 按拼写规则给下列字词注音（用小写字母，按词连写）。

以 问 要 军 乐 翁 瓦 尾 严 用 业 阳 外 无 压 完 由 望 我 音 英

预选 流水 亲爱 冤屈 略语 女婿 学院 归队 轮流 爸爸 萝卜 均匀 疟疾 困倦 金鱼儿 纪律 剧院 求婚 进攻 骄傲 一点儿 纪念 木偶 小熊儿

7. 拼音改错。

quong（穷）　　　jou（救）　　　lue（略）　　　xa（下）

wui（委）　　　sing（兴）　　　kuei（亏）　　　yng（英）
shu zhier（树枝儿）　yuan（原）　　　dan'gan（胆敢）　yan'u（厌恶）
xiao kuar（小筐儿）

项目四　现代汉语方言

　　世界各民族的语言，在历史发展过程中，时而分化，时而统一，方言就是在分化和统一的复杂历程中形成的。一般来说，历史长、使用人口多、通行范围广的语言，往往会出现较多的方言。古老的汉语发展到了今天，先后产生过多种汉语方言。

　　汉语方言俗称地方话，只通行于一定的地域，它不是独立于民族语言之外的另一种语言，而是局部地区使用的语言。现代汉语各方言都是经历了漫长的演变过程才逐渐形成的。形成汉语方言的因素很多，有属于社会、历史、地理方面的因素，如人口的迁徙、山川地理的阻隔等；也有属于语言本身的因素，如语言发展的不平衡性，不同语言之间的相互接触、相互影响等。

　　方言虽然只在一定地域中通行，但本身却也有一种完整的系统。方言都具有语音结构系统、词汇结构系统和语法结构系统，能够满足本地区社会交际的需要。同一个民族的各种地方方言和这个民族的共同语，一般总是表现出"同中有异，异中有同"的语言特色。一般情况下，民族共同语总是在一个方言的基础上发展起来的。现代汉民族共同语是在汉语北方方言的基础上形成的，它和汉语所有方言之间，无疑是同源异流的关系，自然会表现出"同中有异，异中有同"来。同时，这种差异性和一致性也存在于汉语各方言之间。汉语方言的差异性表现在语音、词汇、语法等各个方面，其中语音的差异最大，词汇的差异次之。南方某些方言与共同语之间差异之大，竟达到互相听不懂的地步；而语法方面也有差别，但比较小。

　　民族共同语和方言不是相互对立的。民族共同语的形成，普通话的推广，并不以方言的消亡作为前提，共同语总是有条件、有选择地从汉语方言中吸收一些有生命力的成分来丰富自己、完善自己。而全国各地的汉语方言，也都渗进了一些普通话的成分，日益向普通话靠拢。尽管如此，方言仍然会长期存在，作为一个地区的交际工具而发挥作用。在方言地区推广普通话，并不是要消灭方言，主要是为了消除不同方言的隔阂，以利社会交际，"推普"的任务是要使方言地区的人们学会说全民族共同使用的普通话。一旦举国上下，各方言地区的人们不但使用方言，而且都能自然地运用普通话，又能自觉地在社会公共交际中使用普通话，那么推广普通话的目的也就基本达到了。

　　汉语方言可以分为七大方言区，即北方方言（官话方言）、吴方言、湘方言、赣方言、客家方言、闽方言和粤方言。在复杂的方言区内，有的可以再分列若干方言片（又称次方言），甚至再分"方言小片"，直到一个个地点（某市、某县、某镇、某村）的方言，就叫作"地点方言"，如广州话、长沙话等。

项目五　测试你的普通话

我们可以形成这样的共识：若要在职场上提高竞争力，必须要会说一口流利的普通话，同时这也更应该成为我们强烈的愿望。然而很多同学都在普通话方面有这样那样的问题。现在我们通过一些朗读素材进行一下自我测试。

测试1：请朗读以下三段绕口令

（1）长虫围着砖堆转，转完砖堆钻砖堆。

（2）师部司令部指示：四团十连石连长带四十人在十日四时四十四分按时到达师部司令部，师长召开誓师大会。

（3）早招租，晚招租，总找周邹郑曾朱。

读完后你是否觉得以上三段绕口令里面的 z、c、s（平舌音）和 zh、ch、sh（翘舌音）就是区分不清？翘舌音为什么就是发不出来？

测试2：请朗读以下三段绕口令

（1）高高山上一条藤，藤条头上挂铜铃。风吹藤动铜铃动，风停藤停铜铃停。

（2）小青和小琴，小琴手很勤，小青人很精，手勤人精，琴勤青精。

（3）那边划来一艘船，这边飘去一张床，船床河中互相撞，不知船撞床，还是床撞船。

读完后你是否觉得，读含有 en 和 eng、in 和 ing、uan 和 uang 这样的韵母的音节时总是混同？

测试3：请朗读以下四字词语

千锤百炼　山明水秀　英明果断　山盟海誓　风调雨顺

逆水行舟　背井离乡　智勇无双　热火朝天　信以为真

读完后你是否觉得你读得比较平淡、含混，不够响亮、清晰，听起来缺乏起伏变化，不够抑扬顿挫？

项目六　如何学习普通话

一、仔细听

很多练习指南都会将"说"放在第一位，其实，"听"是学说普通话的关键！听广播和电视里的播音员、主持人标准的普通话；听你周围普通话比你好的老师、同学、朋友、家人说话；在网上，找到你喜欢的影视作品、文学作品的音视频，听一听；另外还可以每当别人说一段话、朗读一篇文章时，你试着边听、边记、边分析，看看他的普通话发音正确与否，指出他的症结所在。

二、大胆说

在弄清准确发音的基础上，还要通过反复练习，达到完全熟练的程度，这都是发音训练的重要环节。发音准确还只是最低的要求，只有通过继续反复训练，养成了普通话的发音习惯，才达到了发音训练的较高要求。"说"是每天要做的功课，必须持之以恒，锲而不舍，下一番苦功夫，不能幻想通过一次两次的练习就可以轻而易举地达到。

三、认真记

听、说的同时，还有件功课非做不可，那就是，记！很多人在学普通话时，容易忽略自己的方言与普通话的关系。而要排除方言带来的干扰，最有效的办法就是找出方言与普通话的对应关系，知晓自己所属方言与普通话的差异主要在哪些方面。方言同普通话语音的差异不是漫无规律的，了解了这些规律就不必一个字音一个字音地死记，而可以一批一批地去记。在知晓自己所属方言与普通话差异的同时，还必须清楚自己的问题所在，做到有的放矢、各个击破。尤其在初学阶段，应该将每次出现的问题记录下来，分清主要问题、次要问题，然后制订修正计划。

实训操练

1. 学习普通话有哪些好处？请结合自己的体会说给身边的人听。
2. 你在学习普通话时遇到了哪些困难？请举例说明。
3. 试着读一读下面的词语，看看你能否分辨清楚。

   nán nǚ — lán lǚ　　niú yóu — liú yóu　　lǎo hǔ — lǎo fū
   男 女 — 褴 褛　　牛 油 — 流 油　　老 虎 — 老 夫

   huí jiā — féi dà　　jiāng hú — jiàng hú　　lā lǒng — láo lóng
   回 家 — 肥 大　　江 湖 — 糨 糊　　拉 拢 — 牢 笼

   rén — yín　　ruǎn — yuǎn　　ràng — yàng
   人 — 银　　软 — 远　　让 — 样

4. 请在你的记忆中找出一段小时候的故事，讲给同学或家人听。

知识篇

模块二　普通话声母

课前导入

大家也许听说过这样的事例：四川人可能会将"河南"说成"荷兰"，江西人有可能会将"花季"说成"发迹"，广西人可能会将"长江"说成"长枪"，广东人可能会将"朝气"说成"娇气"，东北人可能会将"小邹"说成"小周"，北京人可能会将"中央电视台"说成"装垫儿台"。以上几个事例都是由于声母发音问题而导致表达上南辕北辙。由此可见，普通话声母是我们发音准确清晰的基础，如果发得不准确，就会产生歧义，造成误解，甚至闹出笑话；如果发音含混，除了影响信息的准确传达，还会给人留下慵懒、涣散的印象。本模块我们就来学习普通话声母的发音。

学习目标

知识目标：理解声母的概念；
　　　　　熟悉普通话声母的分类。
能力目标：熟悉普通话声母的发音特点；
　　　　　熟练掌握普通话声母的发音技巧。
素质目标：了解本人所在方言区声母发音与普通话声母发音的差异。

知识链接

项目一　辅音和声母

一、什么是辅音

由于声母绝大多数由辅音充当，因此我们先来学习一下辅音的概念。

说英语的人在学汉语普通话时，往往分不清"肚子饱了"和"兔子跑了"的区别，以致闹出笑话。同样，说汉语的人学习英语，有时候也会在某些语音上犯难。比如，要说"I am thirty（我三十岁）"却说成"I am dirty（我很脏）"，结果会十分尴尬。上述"肚（dù）"和"兔（tù）"、"饱（bǎo）"和"跑（pǎo）"，乃至"thirty"和"dirty"在发音上的差异，主要体现在辅音不同。以普通话为例，"肚（dù）、饱（bǎo）"的声母"d、b"发音时没有送出气流，"兔（tù）、跑（pǎo）"的声母"t、p"发音时伴随着一股较强的气流。根据是否送气，便可以将"肚子饱了"和"兔子跑了"区分开来。而英语中辅音送气与否并不区别意义，难怪外国人学习普通话时无法很好地区别送气音和不送气音了。

（1）辅音是通过克服阻碍发音的。确切地说，辅音的发音过程是声腔中某个部位形成阻碍（成阻）、保持阻碍（持阻）并最终克服阻碍（除阻）的过程。在这个过程中，辅音的音色取决于发音部位和发音方法的配合，任何一方的细微差异都会对其产生影响，"失之毫厘，谬以千里"。上面提到的"是否送气"便属于发音方法的一种。概括起来说，影响和制约辅音发音的因素包括"发音部位"和"发音方法"两大方面，其中又有一些小的条件。

（2）辅音发音的一个方面涉及"发音部位"的区别。发音部位指的是发音时气流受到阻碍的部位。比如"特"和"克"的发音部位就不同：说"特（tè）"时，舌尖抵着上齿背，阻碍气流；说"克（kè）"时，舌面后部抵着软腭前部，气流在这里受到阻碍。理论上说，发音部位的任何细微变化都会引起辅音音色的改变，但是人的耳朵没有那么灵敏，而且有些声音变化也不具有区别意义的作用。

（3）辅音发音的另一方面涉及"发音方法"的区别。发音方法指的是发音时声腔节制气流的方式和状况。发音方法包括形成和克服阻碍的方式、声带的活动方式和除阻时送气的方式。根据"形成和克服阻碍方式"不同，辅音可分出塞音、擦音、塞擦音、鼻音、边音、颤音、闪音、半元音八类。普通话辅音主要用到五类发音方法，并分成不同的辅音类别。

二、什么是声母

声母就是汉字音结构的起始部分。普通话有22个声母，其中21个是由辅音充当声母（舌面后鼻音ng只作韵尾，不作声母；而舌尖中鼻音n既可以作声母，又可以作韵尾），有的字音没有声母，就叫零声母。

在普通话中，声母都是由辅音充当的，因为处于音节开头的位置，发音短促有力，所以普通话音节界限分明，字字清晰可辨。比如有个人名字叫"安爱爱"，别人叫她的时候总是特别费劲，也不容易听清楚。这是因为"安爱爱"三个字之间没有辅音声母相隔，所以发音时音节与音节之间很容易粘连在一起，我们也就很难从听觉上辨义了。

另外，声母发音的时值虽然很短，但"领头音"的作用却十分重要，它能带动整个音节的发音。换言之，语音的准确度与声母有着直接的联系。平日里有的人发音含混不清，唇舌没有力度，往往就是因为声母发音不清晰。

三、普通话声母的分类

我们可以根据充当声母的辅音的发音部位和发音方法给声母分类。

（一）按发音部位分类

发音部位指发辅音时，参与节制气流的发音器官的部位。辅音发音时在发音器官形成的阻碍，一般是两个部分接触或接近（形成间隙）构成的。普通话的辅音声母可以按发音部位分为七个部位。

（1）双唇音。以下唇为主动器官，又细分为两个发音部位：上唇和下唇闭合构成阻碍。普通话声母中有3个双唇音：b、p、m。

（2）唇齿音（也称作"齿唇音"）。下唇和上齿靠拢构成阻碍。普通话声母中只有1个唇齿音：f。

（3）舌尖中音。舌尖和上齿龈（即上牙床）接触构成阻碍。普通话声母中有4个舌尖中音：d、t、n、l。

（4）舌根音（也称作"舌面后音"）。舌根向硬腭和软腭的交界处接触或接近构成阻碍。普通话声母中有3个舌根音：g、k、h。普通话辅音韵尾 ng 也同属这个发音部位。不过，它的发音部位稍有不同，是舌根和软腭接触。

（5）舌面前音。舌面前部向硬腭前部接触或接近构成阻碍。普通话声母中有3个舌面前音：j、q、x。

（6）舌尖后音。舌尖向硬腭的最前端接触或接近构成阻碍。普通话声母中有4个舌尖后音：zh、ch、sh、r。

（7）舌尖前音。舌尖向上门齿背接触或接近构成阻碍。普通话声母中有3个舌尖前音：z、c、s。

针对汉语方言中舌尖前音和舌尖后音相混的情况，一般教学通俗地把前者叫作"平舌音"，把后者叫作"翘舌音"。

为了帮助大家理解发音部位，我们通过图2-1来展示。

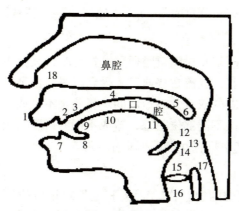

图2-1 发音器官示意图

1—上唇；2—上齿；3—齿龈；4—硬腭；5—软腭；6—小舌；7—下唇；8—下齿；9—舌尖；10—舌面；11—舌根；12—咽头；13—咽壁；14—会厌；15—声带；16—气管；17—食道；18—鼻腔

（二）按发音方法分类

发音方法，指发辅音时构成阻碍和克服阻碍的方式。辅音构成阻碍的方式有两类：一类是发音器官闭塞形成阻碍，如塞音、塞擦音、鼻音；另一类是发音器官主动部分向被动部分接近，形成适度的间隙，迫使气流摩擦经过，如擦音、边音、半元音（无擦通音）。其他语言还有另一大类——闪颤辅音，普通话语音系统中没有这类辅音。

辅音还可以分为鼻音和口音两大类。发鼻音时，在口腔一定的部位阻塞，同时软腭下降，声带振动，气流从鼻腔中透出成声。而口音发音时软腭上升，阻塞鼻腔通路，气流从口腔中透出成声。普通话的鼻辅音有3个，其中m、n作声母，ng作韵尾，n也可以作韵尾，其余的辅音全都是口音。

普通话辅音声母的发音方法有以下五种：

1. 塞音

成阻时发音部位完全形成闭塞；持阻时，气流积蓄在阻碍的部位之后；除阻时受阻部位突然解除阻塞，使积蓄的气流透出，爆发破裂成声，因此也叫"爆发音""破裂音"。塞音一发即逝，也叫"暂音"或"促音"，其他辅音的持阻阶段可以延长，叫"久音"。普通话有6个塞音：b、p、d、t、g、k。

2. 擦音

成阻时发音部位之间接近，形成适度的间隙；持阻时，气流从窄缝中间摩擦成声；除阻时发音结束。普通话有6个擦音：f、h、x、sh、s、r。

3. 塞擦音

塞擦音是以"塞音"开始，以"擦音"结束。由于塞擦音的"塞"和"擦"是同部位的，"塞音"的除阻阶段和"擦音"的成阻阶段融为一体，两者结合得很紧密，我们把它看成一个声母。普通话有6个塞擦音：j、q、zh、ch、z、c。

普通话的辅音声母还有"送气音"与"不送气音"、"清音"与"浊音"的区别。

4. 鼻音

成阻时发音部位完全闭塞，封闭口腔通路；持阻时，软腭下垂，打开鼻腔通路，声带颤动，气流到达口腔和鼻腔，气流在普通口腔受到阻碍，由鼻腔透出成声；除阻时口腔阻碍解除。鼻音是鼻腔和口腔的双重共鸣形成的。鼻腔是不可调节的发音器官。不同音质的鼻音是由于发音时在口腔的不同部位阻塞，造成不同的口腔共鸣状态而形成的。普通话有3个鼻音：m、n、ng。其中只有m、n作辅音声母。

5. 边音

普通话只有一个舌尖中的边音：l。舌尖和上齿龈稍后的部位接触，使口腔中间的通道阻塞；持阻时声带颤动，气流从舌头两边与上腭两侧、两颊内侧形成的夹缝中通过，透出成声；除阻时发音结束。

（三）按是否送气分类

普通话只有塞音和塞擦音区分送气音和不送气音。塞音、塞擦音发音时，口腔呼出的气流比较强的叫送气音,普通话有 6 个送气音:p、t、k、q、ch、c。口腔呼出的气流比较弱的叫不送气音,普通话有 6 个不送气音:b、d、g、j、zh、z。

(四) 按声带是否颤动分类

"清音"和"浊音"的区别是发音时声带是否振颤。声带颤动的音叫"浊音",声带不颤动的音叫"清音"。普通话有 5 个浊辅音:m、n、l、r、ng。其中只有 4 个浊辅音作声母:m、n、l、r。普通话除了 5 个浊辅音,其余都是清音,它们是:b、p、f、d、t、g、k、h、j、q、x、zh、ch、sh、z、c、s。

普通话声母分类情况见表 2-1。

表 2-1　普通话声母分类情况

七组发音部位	五种发音方法	送气与否	清浊与否
双唇音:b、p、m	塞音 6 个:b、p、d、t、g、k	不送气音 6 个:b、d、g、j、zh、z	浊音 4 个:m、n、l、r
唇齿音:f	擦音 6 个:f、h、x、sh、r、s	送气音 6 个:p、t、k、q、ch、c	清音 17 个:b、p、f、d、t、g、k、h、j、q、x、zh、ch、sh、z、c、s
舌尖前音:z、c、s	塞擦音 6 个:j、q、zh、ch、z、c		
舌尖中音:d、t、n、l	鼻音 2 个:m 和 n		
舌尖后音:zh、ch、sh、r	边音 1 个:l		
舌面音:j、q、x			
舌根音:g、k、h			

项目二　普通话声母的发音

在转瞬即逝的普通话声母发音过程中,你自己可以调控的因素实际上很多,只要善于运用巧劲儿,就能做到"咬得准、发得清",使声母的发音清晰动听。那么,如何才能"咬得准、发得清"呢?

诀窍有二:一要力求发音部位准确;二要力求弹发有力、干脆,不拖泥带水。另外,"唇舌灵活,力量集中"是我们发音时应该遵循的原则,以保证声母发音的鲜明、集中。

一、双唇音:b、p、m

双唇音指上唇与下唇接触构成阻碍后发出的一种辅音,共有 3 个。

发音唇舌无力、口腔松软的原因与这三个音发不好有直接关系，力量应该集中在双唇中央，唇部收紧，接触有力。

b 和 p 的区别在于不送气与送气，而 b、p 和 m 的区别则是：b、p 发音时软腭提起，气流从口腔出来；m 要发成鼻音。发这三个声母都要注意双唇的爆发力。

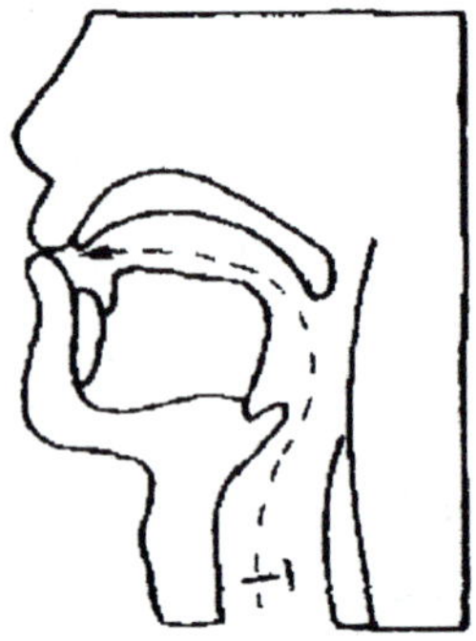

（一）b：双唇、不送气、清、塞音

发音时双唇闭合，不太紧，同时软腭上升，关闭鼻腔通路；气流到达双唇后蓄气，凭借积蓄在口腔中的气流突然打开双唇成声（见图 2-2）。

图 2-2 b 发音示意图

【字词练习】

播 bō	布 bù	班 bān	北 běi
宾 bīn	标 biāo	贝 bèi	别 bié
把柄 bǎ bǐng	百般 bǎi bān	摆布 bǎi bù	斑白 bān bái
颁布 bān bù	搬兵 bān bīng	版本 bǎn běn	半百 bàn bǎi
褒贬 bāo biǎn	宝贝 bǎo bèi	暴病 bào bìng	百倍 bǎi bèi
卑鄙 bēi bǐ	不必 bú bì	补白 bǔ bái	禀报 bǐng bào
兵变 bīng biàn	冰雹 bīng báo	表白 biǎo bái	标本 biāo běn
辩白 biàn bái	臂膀 bì bǎng	弊病 bì bìng	鄙薄 bǐ bó
本部 běn bù			

【绕口令练习】

巴老爷芭蕉树（b）

巴老爷有八十八棵芭蕉树，来了八十八个把式要在巴老爷八十八棵芭蕉树下住。

巴老爷拔了八十八棵芭蕉树，不让八十八个把式在八十八棵芭蕉树下住。

八十八个把式烧了八十八棵芭蕉树，巴老爷在八十八棵树边哭。

（二）p：双唇、送气、清、塞音

发音时，成阻和持阻阶段与 b 相同，除阻时，声门（声带开合处）大开，从肺部呼出一股较强气流成声（见图 2-3）。

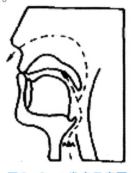

图 2-3 p 发音示意图

模块二 普通话声母

【字词练习】

批 pī	平 píng	漂 piào	盆 pén
坡 pō	盘 pán	胖 pàng	
澎湃 péng pài	批判 pī pàn	批评 pī píng	劈啪 pī pā
匹配 pǐ pèi	偏僻 piān pì	偏旁 piān páng	琵琶 pí pá
瓢泼 piáo pō	拼盘 pīn pán	品评 pǐn píng	乒乓 pīng pāng
评判 píng pàn	排炮 pái pào	攀爬 pān pá	爬坡 pá pō
平盘 píng pán			

【绕口令练习】

瓶碰盆（b、p）

车上有个盆，盆里有个瓶，乒乒乒，乓乓乓，不知是瓶碰盆，还是盆碰瓶。

（三）m：双唇、浊、鼻音

发音时，双唇闭合，软腭下降，鼻腔畅通（见图2-4）。气流振动声带，从鼻腔通过形成鼻音；阻碍解除时，余气冲破双唇的阻碍，发出轻微的塞音。

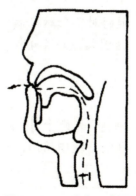

图2-4 m发音示意图

【字词练习】

妈 mā	慢 màn	门 mén	明 míng
米 mǐ	谬 miù	满 mǎn	谋 móu
麻木 má mù	骂名 mà míng	买卖 mǎi mài	麦苗 mài miáo
卖命 mài mìng	满面 mǎn miàn	满目 mǎn mù	谩骂 màn mà
盲目 máng mù	冒昧 mào mèi	眉目 méi mù	眉毛 méi mao
美满 měi mǎn	美貌 měi mào	美妙 měi miào	美名 měi míng
蒙昧 méng mèi	梦寐 mèng mèi	牧民 mù mín	木棉 mù mián
木马 mù mǎ	磨灭 mó miè	命名 mìng míng	命脉 mìng mài
名目 míng mù	明媚 míng mèi	渺茫 miǎo máng	描摹 miáo mó

苗木 miáo mù　　　面目 miàn mù

【绕口令练习】

妈妈骂马（m）

妈妈种麻，我去放马；马吃了麻，妈妈骂马。

（四）双唇音句段练习

播报是电视新闻节目的一种重要形式，在日益激烈的电视新闻竞争格局中，多个时段、频繁滚动播出的播报新闻已经成为电视新闻专业频道的主要特征。

帕金森症是一种典型的老年疾病，虽然目前还没有有效的治疗手段，但医学界对它的研究一直没有停止。肢体颤抖、语言障碍，是帕金森症的主要症状，这是由患者体内多巴胺缺乏造成的。

二、唇齿音：f

唇齿音指下唇与上齿接触构成阻碍后发出的一种辅音。请记住，普通话语音中只有唇齿音，没有 v 这个音。

发音时注意，上齿与下唇形成阻碍时要自然接触，不要上齿咬住下唇发音，否则成阻部位面积大，力量分散，有发成塞音的趋势，显得笨拙。

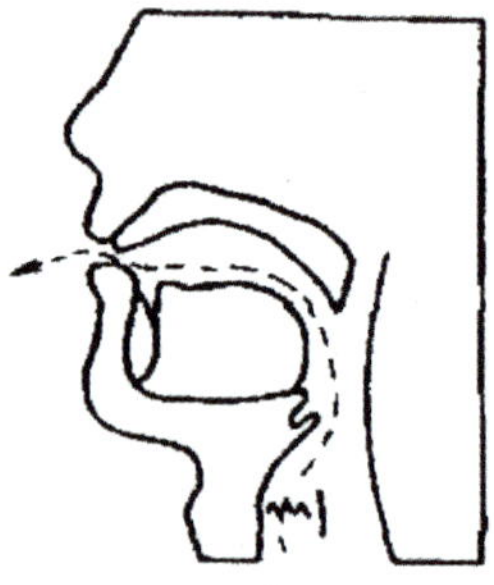

（一）f：唇齿、清、擦音

发音时，下唇接近上齿，形成窄缝，软腭上升，堵塞鼻腔通路，气流不颤动声带，从唇齿间的窄缝中挤出，摩擦成声（见图2-5）。

图2-5　f发音示意图

【字词练习】

发 fā	房 fáng	奋 fèn	佛 fó
风 fēng	分 fēn	否 fǒu	翻 fān
发放 fā fàng	发奋 fā fèn	发福 fā fú	翻覆 fān fù
繁复 fán fù	反复 fǎn fù	犯法 fàn fǎ	方法 fāng fǎ
防范 fáng fàn	防风 fáng fēng	防腐 fáng fǔ	仿佛 fǎng fú
非法 fēi fǎ	非凡 fēi fán	肺腑 fèi fǔ	分发 fēn fā
粪肥 fèn féi	奋发 fèn fā	丰富 fēng fù	蜂房 fēng fáng
夫妇 fū fù	福分 fú fèn	伏法 fú fǎ	复方 fù fāng

【绕口令练习】

画凤凰（f、h）

粉红墙上画凤凰，凤凰画在粉红墙。红凤凰、粉凤凰、红粉凤凰、花凤凰。

（二）唇齿音句段练习

在里约奥运会女子100米仰泳半决赛中，杭州姑娘傅园慧晋级决赛，接受采访时，傅园慧气喘吁吁地称赞自己一身"神力"，而她说话的表情夸张得简直令人难以置信。这段"洪荒之力"，使得她迅速走红网络，几小时内，傅园慧的微博粉丝数量增长了近60万。

三、舌尖中音：d、t、n、l

舌尖中音指舌尖抵住上齿龈，气流在这一部位受到阻碍后发出的音。练习时注意舌尖要有力度。

所谓"弹力"就是指舌尖阻被突然冲开，不要拖泥带水。

n、l两个音，许多人分辨不清。其实，这两个音发音方法完全不同，n是鼻孔出气（鼻音），l是舌头两边出气（边音）。学习时要抓住区分这两者的要点：你可以用一根手指放在鼻翼两侧，感受发n音时鼻腔的震动，而发l音的时候，手指是感受不到震动的。

（一）d：舌尖中、不送气、清、塞音

发音时，舌尖抵住上齿龈，软腭上升，堵塞鼻腔通路，声带不颤动，较弱的气流冲破舌尖的阻碍，迸裂而出，爆发成声（见图2-6）。

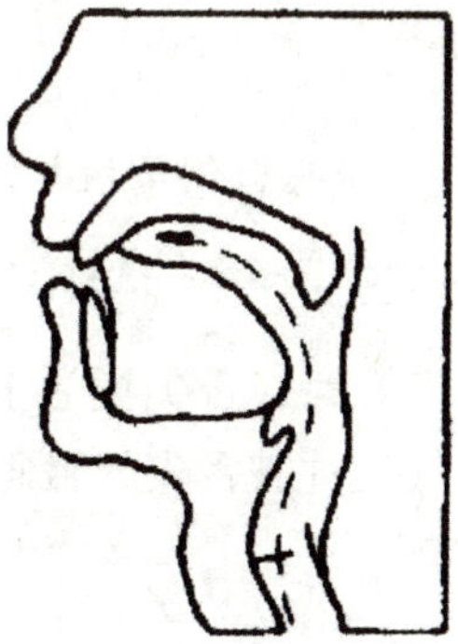

图2-6 d发音示意图

【字词练习】

搭 dā	担 dān	到 dào	得 dé
灯 dēng	丢 diū	调 diào	斗 dòu
搭档 dā dàng	达到 dá dào	答对 dá duì	大地 dà dì
打倒 dǎ dǎo	打赌 dǎ dǔ	大胆 dà dǎn	大度 dà dù
单调 dān diào	单独 dān dú	担待 dān dài	担当 dān dāng
当初 dāng chū	当代 dāng dài	当地 dāng dì	荡涤 dàng dí
导弹 dǎo dàn	捣蛋 dǎo dàn	到达 dào dá	道德 dào dé
到底 dào dǐ	得当 dé dàng	得到 dé dào	等待 děng dài
滴答 dī dā	低档 dī dàng	敌对 dí duì	抵挡 dǐ dǎng
地点 dì diǎn	地段 dì duàn		

【绕口令练习】

打特盗（d、t）

调到敌岛打特盗，特盗太刁授短刀；挡推顶打短刀掉，踏盗得刀盗打倒。

（二）t：舌尖中、送气、清、塞音

发音时成阻、持阻阶段与d相同，除阻阶段声门大开，从肺部呼出一股较强的气流成

声（见图2-7）。

【字词练习】

推 tuī	吞 tūn	坛 tán	淌 tǎng
逃 táo	图 tú	土 tǔ	停 tíng
塌台 tā tái	抬头 tái tóu	贪图 tān tú	痰桶 tán tǒng
谈天 tán tiān	谈吐 tán tǔ	坦途 tǎn tú	探讨 tàn tǎo
探听 tàn tīng	逃脱 táo tuō	淘汰 táo tài	疼痛 téng tòng
梯田 tī tián	体态 tǐ tài	体贴 tǐ tiē	剃头 tì tóu
天体 tiān tǐ	天堂 tiān táng	甜头 tián tou	调停 tiáo tíng
跳台 tiào tái	贴题 tiē tí	铁塔 tiě tǎ	铁蹄 tiě tí
厅堂 tīng táng			

【绕口令练习】

盗短刀（d、t）

断头台倒吊短单刀，歹徒登台偷短刀；断头台塌盗跌倒，对对短刀叮当掉。

（三）n：舌尖中、浊、鼻音

发音时，舌尖抵住上齿龈，软腭下降，气流振动声带，从鼻腔通过发音；阻碍解除时，气流冲破舌尖的阻碍，发出轻微的塞音（见图2-8）。

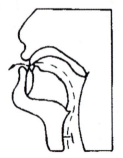
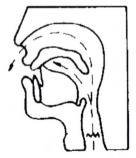

图2-7 t发音示意图　　　　　图2-8 n发音示意图

【字词练习】

哪 nǎ	奶 nǎi	闹 nào	难 nán
能 néng	农 nòng	娘 niáng	牛 niú
南宁 nán níng	男女 nán nǚ	难弄 nán nòng	拿捏 ná niē
能耐 néng nài	恼怒 nǎo nù	泥泞 ní nìng	奶牛 nǎi niú
农奴 nóng nú	牛奶 niú nǎi		

【绕口令练习】

男旅客女旅客（n、l）

男旅客穿着蓝上装，女旅客穿着呢大衣。
男旅客扶着拎篮子的老大娘，女旅客挽着拿笼子的小男孩儿。

（四）l：舌尖中、浊、边音

发音时，舌尖抵住上齿龈，软腭上升，堵塞鼻腔通路，气流振动声带，从舌头两边或一边通过（见图2-9）。

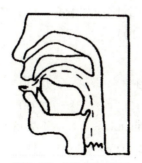

图2-9 l发音示意图

【字词练习】

拉 lā	铃 líng	来 lái	列 liè
驴 lǘ	罗 luó	老 lǎo	栾 luán
拉力 lā lì	蜡疗 là liáo	来历 lái lì	来路 lái lù
劳累 láo lèi	劳力 láo lì	老路 lǎo lù	理疗 lǐ liáo
利落 lì luo	历来 lì lái	料理 liào lǐ	流利 liú lì
琉璃 liú lí	流落 liú luò	履历 lǚ lì	裸露 luǒ lù
拉练 lā liàn	拉拢 lā lǒng	来临 lái lín	老练 lǎo liàn

【绕口令练习】

拉车（l、n）

门外有四辆车，你爱拉哪两辆就拉哪两辆，想拉到哪里就拉到哪里。

（五）舌尖中音句段练习

它没有婆娑的姿态，没有屈曲盘旋的虬枝，也许你要说它不美丽，如果美是专指"婆娑"或"旁斜逸出"之类而言，那么白杨树算不得树中的好女子；但是它却是伟岸，正直，朴质，严肃，也不缺乏温和，更不用提它的坚强不屈与挺拔，它是树中的伟丈夫！

四、舌根音：g、k、h

舌根音指舌根和软腭相接，气流在这一部位受到阻碍后发出的一种辅音。它们是21个声母中发音最靠后的三个音，也是音色最暗的一组。

需要提醒的是，有些男生为了追求声音的宽厚，有气势，总是喜欢把这三个本来已经靠后的舌根音发得更靠后,相应地把韵母带到后面,导致喉音过重。其实这是一种不正确的发声状态。

(一) g：舌根、不送气、清、塞音

发音时,舌面后部抵住软腭,软腭后部上升,堵塞鼻腔通路,声带不颤动,较弱的气流冲破阻碍,爆发成声(见图2-10)。

【字词练习】

哥 gē	钢 gāng	姑 gū	耕 gēng
干 gàn	更 gèng	古 gǔ	关 guān
改革 gǎi gé	改观 gǎi guān	干果 gān guǒ	尴尬 gān gà
感官 gǎn guān	感光 gǎn guāng	杠杆 gàng gǎn	高歌 gāo gē
高贵 gāo guì	搞鬼 gǎo guǐ	更改 gēng gǎi	梗概 gěng gài
公国 gōng guó	公告 gōng gào	公共 gōng gòng	巩固 gǒng gù
古怪 gǔ guài	骨干 gǔ gàn	骨骼 gǔ gé	雇工 gù gōng
故宫 gù gōng	瓜葛 guā gé	挂钩 guà gōu	拐棍 guǎi gùn
观感 guān gǎn			

【绕口令练习】

多少罐 (g)

一个半罐是半罐,两个半罐是一罐;三个半罐是一罐半,四个半罐是两罐;五个半罐是两罐半,六个半罐是三满罐;七个、八个、九个半罐,请你算算是多少罐。

(二) k：舌根、送气、清、塞音

成阻、持阻阶段与 g 相同。除阻阶段声门大开,从肺部呼出一股较强的气流成声(见图2-11)。

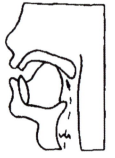

图2-10　g发音示意图

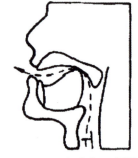

图2-11　k发音示意图

【字词练习】

考 kǎo	坑 kēng	口 kǒu	课 kè
空 kōng	扣 kòu	宽 kuān	看 kàn
开垦 kāi kěn	宽阔 kuān kuò	可靠 kě kào	刻苦 kè kǔ

可口 kě kǒu	空旷 kōng kuàng	困苦 kùn kǔ	开课 kāi kè
开口 kāi kǒu	开阔 kāi kuò	坎坷 kǎn kě	慷慨 kāng kǎi
苛刻 kē kè	苦口 kǔ kǒu	夸口 kuā kǒu	

【绕口令练习】

哥挎瓜筐过宽沟（g、k）

哥挎瓜筐过宽沟，赶快过沟看怪狗。光看怪狗瓜筐扣，瓜滚筐空哥怪狗。

（三）h：舌根、清、擦音

发音时，舌面后部接近软腭，留出窄缝，软腭上升，堵塞鼻腔通路，声带不颤动，气流从舌面后部和软腭形成的窄缝中挤出，摩擦成声（见图2-12）。

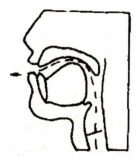

图2-12　h发音示意图

【字词练习】

海 hǎi	哈 hā	杭 háng	好 hǎo
河 hé	画 huà	吼 hǒu	很 hěn
海涵 hǎi hán	含糊 hán hu	喊话 hǎn huà	航海 háng hǎi
行话 háng huà	豪华 háo huá	好汉 hǎo hàn	好话 hǎo huà
浩瀚 hào hàn	合乎 hé hū	合伙 hé huǒ	和好 hé hǎo
和缓 hé huǎn	黑话 hēi huà	横祸 hèng huò	红火 hóng huǒ
后患 hòu huàn	后悔 hòu huǐ	呼喊 hū hǎn	呼号 hū háo
呼唤 hū huàn	胡话 hú huà	欢呼 huān hū	荷花 hé huā

【绕口令练习】

华华和红红（h）

华华有两朵黄花，红红有两朵红花，华华要红花，红红要黄花。
华华送给红红一朵黄花，红红送给华华一朵红花。

（四）舌根音句段练习

中国古典舞是介于戏曲与舞蹈之间的混合物，虽然它去掉了戏曲最重要的唱、念，但仍然保留了戏曲的诸多元素。古典舞的特性可以通过形、力、气、韵四个方面体现。

五、舌面音：j、q、x

舌面音指舌面前部抵住或接近硬腭前部，气流在这部位受到阻碍后形成的音。这组音最容易出现的问题就是尖音（舌尖化）。有了尖音会显得不庄重、不朴实；同时，噪声太大，也容易让听你说话的人耳朵疲劳。为了防止尖音的出现，除了做好辨音，还要注意不要让舌尖碰到牙齿或两齿之间。

（一）j：舌面前、不送气、清、塞擦音

发音时，舌尖抵住下门齿背，使前舌面贴紧前硬腭，软腭上升，关闭鼻腔通路。在阻塞的部位后面积蓄气流，突然解除阻塞时，在原形成闭塞的部位之间保持适度的间隙，使气流从间隙透出而成声（见图 2 - 13）。

【字词练习】

江 jiāng	机 jī	家 jiā	街 jiē
景 jǐng	居 jū	捐 juān	叫 jiào
激进 jī jìn	积极 jī jí	击剑 jī jiàn	集结 jí jié
即将 jí jiāng	机警 jī jǐng	寂静 jì jìng	计较 jì jiào
寄居 jì jū	季节 jì jié	家教 jiā jiào	家景 jiā jǐng
家具 jiā jù	家眷 jiā juàn	夹击 jiā jī	佳节 jiā jié
加紧 jiā jǐn	加剧 jiā jù	嘉奖 jiā jiǎng	嫁接 jià jiē
间架 jiān jià	境界 jìng jiè	交际 jiāo jì	简洁 jiǎn jié
接近 jiē jìn	嘉兴 jiā xīng	经济 jīng jì	坚决 jiān jué

【绕口令练习】

七加一（j、q）

七加一，七减一，加完减完等于几？七加一，七减一，加完减完还是七。

（一）q：舌面前、送气、清、塞擦音

发音时，成阻阶段与 j 相同。与 j 不同的是，当前舌面与前硬腭分离并形成适度间隙的时候，声门开启，气流压力增强，擦的阶段用较强气流发出（见图 2 - 14）。

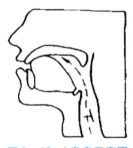

图 2 - 13 j 发音示意图

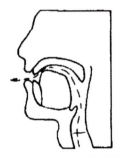

图 2 - 14 q 发音示意图

【字词练习】

桥 qiáo	枪 qiāng	球 qiú	青 qīng
亲 qīn	去 qù	全 quán	缺 quē
漆器 qī qì	七窍 qī qiào	凄切 qī qiè	齐全 qí quán
骑墙 qí qiáng	祈求 qí qiú	弃权 qì quán	气枪 qì qiāng
气球 qì qiú	前驱 qián qū	亲切 qīn qiè	恰巧 qià qiǎo
请求 qǐng qiú	轻巧 qīng qiǎo	牵强 qiān qiǎng	情趣 qíng qù
秋千 qiū qiān	崎岖 qí qū	千秋 qiān qiū	欠缺 qiàn quē
抢亲 qiǎng qīn	窃取 qiè qǔ	亲戚 qīn qi	

【绕口令练习】

漆匠和锡匠（j、q、x）

七巷一个漆匠，
西巷一个锡匠，
七巷漆匠偷了西巷锡匠的锡，
西巷锡匠拿了七巷漆匠的漆，
七巷漆匠气西巷锡匠偷了漆，
西巷锡匠讥七巷漆匠拿了锡。
请问锡匠和漆匠，
谁拿谁的锡？
谁偷谁的漆？

（二）x：舌面前、清、擦音

发音时，舌尖抵住下齿背，使前舌面接近硬腭前部，形成适度的间隙，气流从空隙摩擦通过（见图2－15）。

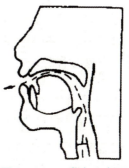

图2－15 x发音示意图

【字词练习】

先 xiān	修 xiū	西 xī	香 xiāng
新 xīn	小 xiǎo	宣 xuān	许 xǔ
喜讯 xǐ xùn	想象 xiǎng xiàng	现行 xiàn xíng	下雪 xià xuě
细心 xì xīn	先行 xiān xíng	嬉笑 xī xiào	习性 xí xìng
喜讯 xǐ xùn	狭小 xiá xiǎo	下乡 xià xiāng	下旬 xià xún
鲜血 xiān xuè	纤细 xiān xì	显现 xiǎn xiàn	险些 xiǎn xiē
现象 xiàn xiàng	相信 xiāng xìn	乡下 xiāng xià	详细 xiáng xì
想象 xiǎng xiàng	象形 xiàng xíng	消息 xiāo xi	小学 xiǎo xué

【绕口令练习】

花鸭与彩霞（x）

水中映着彩霞，水面游着花鸭。
霞是五彩霞，鸭是麻花鸭。
麻花鸭游进五彩霞，五彩霞网住麻花鸭。
乐坏了鸭，拍碎了霞，分不清是鸭还是霞。

（三）舌面音句段练习

乞巧节是古人非常喜欢的一个节日。传说那天是牛郎织女鹊桥相会的日子，因为织女心灵手巧，人间的女子希望能在这一天向织女乞取智巧。

六、舌尖后音：zh、ch、sh、r

舌尖后音指舌尖后移与齿龈后部接触构成阻碍后发出的一种辅音。这组音又叫翘舌音。发这组音时容易出现三种问题：

第一种，很多人容易和舌尖前音相混，也就是通常所说的平翘不分。

第二种，有些人在发这组音时发得比较靠后，把翘舌音发成了卷舌音。针对这个问题，可以着重练习舌尖翘起这个动作。

第三种，有些人发音偏前，舌位较平，接近于平舌音的位置。发这组音时，舌尖顶住硬腭前部，听起来就不那么偏前了。

（一）zh：舌尖后、不送气、清、塞擦音

发音时，舌头前部上举，舌尖抵住硬腭最前端，同时软腭上升，关闭鼻腔通路在形成阻塞的部位后积蓄气流，突然解除阻塞时，在原形成闭塞的部位之间保持适度的距离，使气流从间隙透出而成声（见图2-16）。

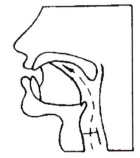

图2-16 zh发音示意图

【字词练习】

赵 zhào	扎 zhā	郑 zhèng	知 zhī
中 zhōng	庄 zhuāng	周 zhōu	重 zhòng
主张 zhǔ zhāng	支柱 zhī zhù	转折 zhuǎn zhé	真正 zhēn zhèng
指针 zhǐ zhēn	战争 zhàn zhēng	政治 zhèng zhì	扎针 zhā zhēn
债主 zhài zhǔ	站住 zhàn zhù	长者 zhǎng zhě	招展 zhāo zhǎn
招致 zhāo zhì	昭彰 zhāo zhāng	折中 zhé zhōng	折纸 zhé zhǐ
真挚 zhēn zhì	珍珠 zhēn zhū	诊治 zhěn zhì	针织 zhēn zhī
争执 zhēng zhí	证章 zhèng zhāng		

【绕口令练习】

知道不知道（zh、sh）

认识从实践始，实践出真知。
知道就是知道，不知道就是不知道。
不要知道说不知道，也不要不知道装知道。
老老实实，实事求是，一定要做到不折不扣的真知道。

（二）ch：舌尖后、送气、清、塞擦音

发音时，成阻阶段与 zh 相同。与 zh 不同的是，在突然解除阻塞时，声门开启，气流压力增强，擦的阶段用较强气流发出（见图 2-17）。

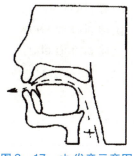

图 2-17　ch 发音示意图

【字词练习】

产 chǎn	吵 chǎo	车 chē	陈 chén
程 chéng	船 chuán	吹 chuī	春 chūn
叉车 chā chē	查抄 chá chāo	拆穿 chāi chuān	铲除 chǎn chú
长处 cháng chù	长城 cháng chéng	超产 chāo chǎn	超出 chāo chū
车床 chē chuáng	成虫 chéng chóng	城池 chéng chí	惩处 chéng chǔ
踟蹰 chí chú	驰骋 chí chěng	充斥 chōng chì	重唱 chóng chàng
抽查 chōu chá	臭虫 chòu chóng	初创 chū chuàng	出差 chū chāi
出产 chū chǎn	出场 chū chǎng	出处 chū chù	橱窗 chú chuāng
除尘 chú chén	穿插 chuān chā	传抄 chuán chāo	唇齿 chún chǐ
戳穿 chuō chuān			

【绕口令练习】

朱叔锄竹笋（zh、ch）

朱家一株竹，
竹笋初长出，
朱叔处处锄，
锄出笋来煮。
锄完不再出，
朱叔没笋煮，
竹株又干枯。

（三）sh：舌尖后、清、擦音

发音时，舌头前部上举，接近硬腭最前端，形成适度的间隙；同时软腭上升，关闭鼻腔通路，使气流从间隙摩擦通过而成声（见图 2-18）。

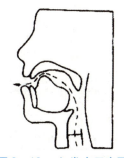

图 2-18　sh 发音示意图

【字词练习】

沙 shā	蛇 shé	筛 shāi	省 shěng
双 shuāng	上 shàng	顺 shùn	山 shān
双手 shuāng shǒu	实施 shí shī	沙石 shā shí	神圣 shén shèng
绅士 shēn shì	手术 shǒu shù	杀伤 shā shāng	山水 shān shuǐ
山势 shān shì	闪身 shǎn shēn	闪烁 shǎn shuò	膳食 shàn shí
伤神 shāng shén	赏识 shǎng shí	上身 shàng shēn	上升 shàng shēng
上述 shàng shù	上声 shǎng shēng	烧伤 shāo shāng	

【绕口令练习】

学时事（zh、ch、sh）

史老师，讲时事，
常学时事长知识。
时事学习看报纸，
报纸登的是时事，
心里装着天下事。

（四）r：舌尖后、浊、擦音

发音时，舌头前部上举，接近硬腭最前端，形成适度间隙；同时软腭上升，关闭鼻腔通路；声带颤动，气流从间隙中摩擦通过（见图2-19）。

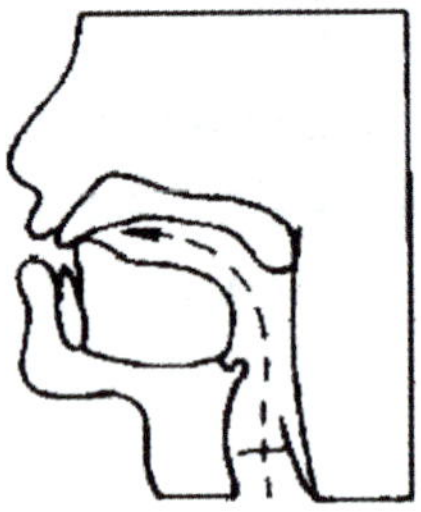

图2-19 r发音示意图

【字词练习】

入 rù	如 rú	忍 rěn	软 ruǎn
荣 róng	让 ràng	日 rì	然 rán
嚷嚷 rāng rang	忍让 rěn ràng	忍辱 rěn rǔ	人人 rén rén
仍然 réng rán	柔韧 róu rèn	容忍 róng rěn	闰日 rùn rì
扰攘 rǎo rǎng	如若 rú ruò	荏苒 rěn rǎn	荣辱 róng rǔ
柔软 róu ruǎn	柔弱 róu ruó	濡染 rú rǎn	软弱 ruǎn ruò

【绕口令练习】

晒人肉（sh、r）

日头热，晒人肉，晒得心里好难受。晒人肉，好难受，晒得头上直冒油。

（五）舌尖后音句段练习

南美洲有一种树——雨树，树冠巨大圆满如罩钟，从树冠一端到另一端可以有30米之遥。阴天或夜间，细叶合拢，雨，直直自叶隙落下，所以叶冠虽巨大且密，树底的小草却茵茵然葱绿。

七、舌尖前音：z、c、s

舌尖前音指舌尖平伸抵住或接近上齿背，气流在这一部位受到阻碍后发出的音，又叫平舌音。这组音成阻面要小，力量要集中，避免舌尖伸到两齿中间变成齿间音。

s 与 sh 的区别，关键在于 s 是"平舌"，舌尖接近齿背；sh 是"翘舌"，舌尖离开齿背，接近硬腭前部。

（一）z：舌尖前、不送气、清、塞擦音

发音时，舌尖抵住上门齿背形成阻塞，在阻塞的部位后积蓄气流；同时软腭上升，关闭鼻腔通路；突然解除阻塞时，在原形成阻塞的部位之间保持适度的距离，使气流从间隙透出而成声（见图 2-20）。

【字词练习】

栽 zāi	脏 zāng	遭 zāo	贼 zéi
怎 zěn	增 zēng	宗 zōng	资 zī
藏族 zàng zú	宗教 zōng jiào	总则 zǒng zé	自足 zì zú
造作 zào zuo	咂嘴 zā zuǐ	栽赃 zāi zāng	罪责 zuì zé
再造 zài zào	在座 zài zuò	遭罪 zāo zuì	自在 zì zài
自尊 zì zūn	宗族 zōng zú	走卒 zǒu zú	

【绕口令练习】

做早操（z、c）

早晨早早起，早起做早操。
人人做早操，做操身体好。

（二）c：舌尖前、送气、清、塞擦音

发音时，成阻阶段与 z 相同，与 z 不同的是，在突然解除阻塞时，声门开启，气流压力增强，因而擦的阶段用较强气流发出成声（见图 2-21）。

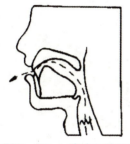

图 2-20　z 发音示意图

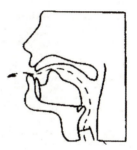

图 2-21　c 发音示意图

【字词练习】

猜 cāi	擦 cā	参 cān	仓 cāng
策 cè	涔 cén	此 cǐ	粗 cū
层次 céng cì	粗糙 cū cāo	摧残 cuī cán	苍翠 cāng cuì
草丛 cǎo cóng	参差 cēn cī	猜测 cāi cè	残存 cán cún
仓促 cāng cù	从此 cóng cǐ	催促 cuī cù	措辞 cuò cí
葱翠 cōng cuì	草草 cǎo cǎo		

【绕口令练习】

比腿（c）

山前有个崔粗腿，
山后有个崔腿粗。
二人山前来比腿，
不知是崔粗腿比崔腿粗的腿粗，
还是崔腿粗比崔粗腿的腿粗？

（三）s：舌尖前、清、擦音

发音时，舌尖接近上门齿背，形成间隙；同时软腭上升，关闭鼻腔通路，使气流从间隙摩擦而通过成声（见图 2-22）。

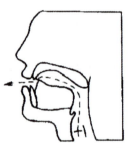

图 2-22 s 发音示意图

【字词练习】

撒 sā	三 sān	桑 sāng	涩 sè
松 sōng	思 sī	苏 sū	孙 sūn
洒扫 sǎ sǎo	缫丝 sāo sī	色素 sè sù	僧俗 sēng sú
思索 sī suǒ	四散 sì sàn	松散 sōng sǎn	送死 sòng sǐ
搜索 sōu suǒ	诉讼 sù sòng	速算 sù suàn	琐碎 suǒ suì

【绕口令练习】

登山（s、sh）

三月三，小三去登山。
上山又下山，下山又上山。
登了三次山，跑了三里三。
出了一身汗，湿了三件衫。
小三山上大声喊："离天只有三尺三。"

（四）舌尖前音句段练习

皮肤干燥、衰老，日晒，紫外线辐射，睡眠不足，身体劳累等都是促进色素沉淀的原因。随着年龄的增长，色斑增多，严重影响人们的面部美观，带来了衰老的心理压力，从而影响生活质量。

项目三 零声母

每个汉语音节都可以分成声母和韵母两部分，每个汉字字音结构也都由声母、韵母和声调三部分构成。没有辅音声母的音节称为零声母音节。零声母也是一种声母。零声母的"零"不等于"没有"，它占一个位置，这个位置是个"虚位"。实验语音学证明，零声母音节往往也有特定的、具有某些辅音性质的起始方式。也就是说，零声母音节并不完全是纯元音开头，它都稍带有一些摩擦成分。所以，我们在发音的时候也应该保持力度，这样才能增强音节的清晰度。

普通话零声母可以分为两类，一类是开口呼零声母，一类是非开口呼零声母。

开口呼零声母音节，如"啊"发音时，一般有喉塞音，即喉头声门闭紧一下。齐齿呼零声母音节，如"一"发音时，会带有一个舌面摩擦音，以隔音字母 y 开头。

合口呼零声母音节，如"五"实际发音带有一个双唇浊擦音。u 是圆唇元音，应该把双唇撮圆，以隔音字母 w 开头。

撮口呼零声母音节，如"鱼"是以 yu 开头，发音带有轻微摩擦。没有经过专门的语音训练，我们往往感觉不到 a、o、e 开头的音节还有微弱的辅音存在。为了防止零声母音节与前一音节韵尾拼合，造成音节之间界限的混淆，我们有必要强调零声母起始时的实际读音。

不过，有些方言区的人受方音影响，零声母的发音往往会加入声母，例如："爱"（ai），有的方音加了声母 n，发成了"耐"（nai），这可是不正确的。要纠正这样的错误，需要加强语音记忆，去掉不必要的声母成分。

零声母发音要领：以 a、o、e 开头的音节，起始时加喉塞音；以 i、u、ü 开头的音节，起始时加半元音。

（一）字词练习（零声母—零声母）

【开口呼零声母】

恩爱 ēn' ài	偶尔 ǒu' ěr	阿姨 ā' yí	安逸 ān yì
熬夜 áo' yè	恶意 è yì	扼要 è yào	而已 ér yǐ
欧阳 ōu' yáng	安稳 ān' wěn	安慰 ān' wèi	额外 é wài
讹误 é' wù	耳闻 ěr' wén	哀怨 āi' yuàn	按语 àn' yǔ

恩怨 ēn' yuàn	厄运 è yùn	阿谀 ē yú	奥运 ào yùn
尔雅 ěr yǎ	安逸 ān yì	耳闻 ěr ' wén	昂扬 áng' yáng
碍眼 ài yǎn	暗语 àn yǔ	噩运 è' yùn	遨游 áo yóu

【齐齿呼零声母】

沿岸 yán' àn	要隘 yào' ài	阴暗 yīn' àn	银耳 yín' ěr
幼儿 yòu' ér	因而 yīn' ér	友爱 yǒu' ài	婴儿 yīng' ér
诱饵 yòu' ěr	演义 yǎn yì	艳阳 yàn yáng	洋溢 yáng yì
扬言 yáng yán	谣言 yáo yán	摇曳 yáo yè	耀眼 yào yǎn
野营 yě yíng	一样 yí yàng	医药 yī yào	意义 yì yì
益友 yì yǒu	抑扬 yì yáng	异样 yì yàng	阴影 yīn yǐng
营业 yíng yè	悠扬 yōu yáng	友谊 yǒu yì	油印 yóu yìn
蚰蜒 yóu yán	眼窝 yǎn wō		

【合口呼零声母】

外耳 wài' ěr	巍峨 wēi' é	玩偶 wán' ǒu	晚安 wǎn' ān
万恶 wàn' è	问安 wèn' ān	外延 wài yán	外衣 wài yī
外因 wài yīn	万一 wàn yī	蜿蜒 wān yán	喂养 wèi yǎng
丸药 wán yào	汪洋 wāng yáng	威严 wēi yán	偎依 wēi yī
伟业 wěi yè	文言 wén yán	文艺 wén yì	乌鸦 wū yā
乌有 wū yǒu	呜咽 wū yè	无疑 wú yí	武艺 wǔ yì
五一 wǔ yī	午夜 wǔ yè	外围 wài wéi	外文 wài wén
外屋 wài wū	玩味 wán wèi		

【撮口呼零声母】

余额 yú' é	鱼饵 yú' ěr	悦耳 yuè' ěr	员额 yuán' é
庸医 yōng yī	怨言 yuàn yán	拥有 yōng yǒu	用意 yòng yì
语言 yǔ yán	语音 yǔ yīn	鱼鹰 yú yīng	雨衣 yǔ yī
寓言 yù yán	寓意 yù yì	预约 yù yuē	鸳鸯 yuān yāng
园艺 yuán yì	原野 yuán yě	原因 yuán yīn	原样 yuán yàng
远洋 yuǎn yáng	愿意 yuàn yì	月牙 yuè yá	渔业 yú yè
乐音 yuè yīn	援外 yuán wài	云游 yún yóu	运营 yùn yíng
用武 yòng wǔ	欲望 yù wàng		

（三）零声母句段练习

悠悠球是世界上第二大古老的玩具。但悠悠球不仅仅是一种玩具，也是世界上花式多且难、极具观赏性的手上技巧运动之一。今时今日，悠悠球正在逐渐成为一项风靡全球的手上技巧运动。

实训操练

1. 鼻音 m、n、ng 都是软腭下降，气流从鼻腔中透出成声，为什么形成不同的辅音？
2. 塞音和塞擦音发音过程中有哪些不同？
3. 分组读出下列音节，并辨别每组上下两字声母的异同。

包起—抛起	补写—谱写	备料—配料	蹲下—吞下
肚子—兔子	调出—跳出	干完—看完	米缸—米糠
大狗—大口	大计—大气	精华—清华	江声—枪声
着水—潮水	工长—工厂	斩掉—铲掉	清早—青草
做了—错了	一字—一次		

主力—阻力—举例	短站—短暂—短剑	招了—糟了—焦了
一成—一层—一擎	姓陈—姓岑—姓秦	有翅—有刺—有气
商业—桑叶—香叶	不少—不扫—不小	诗人—私人—昔人

模块三　普通话韵母

> **课前导入**

　　一位在银行工作的女士，一天接待了一位身材魁梧的男子，只听他说："打劫，我缺钱。"女士感到十分紧张害怕，愣了一会儿，只听见这位男子又大声地说："打劫，我缺钱。"女士赶紧叫来了保安，在男子的努力解释下，大家才明白，原来他想要说的是："大姐，我取钱。"很显然，造成误解的主要原因是因为男子的普通话韵母和声调出现了问题，把"取"字的韵母"ü"读成了"üe"。这个事例说明，韵母对说好普通话是多么的重要。

> **学习目标**

　　知识目标：理解韵母的概念；
　　　　　　　熟悉普通话韵母的分类。
　　能力目标：熟悉普通话韵母的发音特点；
　　　　　　　熟练掌握普通话韵母的发音技巧。
　　素质目标：了解本人所在方言区声母发音与普通话声母发音的差异。

> **知识链接**

项目一　元音和韵母

一、什么是元音

　　汉语普通话中一共有32个音素，其中辅音音素有22个，元音音素有10个，分别是舌面元音 a、o、e、ê、i、u、ü（7个），特殊元音 -i（前）、-i（后）以及卷舌元音 er。元音是音素的一种。发元音时气流在口腔中不会受到明显的阻碍，呼出的气流会比较弱，其中声带会颤动，声音听起来响亮清晰，元音都属于乐音。
　　韵母的主要组成部分是元音，但元音不等于韵母，韵母最少由1个元音构成，也可以由2个或者3个元音组成；韵母中间的韵尾也可以由辅音 n 和 ng 来充当，例如 chōng

diàn（充电）。

元音的发音有以下四个特点：
（1）发音响亮、圆润、十分通畅。
（2）发音时气流在口腔中不会受到阻碍，气流流动畅通无阻。
（3）发音器官紧张程度是比较均匀的，区别于辅音，辅音是只有阻碍气流的那部分肌肉紧张。
（4）发音时声带颤动，不用较强的气流就能产生乐音，声音响亮。

我们通过一首绕口令来感受一下普通话元音响亮、圆畅且富有乐感的特点。

藤萝花和喇叭花

华华园里有一株藤萝花，
佳佳园里有一株喇叭花。
佳佳的喇叭花，绕住了华华的藤萝花，
华华的藤萝花，缠住了佳佳的喇叭花。
也不知道是藤萝花先绕住了喇叭花，
还是喇叭花先缠住了藤萝花。

二、什么是韵母

按照汉语语音学的传统分类方法，韵母就是汉语拼音中声母以后的部分。

普通话中有39个韵母。其中一部分由单元音充当，如 bā（八）、ná（拿）；有的由复合元音充当，如 hǎo（好）、liǎo（了）；还有一部分由元音加上鼻辅音 n 或 ng 构成，如 gān（关）、gāng（光）。

（一）韵母在普通话中的分类

（1）完全由元音构成的韵母有23个，约占韵母的59%；
（2）由元音加上辅音构成的韵母有16个，约占韵母的41%。

音韵美是普通话给人的最生动的感觉，像是音乐在流动，正是因为这一点让元音在普通话语音中占有绝对优势。元音的存在，让普通话充满了美丽的乐感，从而成为世界上公认的最优美的语言之一。

（二）韵母的结构

韵母由韵头、韵腹、韵尾三部分组成。韵头包括 i、u、ü；韵母由单元音构成的，该元音就是韵腹；由2个或者3个元音充当的，其中口腔张开程度最大、声音最响亮的元音就是韵腹；韵腹后面的元音或者辅音就是韵尾。

例如，diàn（电），韵头是 i，韵腹是 a，韵尾是 n。其中要注意的是，一个韵母，可以没有韵头，也可以没有韵尾，但是不能没有韵腹，比如啊（a）。

普通话音节韵头、韵腹以及韵尾的划分见表3-1。①

表3-1 普通话音节韵头、韵腹、韵尾划分

例字（类型）	字头	字腹		字尾
	声母	韵母		
		韵头	韵腹	韵尾
变（头腹尾全）	b	i	a	n
班（头腹尾全）	b		a	n
烟（头腹尾全）		i	a	n
安（无字头）			a	n
别（无字尾）	b	i	e	
巴（无字尾）	b		a	
阿（无字头、字尾）			a	

三、韵母的作用②

（一）区别词义

一个音节中，如果韵母不同，即使声母和声调相同，那么它的意思也会产生差别。例如：mín xīn（民心）—míng xīng（明星）；làn màn（烂漫）—làng màn（浪漫）；qié zi（茄子）—qué zi（瘸子）。发不好韵母，就有可能混淆词义，从而影响日常交流。

（二）使音节饱满响亮

音节中韵母中的主要元音是最响亮的，这个元音就是韵腹。这是因为它的开口程度较大，有丰富的口腔共鸣，增加了音节的气势，再加上声调的作用使音节变得响亮充实、挺拔饱满，形成了抑扬顿挫的音乐美。

四、韵母的分类

（一）按结构划分

1. 单韵母

单元音韵母，即由单元音充当韵母。普通话有10个单韵母：a、o、e、ê、i、u、ü、

---

① 吴弘毅. 实用播音教程 [M]. 北京：中国传媒大学出版社，2002：304.
② 姚喜双. 普通话口语教程 [M]. 北京：高等教育出版社，2009：55.

-i（前）、-i（后）、er。

2. 复韵母

复合元音韵母，即由复合元音充当韵母。普通话有 13 个复韵母：ai、ei、ao、ou、ia、ie、ua、uo、üe、iao、iou、uai、uei。

3. 鼻韵母

复合鼻尾音韵母，即由元音带上鼻辅音韵尾构成的韵母。普通话有 16 个鼻韵母：an、en、in、ün、ang、eng、ing、ong、ian、uan、üan、uen、iang、uang、ueng、iong。

（二）按发音唇形划分

根据韵母开头元音发音的口形分类，分为开口呼、齐齿呼、合口呼、撮口呼，也称"四呼"，见表 3-2。

表 3-2　韵母分类

韵母分类	开口呼	齐齿呼	合口呼	撮口呼
单韵母	-i（前）、-i（后）		u	ü
	a	ia	ua	
	o		uo	
	e			
	ê	ie		üe
	er			
复韵母	ai		uai	
	ei		uei	
	ao	iao		
	ou	iou		
鼻韵母	an	ian	uan	üan
	en		uen	
		in		ün
	ang	iang	uang	
	eng		ueng	
		ing	ong	iong

1. 开口呼

开口呼即没有韵头，且韵腹又不是 i、u、ü 的韵母。普通话一共有 15 个韵母属于开口呼：a、o、e、ai、ei、ao、ou、an、en、ang、eng、ê、-i（前）、-i（后）、er。

2. 齐齿呼

齐齿呼即韵头或韵腹是 i 的韵母。普通话一共有 9 个韵母属于齐齿呼：i、ia、ie、

iao、iou、ian、in、iang、ing。

3. 合口呼

合口呼即韵头或韵腹是 u 的韵母。普通话一共有 10 个韵母属于合口呼：u、ua、uo、uai、uei、uan、uen、uang、ueng、ong。

4. 撮口呼

撮口呼即韵头或韵腹是 ü 的韵母。普通话一共有 5 个韵母属于撮口呼：ü、üe、üan、ün、iong。

项目二　单韵母的发音要领

单韵母是由单一元音构成的。

元音发音时声带振颤，气流流到口腔，之后通过舌头和唇形的不同状态，使共鸣腔（口腔、鼻腔）形成不同的共鸣方式，由此而发出不同的声音。

元音的发音不同主要是因为舌位和唇形的调节和变化，其中关键在于舌头的作用。舌头是口腔中最活跃、最积极的变化因素。舌位是指舌头在口腔中的位置，舌头的前后、舌面隆起时与上腭之间的宽窄程度影响了气流流经的力度和方式，也造成发音的不同。唇形是指发元音时嘴唇形状的圆展程度。

元音的发音条件有三个：舌位的前后；舌位的高低和口的开合；唇形的圆展（分为圆唇元音和不圆唇元音）。通常我们用舌面元音图来说明元音的发音条件，见图 3 - 1。

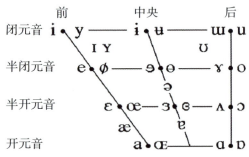

图 3 - 1　国际音标舌面元音图

图 3 - 1 是四边形元音图，可以看出该四边形并不规则，它是根据发元音时舌位在口腔里最高点确定下来的。首先找出两个极限点：

一是最前最高（前高），即舌尖抵住下齿背，舌面隆起接近硬腭的部位，见图 3 - 1 中的 [i]。

二是最后最低（后低），即舌尖离开下齿背，舌身向后缩起，舌体降到最低，而舌面略稍突起的高点正对着软腭，这就形成了元音 [ɑ]。

国际音标在最前最高与最后最低之间又划分出半高、半低两个等级，形成了8个标准元音。其中，前元音有4个：[i] [e] [ɛ] [a]；后元音有4个：[ɑ] [ɔ] [o] [u]。介于半高和半低之间的元音叫中元音，介于前元音和后元音之间的元音叫央元音。

图3-1中，中间斜线左面呈现的是不圆唇元音，右面呈现的是圆唇元音。国际音标有8个标准元音，其中有4个是不圆唇元音，同时也都是前元音；有3个圆唇元音，同时也是后元音。[ɑ]比较特殊，不属于圆唇元音，但属于后元音。

普通话共10个单韵母，其中舌面元音有7个：ɑ、o、e、ê、i、u、ü。我们把这7个单韵母按舌位和唇形进行划分：

一是从舌位的前后看：3个前元音，即 i、ü、ê；1个央元音，即 ɑ；3个后元音，即 e、o、u。

二是从舌位的高低看：3个高元音，即 i、u、ü；1个半高元音，即 e；2个中元音，即 ê、o；1个低元音，即 ɑ。

三是从唇形的圆展看：3个圆唇元音，即 ü、u、o；4个不圆唇元音，即 i、e、ê、ɑ（见图3-2）。

普通话单韵母中7个舌面元音的发音如下：

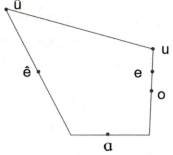

图3-2　普通话舌面元音图

（一）ɑ：央低不圆唇元音

发音要领：口大开，舌尖微接触下齿背或微离下齿背，舌面中部偏后微微隆起，和硬腭后部相对。发音时，软腭上升，鼻腔通路关闭，声带颤动。

【发音例词】

[ɑ—ɑ]

疤瘌 bā la	耷拉 dā la	打靶 dǎ bǎ	打岔 dǎ chà
打发 dǎ fa	大法 dà fǎ	大妈 dà mā	大厦 dà shà
发达 fā dá	蛤蟆 há ma	哈达 hǎ dá	喇叭 lǎ ba
马达 mǎ dá	哪怕 nǎ pà	沙发 shā fā	

（二）o：后中圆唇元音

发音要领：上下唇自然拢圆，舌身后缩，舌面后部隆起，和软腭相对，舌位介于半高半低之间。发音时软腭上升，鼻腔通路关闭，声带颤动。

【发音例词】

噢 ō（叹词）　　哦 ó（叹词）　　哦 ò（叹词）

（三）e：后半高不圆唇元音

发音要领：口半闭，嘴角向两边微微展开，舌身向后收缩，舌尖远离下齿背，舌面后部稍隆起和软腭相对，比元音 o 略高，略偏前。发音时软腭上升，鼻腔通路关闭，声带颤动。

【发音例词】

[e—e]

车辙 chē zhé	隔阂 gé hé	隔热 gé rè	各个 gè gè
各色 gè sè	合格 hé gé	合辙 hé zhé	苛刻 kē kè
客车 kè chē	色泽 sè zé	舍得 shě dé	割舍 gē shě
特色 tè sè	折合 zhé hé	折射 zhé shè	这个 zhè gè

（四）ê：前中不圆唇元音

发音要领：口自然打开，舌尖轻微接触到下齿背，舌面前部隆起和硬腭相对。发音时软腭上升，鼻腔通路关闭，声带颤动。

韵母 ê 除语气词"诶"以外，其他单用的机会不多。

（五）i：前高不圆唇元音

发音要领：口微开，两唇的形状呈扁平形，嘴角向两侧展开，上下齿相对，也叫齐齿，舌尖接触到下齿背，舌面前部隆起和硬腭前部相对。发音时，软腭上升，鼻腔通路关闭，声带颤动。

【发音例词】

[i—i]

荸荠 bí qi	鼻涕 bí tì	笔记 bǐ jì	比例 bǐ lì
激励 jī lì	积极 jī jí	基地 jī dì	机器 jī qì
极力 jī lì	极其 jí qí	记忆 jì yì	礼仪 lǐ yí
立即 lì jí	利益 lì yì	力气 lì qì	谜底 mí dǐ
秘密 mì mì	霹雳 pī lì	棋迷 qí mí	歧义 qí yì
启迪 qǐ dí	起立 qǐ lì	气体 qì tǐ	气息 qì xī
提议 tí yì	体力 tǐ lì	西医 xī yī	稀奇 xī qí

（六）u：后高圆唇元音

发音要领：两唇收缩成圆形，向前突出，形成圆唇，中间形成一个小圆孔；舌头向后收缩，舌面后部高度隆起，和软腭相对。发音时，软腭上升，鼻腔通路关闭，声带颤动。

【发音例词】

[u—u]

补助 bǔ zhù	部署 bù shǔ	不顾 bú gù	不如 bù rú
初步 chū bù	出路 chū lù	出入 chū rù	粗鲁 cū lǔ
督促 dū cù	读物 dú wù	夫妇 fū fù	幅度 fú dù
服务 fú wù	辅助 fǔ zhù	复述 fù shù	附注 fù zhù
辜负 gū fù	孤独 gū dú	鼓舞 gǔ wǔ	古书 gǔ shū

（七）ü：前高圆唇元音

发音要领：两唇拢圆，略向前突，形成圆唇，中间形成一个小圆孔；舌尖抵住下齿背，舌面前部隆起，和硬腭前部相对。发音时，软腭上升，鼻腔通路关闭，声带颤动。

【发音例词】

［ü—ü］

居于 jū yú	聚居 jù jū	区域 qū yù	屈居 qū jū
曲剧 qǔ jù	须臾 xū yú	栩栩 xǔ xǔ	序曲 xù qǔ
渔具 yú jù	语序 yǔ xù	雨具 yǔ jù	玉宇 yù yǔ
寓居 yù jū	豫剧 yù jù		

以上单韵母都是舌面元音，普通话共有 10 个单韵母，以上 7 个是舌面元音，另外 3 个不是舌面元音。

（八）er：卷舌元音

发音要领：口自然打开，舌头的位置不高不低不前不后，舌头的前部向上抬，舌尖向后卷，和硬腭前端相对。发音时，软腭上升，鼻腔通路关闭，声带颤动。

【发音例词】

［er］

而且 ér qiě	儿歌 ér gē	儿化 ér huà	儿女 ér nǚ
儿子 ér zi	耳朵 ěr duo	二胡 èr hú	

（九）-i（前）：舌尖前不圆唇元音

发音要领：口腔略微张开，嘴角向两侧展开，舌尖和上齿背相对。发音时，软腭上升，鼻腔通路关闭，声带颤动。-i（前）在普通话中只在 z、c、s 声母的后面出现。

【发音例词】

［-i（前）］

咨询 zī xún	资格 zī gé	资金 zī jīn	姿势 zī shì
紫菜 zǐ cài	子弟 zǐ dì	子孙 zǐ sūn	仔细 zǐ xì
字典 zì diǎn	字母 zì mǔ	自己 zì jǐ	自然 zì rán
自由 zì yóu	慈祥 cí xiáng	磁铁 cí tiě	辞职 cí zhí
辞典 cí diǎn	词语 cí yǔ	此外 cǐ wài	次序 cì xù

（十）-i（后）：舌尖后不圆唇元音

发音要领：口略微张开，唇形向两侧展开，舌前端抬起与硬腭相对。发音时，软腭上升，鼻腔通路关闭，声带颤动。-i（后）在普通话里只在 zh、ch、sh、r 声母的后面出现。

【发音例词】

[-i（后）——-i（后）]

史诗 shǐ shī	失时 shī shí	实施 shí shī	实质 shí zhì
失职 shī zhí	时事 shí shì	食指 shí zhǐ	市尺 shì chǐ
试制 shì zhì	事实 shì shí	逝世 shì shì	支持 zhī chí
支使 zhī shǐ	知识 zhī shi	直至 zhí zhì	值日 zhí rì
只是 zhǐ shì	咫尺 zhǐ chǐ	指示 zhǐ shì	指使 zhǐ shǐ

项目三　复韵母的发音要领

一、什么是复韵母

复韵母，即由复合元音充当的韵母。

复合元音与单元音是相对而言的，它们的区别在于：发单元音时，舌位和唇形没有明显的移动变化，过程比较简单；而复合元音发音过程中可以清晰地感受到舌位和唇形发生明显的变化移动。

复合元音是由一串元音音素复合而成的，它是由舌位移动而产生的一串元音音素。虽然在发音时可以感知到移动变化，但是在听觉上已经成为一个固定的音组。

其中"二合元音"由两个音素组成，发音时舌位由一个元音向另一个元音的舌位方向做直线移动，用两个字母进行标音，分别表示舌位的起点和止点，也指向舌位移动的方向。"三合元音"由三个音素组成，发音时舌位出现曲折移动，用三个字母进行标音，首字母是起点，中间的字母表示元音舌位移动的折点，最后的字母是止点。

二、复韵母的发音特点

复韵母由一串元音音素复合而成，其中有发音的移动变化，最终形成听觉上的一个音，而并非简单的起点、折点、止点的元音音素的相加。

在表示起点和止点的元音音素之间，部分音素是在舌位移动过程中滑过去的。如ai的发音，看似是由a移动到i，其实中间有一些音素是滑过去的，比如[ɛ][e]两个元音音素，这种舌位的滑动过程是快速的。当然，在实际发音时可以忽略不计。

复合元音开头、中间和收尾的元音成分，有些清晰、响亮、发音稍长。如"前响复合元音"是指二合元音中开头响亮清晰的元音，"后响复合元音"是指二合元音中收尾响亮清晰的元音，"中响复合元音"是指三合元音中中间的元音音素响亮清晰的元音。

我们再从韵母的结构上进行分析：复韵母中韵头有i、u、ü三个，韵尾只有元音韵尾-i和-u（-o）两个。

三、复韵母（复合元音）的发音

（一）前响复合元音

普通话前响复合元音共有 4 个：ai、ei、ao、ou。这 4 个前响复合元音发音的共同点是舌位都是由低向高滑动，开头的元音音素发音响亮清晰，收尾的元音音素只表示舌位的移动方向，因此发音轻短模糊。

1. ai

该韵母是前元音复合音素，发音动程较大。起点元音我们称为"前 a"，即比单元音 a 的舌位靠前的前低不圆唇元音 a［a］。发音时，舌尖接触到下齿背，舌面前部隆起部位与硬腭相对，舌面中部呈拱形。舌面和硬腭没有实际接触。发完"前 a"之后，舌位向 i 的方向滑动，舌位升高，最终的终点不太确定，大致在刚接近前高元音 i 的区域时就停止发音了。发音过程中，舌头的状态同发单元音 i 的发音相近，但舌面的隆起部位比发 i 时略后，舌面离上腭比 i 稍远。

【发音例词】

［ai—ai］

爱戴 ài dài	白菜 bái cài	采摘 cǎi zhāi	彩带 cǎi dài
彩排 cǎi pái	拆台 chāi tái	海菜 hǎi cài	海带 hǎi dài
开采 kāi cǎi	买卖 mǎi mài	拍卖 pāi mài	晒台 shài tái
灾害 zāi hài	择菜 zhái cài		

2. ei

起点元音是前半高不圆唇元音 e［e］，在实际发音时舌位要靠下靠后，有些接近于央元音［ə］。在发音的整体过程中，舌尖接触到下齿背，舌面前部微微隆起，正对着的是硬腭中部。从发 e 的音时开始舌位升高，向 i 的方向往高往前滑动。收尾的 –i 同 ai 的 –i 相近，但又略有不同，因为受 e – 的影响，舌位会略微偏高，但又比单元音 i 的舌位偏后。相较于 ai 的发音过程，ei 的发音动程较短，属于普通话中动程比较短的复合元音。

【发音例词】

［ei—ei］

| 非得 fēi děi | 飞贼 fēi zéi | 肥美 féi měi | 妹妹 mèi mei | 配备 pèi bèi |

3. ao

ao 是后元音音素的复合。起点元音的舌位比较靠后，具体来说要比单元音 a［A］和复合元音 ai［a］中 a 的舌位都要靠后，属于后低不圆唇元音，我们称它为"后 a"。发音时，舌头向后收缩，舌尖离开下齿背，舌面后部向上隆起。从"后 a"开始，舌位向 u 的方向滑动升高，虽然拼写作 –o，但是实际发音接近 u，字母的终点不太确定。收尾的 –u（–o）音舌位状态接近单元音 u，但相对而言舌位略低。

【发音例词】

[ao—ao]

懊恼 ào nǎo　　包抄 bāo chāo　　报导 bào dǎo　　报告 bào gào
报考 bào kǎo　　操劳 cāo láo　　草包 cǎo bāo　　草帽 cǎo mào
叨唠 dāo lao　　祷告 dǎo gào　　稻草 dào cǎo　　高傲 gāo' ào
高潮 gāo cháo　　高烧 gāo shāo　　告饶 gào ráo　　号啕 háo táo
毫毛 háo máo　　号召 hào zhào　　牢靠 láo kào　　牢骚 láo sāo

4. ou

起点元音比单元音 o 的舌位略前略高,接近于央元音 e [ə],在唇形上略圆。发音时,舌位由央元音 e 开始向 u 的方向滑动,终点不确定。要注意的是收尾的 –u,发音要比单元音 u 的舌位略低,唇形相对而言不太圆。因为受元音 o– 的影响,收尾的 –u 比 ao 中的 –o 舌位略高。ou 属于动程最短的复合元音。

【发音例词】

[ou—ou]

筹谋 chóu móu　　丑陋 chǒu lòu　　兜售 dōu shòu　　抖搂 dǒu lou
佝偻 gōu lóu　　猴头 hóu tóu　　后头 hòu tou　　口臭 kǒu chòu
口授 kǒu shòu　　漏斗 lòu dǒu　　露头 lòu tóu　　收购 shōu gòu
手头 shǒu tóu　　偷漏 tōu lòu　　叩头 kòu tóu　　喉头 hóu tóu

(二) 后响复合元音

普通话后响复合元音有 5 个:ia、ie、ua、uo、üe。

发音的共同点是:舌位由高向低滑动,收尾的元音音素响亮清晰,因此舌位移动的终点是确定的,它们一般在韵母中处在韵腹地位。开头的元音音素都是由不太响亮且比较短促的高元音 i–、u–、ü– 充当,由于它是韵头,发音要发得清晰。

后响复合元音中起点和止点元音的区别主要在于长度和响度,发音中间的舌位移动稍快。

1. ia

前高元音 i 是它的起点元音,由 i 开始,舌位滑向央低元音 a [A] 止。其中 i 的发音紧而短,而 a 的发音响而长。最终的止点元音 a 位置是确定的。

【发音例词】

[ia—ia]

假牙 jiǎ yá　　加价 jiā jià　　恰恰 qià qià　　下牙 xià yá

2. ie

前高元音 i 是它的起点元音,由 i 开始,舌位滑向前中元音 ê [e] 止。其中 i 紧而短,而 ê 响而长。止点元音 ê 位置是确定的。在整个发音过程中的舌尖始终不会离开下齿背。

【发音例词】

[ie—ie]

结业 jié yè　　姐姐 jiě jie　　趔趄 liè qie　　歇业 xiē yè
谢谢 xiè xie　　爷爷 yé ye　　贴切 tiē qiè

3. ua

后高圆唇元音 u 是它的起点元音，由 u 开始，舌位滑向央低元音 a [A] 止，唇形上也有变化，由最初的最圆逐步展开到不圆。u 紧而短，a 响而长。

【发音例词】

[ua—ua]

呱呱 guā guā　　挂花 guà huā　　耍滑 shuǎ huá　　娃娃 wá wa　　花袜 huā wà

4. uo

它由两个圆唇后元音复合而成。后高元音 u 是它的起点元音，由 u 开始，舌位向下滑到后中元音 o 止。其中 u 紧而短，而 o 响而长。在整个发音过程中，唇形始终是圆唇，只不过在开头是最圆的，结尾处唇的展开程度加大，比较自然，不太圆。

【发音例词】

[uo（o）—uo（o）]

菠萝 bō luó　　剥夺 bō duó　　剥落 bō luò　　伯伯 bó bo
薄弱 bó ruò　　错过 cuò guò　　做作 zuò zuo　　错落 cuò luò
哆嗦 duō suo　　堕落 duò luò　　国货 guó huò　　过错 guò cuò
活捉 huó zhuō　　火锅 huǒ guō　　阔绰 kuò chuò　　罗锅 luó guō
啰唆 luō suo　　萝卜 luó bo　　落座 luò zuò　　骆驼 luò tuo

5. üe

它由前元音复合而成。圆唇的前高元音 ü 是起点元音，之后舌位下滑，直至中元音 [E]，唇形由圆唇逐渐展开到不圆唇。其中 ü 的发音紧而短，e 的发音响而长。

【发音例词】

[üe]

雀跃 què yuè　　约略 yuē lüè　　确切 què qiè　　决裂 jué liè
血液 xuè yè　　月夜 yuè yè　　虐待 nüè dài

（三）中响复合元音

普通话中中响复合元音有 4 个，它们都是三合元音，由二合元音前面加 i- 或 u- 构成，它们分别是 iao、iou、uai、uei。中响复合元音发音的共同点为：舌位先由高向低滑动，再从低向高滑动。三个音相比较，开头的音素紧而短，中间的音素响而长，收尾的音素轻短而弱。

1. iao

ao 是前响复合元音，在它的前面加上前高元音 i。由前高元音 i 开始，舌位慢慢下降，直至后低元音 a。接着再向后高圆唇元音 u 的方向滑升。发音过程中，舌位先降后升，由前到后，曲折幅度大。唇形从中间的后低元音 a 开始由不圆唇逐渐变为圆唇。

【发音例词】

[iao—iao]

吊桥 diào qiáo	吊销 diào xiāo	脚镣 jiǎo liào	教条 jiào tiáo
叫嚣 jiào xiāo	疗效 liáo xiào	秒表 miǎo biǎo	藐小 miǎo xiǎo
飘摇 piāo yáo	缥缈 piāo miǎo	巧妙 qiǎo miào	调教 tiáo jiào
调料 tiáo liào	跳脚 tiào jiǎo	逍遥 xiāo yáo	萧条 xiāo tiáo
小调 xiǎo diào	小巧 xiǎo qiǎo	窈窕 yǎo tiǎo	苗条 miáo tiáo

2. iou

ou 是前响复合元音，在它的前面加上前高元音 i。由前高元音 i 开始，舌位逐渐降至央元音［ə］偏后一些的位置，紧接着再向后高圆唇元音的方向上升。发音的动程是，舌位先下降后上升，由前到后，曲折幅度较大。开始发央元音［ə］时，逐渐变为圆唇。

【发音例词】

[iou—iou]

| 久留 jiǔ liú | 舅舅 jiù jiu | 求救 qiú jiù | 绣球 xiù qiú |
| 优秀 yōu xiù | 悠久 yōu jiǔ | 有救 yǒu jiù | 牛油 niú yóu |

3. uai

ai 是前响复合元音，在它前面加上后高元音 u。由圆唇的后高元音 u 开始，舌位逐渐向前滑降至前低不圆唇元音 a，紧接着再向前高不圆唇元音 i 的方向滑升。舌位动程是，舌位先降后升，由后到前，曲折幅度大。唇形的圆展是从最圆起始，开口度逐渐加大，当接近前元音 a 以后，逐渐变为不圆唇。

【发音例词】

[uai]

乖乖 guāi guāi	外快 wài kuài	怀揣 huái chuāi	外踝 wài huái
怀念 huái niàn	拐弯 guǎi wān	拐棍 guǎi gùn	怪事 guài shì
坏处 huài chù	衰弱 shuāi ruò	摔跤 shuāi jiāo	拽住 zhuài zhù

4. uei

ei 是前响复合元音，在它前面加上后高元音 u。由后高圆唇元音 u 开始，舌位逐渐向前向下滑动，直至 e 的位置，紧接着再向前高不圆唇元音 i 的方向滑升。发音过程中，舌位先下降后上升，由后到前，曲折幅度较大。唇形是从最初的圆唇开始，紧接着随着舌位向前移动，开口度不断加大，当接近 e 后，变为不圆唇。

由于声母和声调的不同，受其影响，uei 的发音也会有些变化，在以下四种情形中，中间的元音会弱化。

（1）读阴平或阳平（即普通话的一声和二声）的零声母音节时，uei 中间的 e 弱化接近消失。例如："微""围"的韵母弱化为［ui］。

（2）在 z、c、s、d、t、zh、ch、sh、r 这些舌尖音声母后，并读阴平和阳平时，uei 中间的 e 弱化接近消失。例如："催""推""垂"的韵母弱化为［ui］。

（3）在舌尖音声母后，并逢上声或去声（普通话第三声或第四声）时，韵母 uei 中间的 e 弱化，但并没有完全消失。例如："嘴""腿""最"的韵母弱化为［ui］。

（4）在 g、k、h 这些舌面后音（舌根）声母后，并读阴平或阳平时，韵母 uei 中间的 e 弱化，但并没有完全消失。例如："规""葵"的韵母弱化为［ui］。

上述四种音变都是由于声母和声调的条件变化而变化的。

【发音例词】

［uei—uei］

垂危 chuí wēi	翠微 cuì wēi	归队 guī duì	回归 huí guī
回味 huí wèi	回嘴 huí zuǐ	悔罪 huǐ zuì	汇兑 huì duì
魁伟 kuí wěi	水位 shuǐ wèi	推诿 tuī wěi	退回 tuì huí
退位 tuì wèi	尾随 wěi suí	未遂 wèi suì	畏罪 wèi zuì
追悔 zhuī huǐ	追随 zhuī suí	坠毁 zhuì huǐ	嘴碎 zuǐ suì

项目四　鼻韵母的发音要领

一、什么是鼻韵母

我们把元音音素之后附带一个鼻辅音作为韵尾的韵母叫作复合鼻尾音，鼻韵母就是用复合鼻尾音充当的韵母。

普通话韵母只有两个鼻辅音韵尾 –n、–ng。韵尾 –n 的发音同声母 n 的发音基本一致，只是 –n 的部位要比声母 n 更靠后一些，一般是舌面前部向硬腭靠近。从气流的受阻情况看，声母 n 必须在除阻后与后面的韵母相拼合，而韵尾 –n 却没有这一步，它不用除阻，发音逐渐减弱直到终止。韵尾 –ng［ŋ］和声母 g、k、h 是同一个发音部位，发音时舌面后部向上隆起，接触软腭，形成气流阻塞，受阻同时软腭下降，打开鼻腔通路，声带颤动。

二、鼻韵母的发音特点

1. 是复合不是相加

元音音素同鼻韵母之间是复合的关系，不能以简单的相加而论。复合的过程伴随舌位的移动，即有"动程"。鼻辅音发音时声带颤动，响亮程度上比其他清辅音更响亮，除了处于韵尾，一般可以延长。因为它与元音有一定的关系，所以元音同鼻辅音复合更方便拼合和衔接，复合后没有明显的拼接痕迹。从一个元音向一个鼻辅音尾音的发音动程，和二合元音中前响复合元音相类似，例如 an、eng。而在这类音组前面加上由 i、u、ü 这样的高元音开始的舌位动程，它的发音就类似于三合元音，也就是中响复合元音，例如 ian、üan、ueng。

2. 半鼻化过渡现象

舌位从元音向鼻辅音韵尾移动的后半段，由于受到后面鼻辅音的影响，元音音素的发音会出现一段短暂的"半鼻化"的过渡，类似于半鼻音。

在普通话教学中，明确区分以 –n 和 –ng 为韵尾的两组韵母。通常把 –n 称作"前鼻尾音"，也叫"前鼻音"，把 –ng 称作"后鼻尾音"，也叫"后鼻音"。普通话中一共有 16 个鼻韵母，其中有 8 个以 –n 为韵尾的韵母：an、en、in、ün、ian、uan、uen、üan；有 8 个以 –ng 为韵尾的韵母：ang、eng、ing、ong、iang、uang、ueng、iong。

因为在一些方言地区没有前后鼻音的区分，有些地区两类韵母区分很困难，所以 –n、–ng 两组韵母的区分在普通话韵母的教学中占有非常重要的地位。

三、前、后鼻尾音韵母的主要区别

（1）韵腹元音发音舌头位置不同，这是区分两者的主要标志。例如：an 与 ang，an 中的元音是前元音，而 ang 中的元音是后元音。

（2）前后鼻音基本上是一对一的对比关系。例如：an—ang，en—eng，in—ing，ian—iang，uan—uang，uen—ueng（ong），ün—iong。

四、鼻韵母（复合鼻尾音）的发音

1. an

前低不圆唇元音 a [a] 是它的起点元音，发音时舌尖抵住下齿背，舌位下降直到最低，软腭上升，关闭鼻腔通路。发完"前 a"之后，舌面逐渐升高，舌面的前部向硬腭前部贴近，但并不接触，当两者将要接触时，软腭马上下降，打开鼻腔通路，紧接着舌面前部于硬腭前部接触，形成闭合状态，气流在口腔受到阻碍，从而从鼻腔里透出。发音过程口形是先开后合，舌位移动比较大。

【发音例词】

[an—an]

参战 cān zhàn	反感 fǎn gǎn	烂漫 làn màn	谈判 tán pàn
坦然 tǎn rán	赞叹 zàn tàn	贪婪 tān lán	善感 shàn gǎn
黯淡 àn dàn	蹒跚 pán shān		

2. en

央元音 e〔ə〕是它的起点元音，起始的舌位不前不后不高不低，舌尖会接触到下齿背，舌面隆起部位因为受韵尾影响略微靠前。发完 e 的音开始，舌面逐渐升高，舌面前部贴向硬腭前部，但并不接触，当两者即将接触时，软腭马上下降，打开鼻腔通路，紧接着舌面前部接触硬腭前部，形成闭合，使气流在口腔中受到阻碍，从鼻腔里透出。发音口形是由开到闭，舌位移动较小。

【发音例词】

〔en—en〕

| 根本 gēn běn | 门诊 mén zhěn | 人参 rén shēn | 认真 rèn zhēn |
| 深沉 shēn chén | 振奋 zhèn fèn | 沉闷 chén mèn | 身份 shēn fèn |

3. in

前高不圆唇元音 i 是它的起点元音，发音时舌尖抵住下齿背，软腭上升，关闭鼻腔通路。发前元音 i 时舌位最高，舌面前部贴向硬腭前部，但并不接触，当两者即将接触时，软腭下降，鼻腔通路打开，紧接着舌面前部与硬腭前部接触，形成闭合，使气流在口腔中受到阻碍，从鼻腔透出。发音时开口度几乎没有变化、舌位动程很小。

【发音例词】

〔in—in〕

近邻 jìn lín	拼音 pīn yīn	信心 xìn xīn	辛勤 xīn qín
引进 yǐn jìn	濒临 bīn lín	民心 mín xīn	饮品 yǐn pǐn
聘金 pìn jīn			

4. ün

前高圆唇元音 ü 是它的起点元音。与 in 的发音过程非常相似，只是唇形变化略微不同。in 唇形始终是展唇，而 ün 的唇形从圆唇的前元音 ü 开始，唇形从圆唇逐步展开。

【发音例词】

〔ün〕

军训 jūn xùn	均匀 jūn yún	芸芸 yún yún	群众 qún zhòng
循环 xún huán	允许 yǔn xǔ	逡巡 qūn xún	菌群 jūn qún
循规蹈矩 xún guī dǎo jǔ		运筹帷幄 yùn chóu wéi wò	
军令如山 jūn lìng rú shān		徇情枉法 xùn qíng wǎng fǎ	

5. ang

后低不圆唇元音 ɑ〔ɑ〕是它的起点元音，发音时口要张大，舌头后缩，舌尖离开下齿背。发完"后 ɑ"开始，将舌面后部抬起，当舌面贴近软腭的时候，软腭下降，从而打开鼻腔通道，紧接着舌根与软腭相接触，使口腔通路封闭，气流从鼻腔里透出。

【发音例词】

〔ang—ang〕

帮忙 bāng máng　　苍茫 cāng máng　　当场 dāng chǎng　　刚刚 gāng gāng
商场 shāng chǎng　　纲常 gāng cháng　　行当 háng dang　　沧桑 cāng sāng
张榜 zhāng bǎng　　张扬 zhāng yáng

6. eng

后半高不圆唇元音 e 是它的起点元音，发音时口半闭，唇形为展唇，舌尖离开下齿背，舌身后缩致使舌面后部隆起，发该音时比发单元音 e 的舌位略微低一些。从发 e 音开始，舌面后部抬起，贴向软腭，但并不接触，当两者将要接触时，软腭马上下降，鼻腔通路打开，紧接着舌面后部与软腭接触，气流在口腔受到阻碍，从鼻腔里透出。

【发音例词】

[eng—eng]

承蒙 chéng méng　　丰盛 fēng shèng　　更正 gēng zhèng　　萌生 méng shēng
声称 shēng chēng　　增生 zēng shēng　　逞能 chěng néng　　省城 shěng chéng

7. ing

前高不圆唇元音 i 是它的起点元音，发音时舌尖接触到下齿背，致使舌面前部隆起。从发 i 音开始，舌面隆起的部位始终不降低，一直向后移动，舌尖离开下齿背后，逐步使舌面后部隆起，贴向软腭，但二者不会接触，当两者将要接触时，软腭马上下降，鼻腔通路打开，紧接着舌面后部与软腭接触，封闭了口腔通路，气流在口腔内受阻，从鼻腔透出。口形没有明显变化。

【发音例词】

[ing—ing]

叮咛 dīng níng　　经营 jīng yíng　　命令 mìng lìng　　评定 píng dìng
清静 qīng jìng　　伶仃 líng dīng　　禀性 bǐng xìng　　精明 jīng míng
倾听 qīng tīng　　惊醒 jīng xǐng

8. ong

比后高圆唇元音 u 舌位略低的 o 是它的起点元音，发音时舌尖离开下齿背，舌头向后收缩致使舌面后部隆起，软腭上升，鼻腔通路关闭。从发 o 的音开始，舌面后部贴向软腭，但并不接触，当两者将要接触时，软腭马上下降，鼻腔通路打开，紧接着舌面后部与软腭接触，封闭了口腔通路，致使气流在口腔中受阻，从而从鼻腔里透出。发音时唇形始终拢圆，变化不明显。

【发音例词】

[ong—ong]

共同 gòng tóng　　轰动 hōng dòng　　空洞 kōng dòng　　隆重 lóng zhòng
通融 tōng róng　　肿痛 zhǒng tòng　　从容 cóng róng　　龙宫 lóng gōng
恐龙 kǒng lóng

以上 8 个鼻韵母都是由一个元音音素带上鼻辅音构成的，这种构成模式是鼻韵母的基本形式，在拼音教学中我们一般会将其作为一个整体。余下的 8 个鼻韵母是在这 8 个鼻韵母的基础上，前面再加上高元音 i、u、ü 三个中的一个构成的，这种模式类似于复韵母中的中响复合元音。

9. ian

在 an 的前面加上前高元音 i 构成 ian，但在实际发音时产生了一些变化。发音时，从前高元音 i 开始，舌位逐渐降低，向着前低元音 a 的方向滑动，但是舌位只降到前元音 [æ] 的位置就开始升高，并没有降到 a，舌位升到舌面前部贴向硬腭前部的位置，这样就形成了鼻音 -n。之所以没有降到 a，是因为 ian 的整个发音过程中舌位从高到低，又由低向高进行往返移动，中间的 a 受前后音素影响，舌位只降到 [æ] 便不再降低了。

【发音例词】

[ian—ian]

艰险 jiān xiǎn	简便 jiǎn biàn	连篇 lián piān	前天 qián tiān
浅显 qiǎn xiǎn	田间 tián jiān	腼腆 miǎn tiǎn	惦念 diàn niàn
牵连 qiān lián	检验 jiǎn yàn		

10. uan

在 an 的前面加上后高元音 u 构成 uan。发音时唇形由圆唇的后高元音 u 开始，迅速由合口形状变为开口形状，同时舌位迅速向前降低直到不圆唇的前低元音 a，发完 a 音后，紧接着舌位马上升高，接续鼻音 -n。唇形由圆唇变为展唇。

【发音例词】

[uan—uan]

| 贯穿 guàn chuān | 软缎 ruǎn duàn | 酸软 suān ruǎn | 婉转 wǎn zhuǎn |
| 专款 zhuān kuǎn | 换算 huàn suàn | 断 zhuān duàn | 万贯 wàn guàn |

11. üan

在 an 的前面加上前高元音 ü 构成 üan，但是实际发音发生了变化，就像 ian 的发音一样。发音时，从圆唇的前高元音 ü 开始，发完后向着前低元音 a 的方向滑动，其中舌位只降到前元音 [æ]，之后就开始逐渐升高，接续鼻音 -n。唇形刚开始是圆唇，后来在向 a 滑动中逐渐变为展唇。

【发音例词】

[üan]

源泉 yuán quán	轩辕 xuān yuán	涓涓 juān juān	渊源 yuān yuán
喧宾夺主 xuān bīn duó zhǔ		权宜之计 quán yí zhī jì	
怨声载道 yuàn shēng zài dào		卷帙浩繁 juàn zhì hào fán	

12. uen

在 en 的前面加上后高元音 u 构成 uen。发音时，由圆唇的后高元音 u 开始，向央元音 e 滑动，发完 e 后舌位逐渐升高，接续鼻音 -n。在发音时唇形由圆唇在向 e 滑动的过程中渐变为展唇。

同 uei 很相似，在音节中，uen 受声母和声调影响中间的元音会产生一定程度的弱化。

详见 uei 的弱化规律。

【发音例词】

[uen]

昆仑 kūn lún	温存 wēn cún	温顺 wēn shùn	论文 lùn wén
馄饨 hún tun	谆谆 zhūn zhūn	春笋 chūn sǔn	
魂牵梦萦 hún qiān mèng yíng		唇亡齿寒 chún wáng chǐ hán	
瞬息万变 shùn xī wàn biàn			

13. iang

在 ang 的前面加上前高元音 i 构成 iang。发音时，从发完前高元音 i 开始，舌位向后降低直至后低元音 a（后 a），之后马上舌位升高，接续鼻音 – ng。

【发音例词】

[iang—iang]

| 两样 liǎng yàng | 洋相 yáng xiàng | 响亮 xiǎng liàng | 长江 cháng jiāng |
| 踉跄 liàng qiàng | 像样 xiàng yàng | 强项 qiáng xiàng | 酱香 jiàng xiāng |

14. uang

在 ang 的前面加上后高元音 u 构成 uang。发音时从发完圆唇的后高元音 u 开始，舌位降至后低元音 a，之后舌位马上升高，接续鼻音 – ng。唇形从圆唇逐渐变为展唇。

【发音例词】

[uang（wang）]

狂妄 kuáng wàng	双簧 shuāng huáng
状况 zhuàng kuàng	装潢 zhuāng huáng
望风披靡 wàng fēng pī mǐ	光风霁月 guāng fēng jì yuè
装模作样 zhuāng mú zuò yàng	旷日持久 kuàng rì chí jiǔ

15. ueng

在 eng 的前面加上后高元音 u 构成 ueng。发音时，从发完圆唇的后高元音 u 开始，舌位降至后半高元音 e，但是实际比 e 的位置稍稍靠前并且略低，之后舌位马上升高，接续鼻音 – ng。唇形从圆唇逐渐变为展唇。在普通话里，韵母 ueng 用到的形式不多，只有一种零声母的音节形式 weng。

【发音例词】

[ueng（weng）]

老翁 lǎo wēng	嗡嗡 wēng wēng	渔翁 yú wēng	水瓮 shuǐ wèng
主人翁 zhǔ rén wēng	蓊郁 wěng yù	蕹菜 wèng cài	
瓮牖绳枢 wèng yǒu shéng shū		瓮中捉鳖 wèng zhōng zhuō biē	

15. iong

在 ong 的前面加上前高元音 i 构成 iong。发音时，从发完前高元音 i 开始，舌位向后移动并且微微下降,直至比后高元音略低的[u]的位置,之后舌位马上升高,接续鼻音-ng。值得注意的是,我们在发音时会觉得发i时伴随圆唇的动作,这是由于受到后面圆唇元音的影响。

【发音例词】

[iong]

炯炯 jiǒng jiǒng　　汹涌 xiōng yǒng　　穷困 qióng kùn　　窘境 jiǒng jìng
穷窘 qióng jiǒng　　汹汹 xiōng xiōng
庸人自扰 yōng rén zì rǎo　　　　茕茕孑立 qióng qióng jié lì
凶相毕露 xiōng xiàng bì lù　　　勇冠三军 yǒng guàn sān jūn

项目五　韵母的准确发音及辨正

一、如何让复韵母发音准确

为了使字的发音清晰准确,语音学家总结了很多行之有效的方法,其中比较有效的就是吐字归音,它要求"字头(声母)出字要有力,字腹(韵腹)要饱满,字尾(韵尾)归音要弱收到位"。

针对韵母练习,吐字归音提出如下要求[①]:拉开立起,气息均匀,音长音响,圆润饱满,窄韵宽发,宽韵窄发,前音后发,后音前发,圆唇扁发,扁唇圆发。

具体做法:

(一)韵腹饱满如"枣核",拉开立起要清楚

"枣核"是对准确的字的发音形象生动的描述,它主要针对头、腹、尾俱全的音节而言。字头吐字有力,字腹拉开立起,字尾弱收到位,总体上看就是一个枣核,两头小中间大。

从枣核的形状来看,中间最为饱满,可以生动地理解为复韵母中的韵腹在音节中口腔张开得最大,泛音共鸣也最为丰富,自然听起来就最圆润响亮。要想枣核饱满圆润,处于枣核"核心"的韵腹就必须"拉开立起"。"拉开"就要求在发音时,从字头过渡到字腹的过程中要尽快打开牙关,发声母时口腔局部会出现肌肉紧张的情况,拉开就是为了从这种局部紧张的状态尽快过渡到口腔肌肉均衡紧张的状态。"立起"就要求在发音过程中,主要元音响亮圆润,要求占据足够的发音时长,在听感上有"立起"的饱满感。

【专项练习】

[开口呼复韵母]

[①] 吴弘毅. 实用播音教程[M]. 北京:中国传媒大学出版社,2002:308.

[ai]	海苔	菜薹	开采	开斋	晒台	海派	灾害	爱戴
[ei]	唯美	飞贼	蓓蕾	黑莓	狒狒	肥美	配备	非得
[ao]	抛锚	糟糕	牢骚	号啕	吵闹	道袍	操劳	敖包
[ou]	欧洲	喉头	漏斗	守候	绸缪	佝偻	口头	丑陋

[齐齿呼复韵母]

[ia]	下家	加价	家家	恰恰	夏家	假牙	下压	戛戛
[ie]	揭贴	结节	趔趄	节烈	贴切	谢谢	喋喋	戒牒
[iao]	秒表	脚镣	吊销	调料	料峭	教条	缥缈	疗效
[iou]	琉球	久留	妞妞	绣球	求救	舅舅	久久	牛柳

[合口呼复韵母]

[ua]	挂画	耍滑	花瓜	花袜	画刷	挂花	娃娃	耍花
[uo]	过错	哆嗦	挪窝	火锅	蹉跎	骆驼	着落	懦弱
[uai]	怀揣	乖乖	徘徊	外快	外踝	摔坏	歪歪	怪怪
[uei]	水位	归队	垂危	回归	坠毁	追随	摧毁	翠微

[撮口呼复韵母]

[üe]	雀跃	约略	绝学	月缺	雪月	略略	

（二）主要元音"声挂前腭"

发声时，声音应该沿软腭、硬腭的中纵线推到硬腭的前部，这条中纵线，就是声音发出的线路。硬腭的前部就是字音的着力位置，"声挂前腭"是这种感觉的集中概括：由喉发出的声音经咽腔沿上腭中纵线前行，向硬腭前部流动冲击，从而使字音有挂在硬腭前部的感觉。这样发出的声音集中、明朗、润泽、穿透力强，发音省力。练习复韵母时，注意使主要元音"声挂前腭"，以确保字音发得响亮、饱满和圆润。

下列成语的第一个音节会让你体会到"声挂前腭"感觉。朗读时，请以第一个音节带发后面的音节。

【专项练习】

花红柳绿　　牢不可破　　老当益壮　　燎原烈火
光明磊落　　鸟语花香　　扬长而去　　来日方长
豪情壮志　　遥相呼应　　高瞻远瞩　　广开言路

（三）注意要自然地完成音素之间的过渡

"枣核"是一个整体，在发音过程中整个字音要有滑动感和整体感。但是我们也要注意的是，枣核的形状也不是一成不变的，很多因素影响了它的形状，比如语流中音节的疏密、情感的变换，这些都会影响到字的发音。换句话说，我们不能因为过分追求字音的圆润饱满而失去自然生动的语感，过于追求枣核的形状反而会破坏语言表达的自然流畅。

在训练时要注意：

初读时，尽量保持声母、韵母和声调的完整性，力求每个字都发得如"枣核"一般。

熟读时，在保证发音完整性的基础上，力求做到自然、放松地表达出每段文字的内在情感。

（四）兼顾"四呼"韵母发音部位的着力点

"四呼"韵母是按照唇形和舌位特点来划分的，发音部位的着力点各有不同。在发音时，我们要注意"四呼"韵母发音的着力点，这样可以使发音更为清晰和饱满。

（1）开口呼复韵母：注意唇形和舌位的变化，同时要注意"力发于喉"，喉部是发音的着力点，发音时喉部周围的肌肉要有紧张感。

（2）齐齿呼复韵母：注意发音唇形和舌位的变化，同时注意"力发于齿"，后槽牙是发音的着力点，发音时整个后槽牙（牙关）即口腔中后部有紧张感。

（3）合口呼复韵母：注意唇形和舌位的变化，同时要注意"力在满口"，整个口腔是发音的着力点，发音时口腔内部，尤其是中后部的肌肉有均衡的紧张感。

（4）撮口呼复韵母：注意唇形和舌位的变化，同时注意"力在上唇"，上唇是发音的着力点，两嘴角保持一定力度。

二、常见的复韵母发音问题及其解决方案

（一）问题一：复韵母宽窄对比不准确

某些方言区地区，如陕西安康地区，经常会将"北京"说成"百京"，这是因为唇形不对，相对于正确的唇形咧得太宽，同时舌位又降得过低，将"ei"发成了"ai"。

1. 解决方案

在每对有宽窄对比关系的复韵母中，它们的舌位移动的方向是相似的，其区分主要在于口腔开度大小，也就是韵腹元音音素的舌位高低的对比上。

2. 对比练习

[ai – ei]	白匪	败北	带累	代培	海内	暧昧	采煤	栽培
[ao – ou]	稿酬	矛头	招手	遭受	保守	包头	报酬	倒手
[ia – ie]	家业	佳节	假借	嫁接	押解	下届	夏夜	下野
[ua – uo]	花朵	挂果	华佗	滑脱	跨国	话说	划过	花托
[iao – iou]	要求	交流	郊游	交友	料酒	表舅	漂流	票友
[uai – uei]	怪罪	快慰	快嘴	衰退	外汇	外围	怪味	衰微

（二）问题二：齐齿呼和撮口呼不分

这表现为 i 和 ü 不分，ie 和 üe 不分。在湖北、福建以及西南等方言区，没有撮口呼韵母，ü 都发成 i，比如"大鱼"会说成"大姨"，"奇遇"会说成"奇异"，"有趣"会说成"有气"；而有的方言区，比如贵州和湖南的一些地方，却将齐齿呼韵母发成撮口呼韵母，如将 üan 发成 ian。

1. 解决方案

（1）对比法。将普通话与方言进行区别对比。比如在福建泉州地区，话里 i 韵的字，在普通话里则是 ü 韵，比如"句、取、举、区、鱼"等；有的方言中读 ian 韵母的字，在普通话里则是 üan 韵母，如"卷、全、圆、远"等。

（2）声韵拼合法。普通话中舌尖中音 d、t、n、l 都能与齐齿呼韵母相拼合，而其中 d、t 不能与撮口呼韵母相拼合；普通话的双唇音 b、p、m 能和齐齿呼韵母相拼合，不能与撮口呼韵母相拼合；普通话里有四个撮口呼韵母 ü、üe、ün、üan，可是能与 ü、üe 拼合的声母只有 n、l、j、q、x；能和 ün、üan 拼合的声母只有 j、q、x。

2. 对比练习

[i—ü]
移民—渔民　　名义—名誉　　妓院—剧院　　小姨—小鱼
分期—分区　　季节—拒绝　　雨季—雨具　　遗传—渔船

[ie—üe]
茄子—瘸子　　切实—确实　　夜色—月色　　协会—学会

[ian—üan]
前面—全面　　闲心—悬心　　有钱—有权　　大雁—大院

[in—ün]
通信—通讯　　心机—熏鸡　　今人—军人　　信誉—训育

3. 绕口令练习

画 圆 圈

圆圈圆，圈圆圈，圆圆娟娟画圆圈。
娟娟画的圈连圈，圆圆画的圆套圆。
娟娟圆圆比圆圈，看看谁的圆圈圆。

（三）问题三：复韵母动程不完整

有些人受方言影响喜欢"吃字儿"，常常缩短复韵母的发音，由此导致错误，比如：江浙一带的人习惯将 iou 发成 iu。

1. 解决方案

最大程度打开口腔，做"枣核"练习，将"声母—韵头—韵腹—韵尾"完整地展现出来。

拼读练习法：对于有韵头的音节分两部分读，第一部分是韵头与声母在一起，作为一个发音单位，第二部分是有声调音高变化的韵腹、韵尾，它们作为另一个发音单位，这样练习有助于增强字腹发音的拉开立起，有助于增强发音的饱满度。比如 guān，采用 gu－ān－guān 的拼读法。

2. 拼读练习

[iao]

bi－āo（标）　　bi－ǎo（表）　　pi－āo（飘）　　pi－áo（瓢）
mi－áo（苗）　　mi－ǎo（秒）　　di－āo（刁）　　di－ào（掉）
ti－āo（挑）　　ti－ào（跳）　　ni－ǎo（鸟）　　li－áo（辽）
［i（o）u］
mi－（o）ù谬　　di－（o）ū丢　　ni－（o）ú牛
li－（o）ǔ柳　　ji－（o）ù舅　　qi－（o）ū秋

三、鼻韵母发音辨正

鼻韵母发音对许多人来说都是个大难题，比较常见的是"过早鼻化"和"归音不到位"。

鼻韵母的发音特点：一是发鼻韵母时，它前面的元音音素与鼻辅音韵尾的结合是非常紧密的，两者之间不是简单的机械相加关系，在发音时它的舌位移动过程是非常明显的；二是发鼻韵母时，元音舌位向鼻辅音韵尾滑动时，元音音素发音由于受到后面鼻辅音影响，会出现较短的半鼻化现象，也叫半鼻音。我们要注意的是，发音既不能丢掉鼻辅音，同时更不能将鼻辅音发成鼻化元音。

在发鼻韵母时，要注意以下几点：一是韵腹中主要元音的存在时间要得到保证；二是要有元音鼻化的过程；三是前鼻音韵母和后鼻音韵母一样，在发音时都要软腭下垂，鼻腔通路打开；四是要有韵尾归音的过程。

（一）前鼻音韵母（-n）的发音要领

1. an［an］

前低不圆唇元音a［a］是它的起点元音。发音时舌尖抵住下齿背，舌面前部隆起，舌位降到最低，软腭上升，鼻腔通路关闭。前a音发完之后，软腭马上下降，鼻腔通路打开，使舌面前部与硬腭前部闭合，气流在口腔中受到阻碍，从鼻腔里流出。口形开合度由大变小，舌位动程比较大。在训练中要注意的是，鼻韵母音节会受前后音节协同发音的影响，容易丢失鼻尾辅音，这就导致主要元音鼻化，我们练习时必须注意这一点。

【字词练习】

安　山　满　餐　三　蓝　干　反　单　寒
展览　感染　谈判　汗衫　寒山　散漫　赞叹　湛蓝

【绕口令练习】

小安和小谭

小安小谭去投弹，小安不安打寒战，小谭坦然投出弹，小安心里真赞叹。

2. en［ən］

央元音［ə］是它的起点元音，发音时舌位居中，舌尖接触到下齿背，舌面隆起部位会略靠前，这是因为受韵尾影响。软腭上升，鼻腔通路关闭。央元音[ə]发完之后，软腭马上下降，鼻腔通路打开，与此同时舌面前部与硬腭前部闭合，气流在口腔中受到阻碍，从鼻腔中通过。口腔开合度由大变小，舌位动程较小。在训练时要注意与后鼻音韵母eng的区别。

【字词练习】

本　人　臣　分　真　深　跟　忍　恨
振奋　根本　认真　深沉　愤恨　沉闷　粉尘　文身

【绕口令练习】

小陈和小沈

小陈去卖针，小沈去卖盆。两人挑着担，一起出了门。
小陈喊卖针，小沈喊卖盆。不知是谁卖针，不知是谁卖盆。

3. in [in]

前高不圆唇元音 i 是它的起点元音，发音时舌尖抵住下齿背，软腭上升，鼻腔通路关闭。i 音发完之后，软腭马上下降，鼻腔通路打开，同时舌面前部与硬腭前部闭合，气流在口腔中受到阻碍，从而由鼻腔通过。开口度几乎没有变化，舌位动程很小。在训练时要注意的是，发声时要加大开口程度，以增加发音的圆润度和清晰度。同时要注意与后鼻音韵母 ing 的区别。发音时，要往前归音，舌头的位置是在 d、t、n、l 稍后的位置。

【字词练习】

彬　近　林　音　亲　民　您　进　引　赁
辛勤　紧邻　贫民　亲近　濒临　拼音　薪金　殷勤

【绕口令练习】

天上有银星

天上有银星，星旁有阴云。阴云要遮银星，银星躲过阴云，不让阴云遮银星。

4. ün [yn]

前高圆唇元音 ü 是它的起点元音，整体上与 in 的发音状况相似，不同之处在于唇形的变化。唇形从圆唇的 ü 开始逐渐展开，而 in 始终不圆唇。训练时要注意，不要过早鼻化，保持撮口唇形，不要向后鼻音韵母 iong 方向归音。

【字词练习】

均　训　云　俊　运　熏　群　允　询　韵
军训　均匀　循循　菌群　逡巡　群运　芸芸　熏熏

【绕口令练习】

白云和羊群

蓝天片片白云，地上银色羊群。近处是羊群，远处是白云，天边分不清白云和羊群。

5. ian [iɛn]

从前高不圆唇元音 i 开始发音，舌位向前半低元音 a 的方向滑动，但不完全降低，舌位只降到前半低元音 [ɛ] 的位置，之后舌位开始升高，直到舌面前部抵住硬腭前部，形成鼻音 n。在训练时要注意 ian 与 ie 的区别，不要将归音位置定到 ê。同时注意口腔的开度要大，舌位动程要大，整体活动范围要大。

【字词练习】

边　免　点　连　田　年　见　现　间
变脸　边沿　鲜艳　渐变　编演　偏见　前线　连绵

【绕口令练习】

田建贤

田建贤前天从前线回到家乡田家店。只见家乡气象万千，繁荣景象出现在眼前。连绵不断的青山，一望无边的棉田，新房连成一片，高压线通向天边。

6. uan [uan]

从后高圆唇元音 u 开始发音，口形由合口快速变为开口，舌位向前滑动直至前低元音 a，发完 a 音之后舌位升高，直到舌面前部抵住硬腭前部，气流在口腔受阻，从鼻腔经过，形成鼻音 n。发音时要注意的是，u 的唇形要比单发时稍圆。

【字词练习】

传　换　关　软　专　管　万　短　乱　窜　酸
转换　赚完　婉转　乱窜　传唤　专断　换算　酸软

【绕口令练习】

白帆船

河里有只船，船上挂白帆。风吹白帆船向前，无风帆落停下船。

7. üan [yan]

从前高圆唇元音 ü 开始发音，舌位向央低元音 a 滑动，之后升高，直到舌面前部抵住硬腭，气流在口腔受阻，从鼻腔通过，形成鼻音 n。唇形由圆唇逐渐展开。在训练发音时，a 的舌位比单发时偏高，ü 的舌位较高且靠前。注意上唇与嘴角是撮口呼韵母的着力点。

【字词练习】

卷　圈　远　轩　选　愿　倦　劝　原　捐
全权　圆圈　轩辕　涓涓　源泉　渊源　全员　远远

【绕口令练习】

谁眼圆

山前有个严圆眼，山后有个严眼圆，二人山前来比眼，不知是严圆眼比严眼圆的眼圆，还是严眼圆比严圆眼的眼圆。

65

8. uen [uən]

从后高圆唇元音 u 开始发音，向央元音 e [ə] 滑动，然后舌位升高，直到舌面前部抵住硬腭前部，最终形成鼻音 n。在训练时，打开口腔，注意 u 的唇形。特别要注意的是中间的元音 e，它是过渡性的，在非零声母音节中，中间的 e 会被省略掉，记成 -un。

【字词练习】

文　滚　盾　论　孙　棍　准　伦　春

论文　混沌　谆谆　昆仑　温存　伦敦　困顿　春笋

【绕口令练习】

春　雷

新春春雷响昆仑，春联春雨处处春。

（二）后鼻音韵母（-ng）的发音要领

1. ang [ɑŋ]

后低不圆唇元音 a [ɑ] 是它的起点元音，发音时口腔大开，舌尖离开下齿背，舌头后缩，软腭上升，鼻腔通路关闭。后 a 发完之后，软腭下降，鼻腔通路打开，同时舌面后部与软腭闭合，气流在口腔中受到阻碍，从而从鼻腔通过。开口度由大变小，舌位动程较大。在训练时要注意的是，a 的口腔开度比单发时要大。

【字词练习】

帮　忙　仓　方　长　当　刚　航　朗　荡

商场　昂扬　党章　领航　沧桑　烫伤　浪荡　常常

【绕口令练习】

帆　布　黄

长江里帆船帆布黄，船舱里放着一张床。

床上躺着老大娘，大娘年高怕大浪，头晕恶心心里慌。

2. eng [əŋ]

央元音 e [ə] 是它的起点元音，发音时口半闭，唇形不圆，舌尖离开下齿背，舌头后缩，舌面后部隆起，软腭上升，鼻腔通路关闭。e [ə] 音发完之后，软腭下降，鼻腔通路打开，同时舌面后部与软腭闭合，气流在口腔中受到阻碍，从而从鼻腔通过。练习时，为增加发音的清晰度和亮度，应增大口腔开度。

【字词练习】

成　风　能　声　正　冷　梦　征　程　铮　梗

乘风　风等　风中　很冷　风声　承蒙　声称　正逢

【绕口令练习】

陈庄和程庄

陈庄程庄都有城，两庄城墙都有门。陈庄城进程庄人，程庄城进陈庄人。

3. ing [iŋ]

前高不圆唇元音 i 是它的起点元音，发音时舌尖接触下齿背，舌面前部隆起，软腭上升，鼻腔通路关闭。发完 i 音之后软腭下降，鼻腔通路打开，同时舌面后部与软腭闭合，气流在口腔中受到阻碍，从鼻腔通过，口形上没有明显变化。训练时要注意与前鼻音韵母 in 的发音区别。

【字词练习】

病　评　明　定　听　宁　另　请　形　命
精英　经营　英明　定型　明星　精明　性情　清醒

【绕口令练习】

天上七颗星

天上七颗星，树上七只鹰。梁上七个钉，台上七盏灯。
拿扇扇了灯，用手拔了钉，举枪打了鹰，乌云盖了星。

4. ong [uŋ]

后高圆唇元音 u 是它的起点元音，发音时舌尖离开下齿背，舌体后缩，舌面后部隆起，软腭上升，鼻腔通路关闭。发完 u 音之后，软腭下降，鼻腔通路打开，同时舌面后部与软腭闭合，气流在口腔中受到阻碍，从鼻腔通过，唇形上始终拢圆。在训练时尤其要注意与 ueng 和 eng 的唇形区别。

【字词练习】

动　容　共　中　同　红　空　东
动容　恐龙　纵容　通融　隆重　中东　轰动　童工　隆冬

【绕口令练习】

东山立着一棵松

东山立着一棵松，松下有人练武功。辗转腾挪动如风，练得武功稳如松。

5. iang [iaŋ]

发音时，前高不圆唇元音 i 是它的起点元音，舌位滑动至后低不圆唇元音 a [ɑ] 的位置，然后舌位升高，接着发鼻音 ng。训练时要注意，iang 的韵母的动程较大，ang 由于受到前面 i 影响，a 的唇形比正常情况下稍扁。

【字词练习】

两　响　将　腔　杨　像　相　靓　讲

洋相　　想象　　两箱　　亮相　　响亮　　湘江　　两江　　良将　　良乡

【绕口令练习】

杨家养了一只羊

杨家养了一只羊，蒋家修了一道墙。
杨家的羊撞到了蒋家的墙，蒋家的墙压死了杨家的羊。
杨家要蒋家赔杨家的羊，蒋家要杨家赔蒋家的墙。

6. uang〔uaŋ〕

后高圆唇元音 u 是它的起点元音，舌位向后滑动至后低不圆唇元音 a〔ɑ〕的位置，然后舌位升高，接着发鼻音 ng。唇形上由圆唇逐渐变为不圆。整个发音动程较大，ang 由于受到前面 u 的影响，唇形比正常情况下圆。

【字词练习】

狂　　黄　　忘　　窗　　往　　状　　谎　　创　　装　　王
往往　　状况　　狂妄　　妄想　　网状　　窗框　　矿藏　　双簧

【绕口令练习】

量窗量床又量墙

量窗量床又量墙，窗床和墙一样长。弄错尺寸重新量，窗床尺寸不一样。

7. ueng〔uəŋ〕

后高圆唇元音 u 是它的起点元音，舌位滑动至央元音〔ə〕的位置，然后舌位升高，接着发鼻音 ng，唇形上由圆唇逐渐变为不圆。训练时要注意，一定要注意唇形，标准的唇形可以增加发音的准确度和清晰度。u 比较容易和唇齿音〔v〕混淆，要注意区分。在普通话中，ueng 只能出现在零声母音节中，只能自成音节。

【字词练习】

翁　　嗡　　瓮　　螉　　滃　　蓊　　瓮　　蕹菜　　蓊郁　　嗡嗡

【绕口令练习】

小　蜜　蜂

小蜜蜂，嗡嗡叫，吵得老翁心烦躁。喝口瓮中清泉水，老翁不再心烦躁。

（三）鼻韵母发音训练秘诀

鼻韵母发音最大的问题，通常表现为前后鼻音不分。比如，将"信（xīn）心"说成"幸（xìng）心"，"清（qīng）明（míng）"说成"亲（qīn）民（mín）"，等等。很多人受方言影响，在生活中习惯用元音鼻化代替鼻韵母的鼻尾音。

那么，如何才能将鼻韵母发得优美又准确？一是要字音"到位"，二是学会"归音"。字音到位即发音时舌位唇形要标准。"归音"是指吐字归音过程中，字尾归音弱收到位，做到趋势鲜明。虽然字尾在一个音节中相对比较轻短，但是我们在处理时一定不能留尾巴，不能听起来拖泥带水。

一般对于字尾，我们在发音时要做到：尾音轻短，完整自如，避免生硬，突然收住，归音到位，送气到家，干净利落，趋向鲜明。

1. 到位弱收，趋向鲜明

"到位"就是要将有韵尾的音节发到规定位置，特别要注意的是舌位和唇形，一定要准确。比如，韵尾是 -n 的音，发音时舌尖要顶住上齿背；韵尾是 -ng 的音，发音时舌后部要隆起，舌根尽力后缩，顶住软硬腭相交的位置。

"弱收"是指根据发音要求，音节结尾的音要逐渐减弱收音，以便保持发音的完整性和音节之间的区分。

"趋向鲜明"是指将韵尾 -n 或 -ng 发到前鼻音或后鼻音韵母应发的准确位置，而不是发到一半就停止，因为这就形成了元音鼻化，是错误的，只有发音趋向而没有真实的发音位置，就会混淆前后鼻音。

在训练时要注意，这是字音发音的最后面，字尾归音必须到位，余气托送，干净利索，趋向鲜明，同时要按照汉语的发音习惯，在保证准确性的同时，要避免过于生硬，收得太急，影响枣核形的完整性和生动性。

2. 主要元音要重点突出，声挂前腭

在进行鼻韵母的发音时，要保证主要元音的发音时间，也就是韵腹的发音时长，并始终坚持"声挂前腭"的原则，以此来保证音节的响度和清晰度，我们要将注意力集中在声线的主干道上，使发声集中省力，保证口腔有良好的开度与紧张度，以此来取得较好的共鸣效果。

训练时要注意：初读以准确为主，将每个音节发成枣核形，做到字音准确清晰、圆润有力；再读时以正常语速将内容自然、清晰、流畅地表达出来。

【专项练习】

北京市通报三起违反中央八项规定精神问题。北京娱乐信报社原社长兼总编辑梁凤鸣公款送礼，北京交通大学科学技术处处长蔡伯根公款接待，以及其他违规问题受到查处。

（四）常见的鼻韵母发音问题与解决方案

1. 问题：前后鼻音不分

前后鼻音不分表现为 an 和 ang、en 和 eng、in 和 ing、uen 和 ueng、un 和 iong 区分不清。比如，西北人习惯把"裙（qún）子"发成"穷（qióng）子"。

2. 解决办法

（1）夯实理论知识。注意发音时舌位和唇形的位置，发前鼻音 n 时，舌尖抵住上齿龈；发后鼻音 ng 时，舌后部隆起，舌根尽力后缩，顶住软腭。发 n 时，口形较闭；发 ng 时，口形张开。

（2）对镜练习法。发前鼻音 n 时，舌尖抵住上齿龈成阻，此时我们可以借助镜子，镜

中可看见舌头底部；发后鼻音 ng 时，舌根上抵软硬腭交界处成阻，镜中舌面清晰可见。通过镜子观看到的位置，就知道自己是否发音准确。

（3）后字引衬正音法。用舌尖中阻 d、t、n、l 作声母进行引衬，把它们加到含有前鼻音韵母音节的后面，之后两字连读。因发音部位相同，后字可引衬前字的前鼻音韵母的归音。如：wen—nuan（温暖）、xin—de（心得）。与此类似，在含有后鼻音韵母音节的后面，加一个用 g、k 作声母的音节，两字连读。因发音部位相同，后字可引衬前字的后鼻音韵母的归音。如：feng–kuang（疯狂）、chang–ge（唱歌）。

【对比练习】

[an—ang]
宽口—筐口　　关节—光洁　　专车—装车　　机关—激光　　新欢—心慌
[en—eng]
沉积—乘机　　粉刺—讽刺　　伸张—声张　　终身—钟声　　长针—长征
[in—ing]
信服—幸福　　频繁—平凡　　弹琴—谈情　　金质—精致　　禁地—境地
[uen—ueng（ong）]
存钱—从前　　春分—冲锋　　炖肉—冻肉　　余温—渔翁　　轮子—笼子
[un—iong]
群像—穷乡　　工运—公用　　因循—英雄　　晕车—用车　　勋章—胸章

模块四　普通话声调

课前导入

小李来自某方言区，一天有人问他："你这个月还剩多少钱？"小李本想回答："只剩二十一了。"但是由于受方言声调影响，把本该说成阳平的"一"说成了降调，别人听起来，说的就是"二十亿"，可谓是一字之差，谬之千里。这样的情况如果发生在工作生活中重要的场合，就会造成严重的误会，所以在说普通话时声调的准确非常重要。本模块就让我们共同学习普通话的声调。

学习目标

知识目标：理解声调、调值、调类的概念。
能力目标：掌握五度标记法的具体操作；
　　　　　准确和熟练地识别并表现普通话的声调。
素质目标：了解本人所在方言区声调发音与普通话声调发音的差异。

知识链接

项目一　什么是声调

一、声调的概念

声调，是指语言的音调的变化，它是汉语音节所固有的，可以区别意义的，声音的高低升降、曲直长短的变化形式。
声调和声母、韵母一样具有辨义的功能。
汉语的一个汉字就是一个音节，所以声调又叫字调。

二、声调的作用

（1）纯正字音，区别词义。

（2）能突出汉语的特点，表现出抑扬顿挫的音乐美。

（3）声调还可以帮助我们调节气息，掌握用气的方法，使气息灵活自如。

上升的声调可以帮助我们练习高音，下降的声调可以帮助我们练习低音。如果你觉得高音上不去，低音沉不下，不妨多做做声调练习。

请你大声地读一读下面这段充满童趣的绕口令，感受一下声调的律动之美。

兜装豆

兜里装豆，豆装满兜，兜破漏豆。
倒出豆，补破兜，补好兜，又装豆，装满兜，不漏豆。

三、声调的性质

（一）声调的变化取决于音高

声调与音高、音长和音强都有关系，但它的性质主要由音高决定。

发音时声带的松紧变化会导致音高的变化。人的喉中有两片平行的声带，我们把声带比作两根皮筋，皮筋越长越厚，振动起来就慢，形成的声调就低沉，如老人、男人的声带；皮筋越短越薄，振动就快，声调就高扬，如女人、小孩的声带。

（二）声调的音高是相对音高

由于人的嗓音高低各不相同，所以音高也并不相同，并不要求人人将声调发得一样，我们听声是为了辨意，所以只要人们能根据自己的嗓音情况分出合乎比例的高低就可以。在人群当中，女性的声调音高要比成年男性高一些，这是由于女性和儿童声带比成年男性短一些、窄一些、薄一些；而同一个人情绪有波动，比如激动紧张时，声带会控制得紧一些，这时他的声调音高要比平时高一些。一个有趣的现象是，一个人的性格也会对他的声调变化幅度有影响，比如外向的人，声调的变化幅距一般而言会较大；而内向的人，声调变化幅距会较前者略小，趋于平稳。

只有掌握了相对音高的意义，我们才能在自己的音域范围内对音调进行划分，做到音调高低升降的有序变化。在日常的表达和交流中，巧用声调的变化能展示出我们的个性魅力，能够帮助我们进行清晰顺畅的自我表达。

（三）声调≠音阶

声调和音阶是不同的，声调属于语言发音，音阶属于音乐。声调的升降变化是有迹可循、逐渐滑动的，音乐中音阶的变化则是更加活泼的，常常表现为跳跃式的。

声调的音高变化是相对的，音乐中音阶的高低变化是绝对的和不变的。

四、调值和调类

调值指声调高低、升降、曲直、长短的实际发音，也称作"调形"。声带的松紧是由调值高低、升降、曲直造成的。

调值的记录通常采用"五度标记法"。先用一条竖线表示"音高",分为四等分,共有五个点。从下面最低点开始共分为五度,即"低""半低""中""半高""高",分别用1、2、3、4、5表示(见图4-1)。

声调的基本调形:

(1)平调:声调没有变化,声带紧张度保持不变的情况下将声音延长,例如高平、半高平、中平、低平(见图4-2)。

(2)升调:声调是上升的,声带由松到紧,例如高升、中升、低升(见图4-3)。

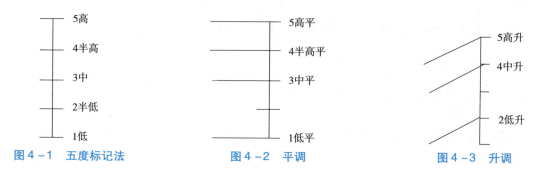

图4-1　五度标记法　　　　图4-2　平调　　　　图4-3　升调

(3)降调:声调是下降的,声带由紧到松,例如高降、中降、低降、全降(见图4-4)。

(4)曲折调:声调是曲折的,中间有折点,由以上三种基本形式结合构成,常见的是降升调、升降调,例如高降升、低降升、高升降、低升降(见图4-5)。

图4-4　降调　　　　图4-5　曲折调

调类是指一种语言或方言对声调的分类,我们将相同调值的字归为一类。汉语方言中调类最多的有10个,例如广西博白;最少的有3个声调,例如宁夏银川。北方方言中最为常见的是4个声调,如北京、兰州、汉口等地。

在古汉语中,调类有四个——平、上、去、入;现代汉语各方言里大致保留古代调类的系统,但也有所不同,现代汉语方言按照古音声母的清浊不同又将4个调类分化为"阴""阳"两类。

例如北方方言的主要特点是:平分阴阳,入声消失。因此,北京语音4个声调的调名是"阴平""阳平""上声""去声"。按照各地的方言习惯调类的分类也不同,广东潮州就比较多,平、上、去、入各分阴阳,共8个声调:即"阴平""阳平""阴上""阳上"

"阴去""阳去""阴入""阳入"。山西盂县是平声、入声分阴阳,加上上声和去声,共6个声调,即"阴平""阳平""上声""去声""阴入""阳入"。

声调的分类有一定的历史作用,可以看出历史演变的痕迹,同时也便于研究和比较,特别是普通话与方言之间的相互比较。需要注意的是,调类并不等同于实际的调值,例如调类名称同是"阴平",在北京话调值是55(高平调),在山西盂县话调值是412(降升调),在广东潮州话的调值是33(中平调),它们各有不同。

五、普通话声调

普通话有4个调类:阴平声、阳平声、上声、去声。

(一)普通话声调调值的特点

(1)4个调类的调值区分很明显,教学过程中容易区分。它们分别表现为一平、二升、三曲、四降。

(2)从升降程度上看,调值的上升高扬成分比较多。阴平是高平调,阳平是高升调,去声的起点高,上声的后半段也表现为上扬,止点在4度(见图4-6)。

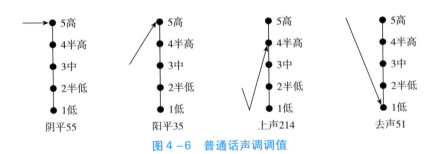

图4-6 普通话声调调值

(二)普通话4个声调的发音

(1)阴平声:高平调,调形为[5-5]。发音时声带紧绷,从头到尾没有明显变化,高音始终保持在一条线上。但在实际发音时,在发音开始和收尾会存在一个小变化,开始阶段会向上升,有个"弯头",而收尾阶段有个向下的"降尾"。这与发音和收尾时声带颤动习惯有关。

【发音例字】

阿 ā	埃 āi	安 ān	烟 yān
冤 yuān	妈 mā	拉 lā	方 fāng
编 biān	端 duān	亏 kuī	宣 xuān
装 zhuāng	酸 suān	挑 tiāo	弯 wān

(2)阳平声:高升调,调形为[3-5]。发音时声带由刚开始的不松不紧,逐渐绷紧,直到绷到最紧,声音由最初的不低不高升到最高。在发音时和阴平一样,刚开始阶段也会出现一个上升的"弯头",仔细观察还会在中间阶段略前的位置发现一个小的

弯曲。

【发音例字】

鹅 é	昂 áng	严 yán	文 wén
员 yuán	麻 má	泥 ní	离 lí
然 rán	人 rén	棉 mián	连 lián
年 nián	全 quán	怀 huái	情 qíng

（3）上声：降升调，调形为［2-1-4］。发音时声带刚开始略微有些紧张，之会立刻松弛下来，这个松弛的音稍稍延长，然后迅速绷紧，但始终没有绷到最紧。发音过程中，声音主要在1~2度，表现为低音段，这是上声的基本特征。从音长上看，它在普通话4个声调中的音长是最长的。

【发音例字】

以 yǐ	矮 ǎi	养 yǎng	晚 wǎn
远 yuǎn	马 mǎ	哪 nǎ	里 lǐ
惹 rě	秒 miǎo	碾 niǎn	脸 liǎn
广 guǎng	九 jiǔ	闯 chuǎng	扁 biǎn

（4）去声：全降调，调形为［5-1］。发音时声带从紧张开始，直到完全松弛为止。因为是降调，声音由高到低。与上面的声调一样，在开始阶段会出现一个向上升的"弯头"。从音长上看，它在普通话4个声调中音长是最短的。

【发音例字】

饿 è	爱 ài	验 yàn	望 wàng
院 yuàn	骂 mà	那 nà	辣 là
热 rè	卖 mài	浪 làng	闹 nào
肉 ròu	放 fàng	面 miàn	片 piàn
掉 diào	换 huàn	袖 xiù	状 zhuàng
算 suàn			

实操训练

1.（　　）是汉语音节重要的组成部分，是学习普通话需要重视的环节。

2. 在普通话中，一声发音声音很高很（　　）；二声发音声音（　　）；三声发音声音先（　　）后（　　）；四声发音声音（　　）。

3. 四个声调中发音时间最长、波折最大的声调是（　　）。

项目二　常见的声调发音问题与解决方案

一、调类错误

中国大致分为七大方言区。根据各方言区的声调状况又可分为两大类：一类是北方方言，绝大多数北方方言地区声调的数目是4个；另一类是南方方言，相较北方方言声调数目较多，一般都会多于4个声调，六七个声调比较常见，并且大多数南方方言都有入声调。

需要注意的是，有些方言区和普通话的声调调值相同，但它们或许不属于同一个调类。所以我们在学习时，只有先分清这些字的调类，声调发音才能准确到位。比如粤语方言区会在阴平和去声上有差错，当地人常常混同阴平和去声，总是分不清这两类声调。究其原因是因为在广州、香港等地，去声也按清浊作了区分，分作"阴去、阳去"，但在普通话中没有这种区分，都读去声。

如果你是声调比较多的方言地区的人，就要十分注意类似这样的问题了，在工作和生活中，有时一字之差就会谬之千里。比如你有可能将"四十一"中的"一"读成低降，听起来就像是"四十亿"，这会引起非常巨大的误会。

二、调值不到位

全国范围内的方言虽然大部分有阴、阳、上、去这四个调类，但调值的差异还是很大的。

对于调值不到位的现象，我们可以先弄清楚自己方言中的声调，再和普通话的声调做对比，从中找出它们之间的区别和对应规律，以此来校正自己的发音。

（一）问题一：阴平过低

1. 原因分析

来自沈阳、天津、太原、长沙的人会有阴平过低的问题，阴平的调值是55，但这些方言都低于普通话阴平的调值，过低的问题比较突出。

调值偏低虽然不会影响日常交流，但是不符合普通话的规范标准。特别是我们朗诵文学作品时，调值偏低会影响整体语言面貌，影响对文意的理解，也会影响语意的表达。

2. 解决方案

（1）夯实理论知识：阴平是四声的首声，能为其他三个声调定高低，所以阴平调值掌握不好，连带着其他声调也会出现发音问题。

为什么阴平这么重要？是因为普通话4个声调的调值高音成分居多，高音最高即5度，所以能不能把它定准非常重要。如果高音位置不能确定，那么声调的相对高点就不一致。所以我们说阴平具有"定调"的作用。阴平读得过低的人，会出现去声降不下来、阳平高不上去的问题。

（2）反复练习：有针对性地进行练习，可先用同一个单韵母读出高、中、低三种平调，发高音时声带拉紧，发低音时声带放松，记住这种不同的感觉。这种控制声带松紧的训练，也可以用来掌握升、降、曲三种声调。练习时也可利用阳平的高音顺势带发阴平。

【字词练习】

[两字同调：阴平]

高音　　音箱　　箱中　　中心　　心声　　声腔

[两字异调：阳平+阴平]

节约　　农村　　年轻　　孪生　　甜酸　　提出　　难听　　浮雕

[四字同调：阴平]

春天花开　　居安思危　　东风飘香　　珍惜光阴

【绕口令练习】

栽花和种瓜

妈妈爱栽花，爸爸爱种瓜；

妈妈栽桃花，爸爸种西瓜；

桃花红，红桃花，娃娃脸上笑哈哈。

【句段练习】

每当夜幕降临，天空布满闪烁的星星，地球上任何一个角落的人群，都可以翘首望天。远古时代，虽然人类对宇宙的规律一无所知，却不能抑制对美丽星空的遐想。比如古印度人想象，我们的世界是由四只大象支撑的，大象站在巨龟的背上，漂游在由巨蟒环绕的海洋上。

（二）问题二：阳平拐弯或升不上去

1. 原因分析

来自西北或山西的人，在学习普通话时容易出现阳平发不准的问题。阳平是上升调，调形为上升的直线，如果控制不好发音时长，让调形过长，就会让它加了一个"拐弯儿"，从而听感上变成了升降调或曲折调。同时又由于调形不对，调值也发生相应变化，这个声调就会出现错误。我们在发音时要避免拖音拖调。

2. 解决方案

（1）夯实理论知识：阳平是上升调，调值是35。发音时注意它的起点，不能过高，也不能过低，终点则与普通话阴平的起点相同。我们在发阳平时要起调适中，直接上升，而不要曲线上升。

（2）反复练习：多读去声和阳平相连的词语，有助于练好阳平。

【字调练习】

[两字同调：阳平]

和平　　平常　　常年　　年轮　　轮流　　流行

[两字异调：去声+阳平]

洽谈　　太阳　　蕴藏　　问题　　灭亡　　政权

[四字同调：阳平]

儿童文学　　严格执行　　牛羊成群　　闻名全球

【绕口令练习】

溪边洗席

一领细席，席上有泥；溪边去洗，溪洗细席。

【句段练习】

我们的声音柔和了，就更容易渗透到辽远的空间。我们的目光柔和了，就更轻灵地卷起心扉的窗纱。我们的面庞柔和了，就更流畅地传达温暖的诚意。我们的身体柔和了，就更准确地表明与人平等的信念。

（三）问题三：上声喑哑

1. 原因分析

普通话四声里最难掌握的就是上声，原因在于上声属于曲折调，变化最大，要先降低后升高，而且上声在实际发音中会出现变调，所以单单掌握本调是不够的。

上声发音问题多集中于只降不升，或者升不到位。还有因为气息不足，有人在发上声时，不能够支持整个上声全调的发出，这就会出现喑哑现象。

2. 解决方案

（1）夯实理论知识：上声是曲折调，调值是214，发音时声带由松到紧。上声的降升变化是平滑的曲折变化，不要在折起时有生硬的拐弯的感觉。在实际发音中，上声多以变调形式出现，但基本调值是变化的基础。我们在练习时首先应读准上声的本调，之后再掌握变调的规律，这样才能掌握它的变化。

（2）反复练习：在发音时可以将低音区拖长，多读去声和上声相连的词语。

【字词练习】

[两字同调：上声]

选举　　举手　　手指　　指导　　导演　　演讲

[两字异调：去声+上声]

夜晚　　跳舞　　大嫂　　进取　　借口　　酗酒

[四字同调：上声]

党委领导　　理想美好　　产品展览　　请你指导

【绕口令练习】

小花鼓

一面小花鼓，鼓上画老虎。
宝宝敲破鼓，妈妈拿布补。
不知是布补鼓，还是布补虎。

【句段练习】

胡杨生下来一千年不死，死了后一千年不倒，倒下去一千年不朽。这不是神话。无论是在塔里木，还是在内蒙额济纳旗，我都看见了大片壮阔无边的胡杨。

（四）问题四：去声低不下来

1. 原因分析

去声降不下来是因为声调没有发全。去声虽然是4个声调中最短的，但在发音时也会有一定的时长。如果气息不足，声调只发一半就提前结束，就不够规范了。

2. 解决方案

（1）夯实理论知识：去声是降调，调值是51，发音时声带先紧后松，声音从最高的5调降到最低的1调。我们在发音时可以将去声的幅度拉大，充分体现全降的走势。

（2）反复练习：多读阴平和去声相连的词语，有助于读好去声。

【字词练习】

［两字同调：去声］
大会　　会议　　议事　　事变　　变动　　动态
［两字异调：阴平＋去声］
沙漠　　车站　　当代　　开阔　　阶段　　生命
［四字同调：去声］
爱护备至　　变幻莫测　　意气用事　　背信弃义

【绕口令练习】

小陆护树

北风吹摇路边树，小陆上前把树护。
一个木杆路旁竖，一根绳子拴捆住。
树有木杆做支柱，木杆支树树稳固。

【句段练习】

从六朝开始就有了绝句，而如此工整、精妙，同时又能将四句全部一一对仗的诗，怕也只有作为"诗圣"的杜甫能力所及。诗中四句诗对应了四个景色，犹如四扇屏风展现在我们面前。看似完全在写景，但这样一种明媚的自然景色，实际上折射的是诗人欢快灵动的内心世界。

模块五　普通话音变

课前导入

一位山东男子打算坐汽车到"大庆五厂",然而乘务员却听成了"五常",害得这名男子来回多坐了10多个小时的车。乘务员为什么会听错呢?问题在于,"五厂"两个字全是上声,普通话连读变调为 wú chǎng,可是他的山东方言却变调成了 wù chāng,外加山东口音的影响,乘务员就误听为"五常"了。由此可见,弄清楚普通话的语流音变是非常重要的。

学习目标

知识目标：理解语流音变的概念和内涵。
能力目标：掌握"一""不"的变调规律；
掌握轻声和儿化的一般规律和读法。
素质目标：掌握上声在双音节和多音节环境中的变调规律。

知识链接

项目一　语音流变的概念

人们说话时发音不是孤立地发出一个个音素,而是以音节为单位,连续地发出一连串的音节,形成语流。在发音过程中,音节与音节、音素与音素之间相互制约,影响,产生多语音上的变化。这种在语流中产生的语音变化就叫作语流音变。普通话的语流音变主要有上声的变调、轻声、儿化、"一""不""啊"音变等。

为什么普通话会产生音变现象呢?主要原因是：

(1) 人的发音器官不是机器,它是相当灵活的。人们说话时,发音器官处于高速运动之中,各发音器官的部位和采取的发音方法,不可能也不必像发单音节那样固定和僵硬,总会或多或少地偏离标准状态,因而产生音变。

(2) 由于语言环境和个人的发音习惯不同,也会形成音变。

(3) 个人的语言表达习惯也是音变产生的另一个原因。

项目二　上声的变调

一、上声变调的基本规律

（一）上声 + 非上声→211 + 非上声

上声若处于阴平、阳平、去声、轻声之前，其调值由降升调214去掉后半段14部分。变为只降不升的低降调，调值为211，丢掉了本来要上升的后半段，变成了半上声。口诀为"上声连非上，前面变半上"。

1. 上声 + 阴平→211 阴平

简单　统一　改编　火车　纺织　海军　好多

2. 上声 + 阳平→211 阳平

祖国　语言　小桥　几何　改革　可怜　火柴

3. 上声 + 去声→211 + 去声

眼泪　马轿　手套　土地　引进　准确　处境

4. 上声 + 轻声→211 + 轻声

奶奶　尾巴　早晨　打听　宝宝　打扮　爽快

5. 上声在某些由原调为上声变来的轻声音节前读35调值

把手　小姐　晌午　想想　等等　打点　偶尔

（二）上声 + 上声→34 + 上声

上声和上声相连时，前一个上声音节的调值由降升调214变为与阳平调值相当的高升调，调值约为34。

展览　把守　友好　粉笔　短跑　表演　岛屿

（三）上声 + 上声 + 上声

三个上声音节相连时，如果后面没有其他音节，末尾的上声音节不变调，前两个音节往往要发生变调。

1.（上声 + 上声）+ 上声→34 + 34 + 上声

展览馆　打靶场　了解我　水彩笔　蒙古马　手写体　演讲稿

2. 上声 + 上声 + 上声→34 + 34 + 上声

水火土　　软懒散　　缓减免

3. 上声 +（上声 + 上声）→211 + 34 + 上声

买水果　　很友好　　跑百米　　有影响　　海产品　　米老鼠　　郝厂长

（四）多个上声音节相连的变调

多个上声音节相连，根据其意义，首先按照其内部组合的结构层次划分成两个音节或三个音节一组；然后按两个上声或三个上声相连的变调规律进行变调，最后把分组处相连的音节按两音节的上声变调规律变调。

永远/友好

雨伞厂/鲁厂长

我想/买五把/铁锁

找/柳组长/请你/往北走

我厂/产品/比/你厂/产品/好

你/买点儿/水果/转给/小李

项目三　轻　　声

《红楼梦》里有一次众人行酒令，史湘云用筷子夹起一个鸭头来，指着丫头们戏谑道："这鸭头不是那丫头，头上哪抹桂花油。"这里利用谐音达到戏谑效果。从语音上讲"鸭头"确实不是"丫头"，因为后者需要读轻声，而前者则不需要。

一、轻声的概念

普通话里每一个音节都有一定的声调，可是有的音节在一定的场合里会失去原调，变成一种既短又轻的调子，这种音变现象就叫作轻声。轻声是一种特殊的变调现象，它长期处于口语轻读音节的地位，失去了原有声调的调值，重新构成了自身特有的音高形式，听上去感觉轻短模糊。普通话轻声都是从阴平、阳平、上声、去声4个声调变化而来的。例如：妈妈、婆婆、婶婶、爸爸。

轻声并不是四声之外的第五种声调，而是四声的一种特殊音变现象。轻声是一种变调现象，轻声音节是不能独立存在的。固定读轻声的单音节助词、语气词也不例外，它们的实际调值也要依靠前一音节的声调来决定，轻声音节的位置是在词语的中间或者其他音节的后面，不会出现在词或句子开头的位置。

语言的美是一种流动之中的动态美，正是因为普通话存在轻声，才使得普通话的动态美有了低回婉转、自然亲切的特点。轻声是普通话语音一个重要特点，也是方言区人学习普通话的一个难点。

二、轻声的发音

一般声调的发音体现在音高上，而轻声的发音主要体现在音长和音强上。轻声发音的特点是用力很小，音强较弱，音长较短。发轻声时，要注意把轻声前的音节的音强、音长发到位，后一个轻声音节就可以发得既短又轻。例如：爷爷、好的、什么、窗户、他们。

轻声音节发音，与该字的原调无关，其往往受前一音节高低的影响而产生高低变化。通常情况下，上声字之后的轻声字音高较高，阴平、阳平字之后的轻声字音高偏低，去声字后的轻声字音高最低。

具体来说如下：

1. 阴平（55）+ 轻声：轻声读半低调 2 度

它的 妈妈 桌子 称呼 高粱

2. 阳平（35）+ 轻声：轻声读中调 3 度

婆婆 合同 红的 狐狸 瓶子

3. 上声（214）+ 轻声：轻声读半高调 4 度

点心 耳朵 你的 椅子 婶婶

4. 去声（51）+ 轻声：轻声读低调 1 度

报酬 凳子 漂亮 坏的 舅舅

三、轻声的作用

现代汉语中有一类双音节词语有重读和轻读两种形式，此时轻声具有以下两种作用：

1. 区别词性

对头：形容词，正确。（重读）

对头：名词，冤家。（轻读）

地道：名词，地下通道。（重读）

地道：形容词。纯正。（轻读）

大意：名词，主要的意思。（重读）

大意：形容词，粗心疏忽。（轻读）

2. 辨别词义

兄弟：表示兄和弟两个人。（重读）

兄弟：只表示弟弟一人。（轻读）

东西：表示东面和西面两个方位。（重读）

东西：表示物品。（轻读）

地方：相对中央，指地区。（重读）
地方：某一区域、空间、部位。（轻读）

项目四 儿　化

儿化在普通话语音里十分常见。有个有趣的段子，说一个外地人到北京农贸市场的粮食柜台买面粉，他问道："你这里卖白面儿吗？"售货员一愣，回答道："我们这有白面，没有白面儿。"原来在大多北方地区，"白面"和"白面儿"不是一种东西："白面"是指"食用的白色面粉"，而"白面儿"却是指酷似白色面粉的毒品。再比如，在普通话里同样是"陷"字，在"馅饼"和"陷阱"中的读音是不一样的，前者必须读成儿化的"馅儿饼"，后者则不可以儿化。可见，某些词语是否带儿化会产生很大差异。

一、什么是儿化

韵母 er 在普通话中除了可以自成音节，还常常用在其他音节后面，使得这个音节的韵母带上了卷舌色彩，这种韵母的音变现象我们称为"儿化"。

韵母 er 附着在其他音节后面，已经失去了音节的独立性，只保持了一个卷舌的动作，因而儿化音节是用两个汉字表示一个音节。在用汉语拼音记录时，只需要在原来的音节之后加上一个表示卷舌动作的符号"r"（这个"r"只表示卷舌，是国际通用符号，这与位于音节开头的辅音音素 r 不同）就可以了。例如："鸟儿"的音节拼写为 niǎor。

二、儿化的作用

有人说普通话里儿化音太多没什么用处，其实不然，儿化的作用体现在修辞、词汇和语法等方面，它在语言中是有积极作用的。儿化的作用主要有以下几个方面：

1. 一些儿化词具有区别词义的作用

比如前面说的"白面"和"白面儿"。再如"头"是指"脑袋"，而"头儿"则表示"领导"；"信"是指"信件"，而"信儿"则是指"消息"；"眼"表示眼睛，而"眼儿"则是"小洞"的意思。

2. 一些词儿化后可以改变词性

例如："盖"为动词，"盖儿"为名词；"画"为动词，"画儿"为名词。

3. 在口语中，一些词儿化后可以区分同言词

例如：lǐ mào（礼貌），lǐ màor（礼帽儿）；yóu piào（邮票），yóu piàor（油票儿）；lā liàn（拉练），lā liànr（拉链儿）。

4. 表示一定的感情色彩

（1）一些词儿化后可表示细、小、轻、短等性质和形状，如粉末儿、指尖儿、头发丝儿。

（2）一些词儿化后可表示喜爱、亲近的感情色彩，如脸蛋儿、小脚丫儿、小不点儿、宝贝儿、女孩儿、老头儿。

（3）一些词儿化后可表示温和的态度，如慢慢儿、轻轻儿、有时间来玩儿。

（4）一些词儿化后表示轻蔑、鄙视等感情色彩，如小丑儿、小样儿、说瞎话儿。

三、儿化韵的发音规律

儿化韵发音时有一个卷舌的动作，即舌尖向硬腭卷起，并且要和前面音节的韵母有机地黏着在一起，成为一个整体。

但有些韵母韵尾的发音状态和卷舌的动作相冲突，这时韵母会因为卷舌动作而改变其原来的发音。如：前高元音 i、ü 本身发音时舌面前部与硬腭距离很近，而儿化时的卷舌则要求舌尖后移，所以儿化后分别变成 iar、yar；而后高元音由于本身的发音动作和翘舌动作不冲突，所以儿化时直接在发音的同时加上卷舌的动作就可以了。具体来说，儿化的音变规律如下：

（1）韵腹或韵尾是 a、o、e、ê、u（包括 ao、iao 中的 o [u]）的韵母，儿化时只在原韵母后增加卷舌动作。

[a—ar]　　打杂儿　油渣儿　号码儿　　[ia—iar]　　掉价儿　脚丫儿　豆芽儿
[ua—uar]　香瓜儿　牙刷儿　雪花儿　　[o—or]　　　酒窝儿　歪脖儿　碎末儿
[uo—uor]　火锅儿　干活儿　糖果儿　　[ao—aor]　　口哨儿　小道儿　草稿儿
[iao—iaor]填表儿　豆角儿　线条儿　　[e—er]　　　模特儿　打嗝儿　挨个儿
[u—ur]　　没谱儿　爆肚儿　括弧儿　　[ou—our]　　顺手儿　小偷儿　水沟儿
[iou—iour]蜗牛儿　棉球儿　踢球儿

（2）韵尾是 i 和 n 的韵母（in 和 ün 除外），儿化时失落韵尾，在主要元音上加卷舌动作。

[ai—ar]　　锅盖儿　小孩儿　鞋带儿　　[ei—er]　　　摸黑儿　宝贝儿　刀背儿
[an—ar]　　快板儿　名单儿　心肝儿　　[ian—iar]　　心眼儿　聊天儿　小辫儿
[en—er]　　赔本儿　树根儿　后门儿　　[uei—uer]　　小鬼儿　跑腿儿　烟灰儿
[uen—uer]　条文儿　保准儿　冰棍儿　　[uai(uan)—uar]土块儿　打转儿　门环儿
[uan—üar]　汤圆儿　手绢儿　眼圈儿

（3）韵尾为后鼻音韵母 ng 的，儿化时失落韵尾，韵腹变成鼻化元音，同时加卷舌动作。

[ang—ãr]　帮忙儿　药方儿　香肠儿　　[iang—iãr]　透亮儿　花样儿　瓜秧儿
[uang—uãr]橱窗儿　眼光儿　小床儿　　[eng—ẽr]　　板凳儿　现成儿　门缝儿
[ing—iẽr]　电影儿　山顶儿　暖瓶儿　　[ueng—uẽr]　嗡嗡儿　小瓮儿
[ong—õr]　胡同儿　小葱儿　闲空儿　　[iong—iõr]　叫穷儿　小熊儿

（4）韵母为 i、ü 的，儿化时韵母不变，i、ü 为主要元音加 er。

[i—er] 饭粒儿　玩意儿　眼皮儿　　[ü—üer] 金鱼儿　毛驴儿　小曲儿

（5）韵母或韵尾为 ê，以及韵母为 -i（前）、-i（后）的，儿化时去掉 ê、-i，主要元音变为央 e [ə] 并卷舌。

[ie—ier] 树叶儿　锅贴儿　台阶儿　　[üe—üer] 皮靴儿　空缺儿　正月儿

[-i（前）—ier] 橙汁儿　夜市儿　歌词儿

（6）韵母为 in、ün 的，儿化时失落韵尾，i、ü 为主要元音加卷舌动作。

[in—ier] 够劲儿　手心儿　送信儿　　[ün—üer] 花裙儿　喜讯儿　合群儿

项目五　"一""不""啊"的音变

一、"一"的音变

"一"原本的调值为阴平 55，在单独发音、词语、句末或者表示序数、基数的时候不发生变调，如专一、从一而终、第一。

"一"在以下情况中，发生变调：

（1）"一"+去声：变阳平调（35），即（35+51）。

一个　一件　一定　一律　一半　一遍

（2）"一"+非去声：变去声（51）。

"一"+阴平：一般　一间　一关　一边

"一"+阳平：一年　一群　一直　一旁

"一"+上声：一口　一种　一起　一百

（3）当"一"夹在重叠词中间或位于动词、量词、形容词中间时，一般读轻声。

说一说　想一想　看一看　去一趟　买一点儿　好一些儿

二、"不"的音变

"不"原本的调值为去声 51，在单念、词句末或在非去声音节前，"不"仍读原调。

不　永不　不佳　不久　不求甚解

"不"发生变调的情况具体有以下两种：

（1）"不"+去声：变阳平（35），即（35+51）。

不顾　不谢　不测　不便　不够　不适

（2）"不"嵌在动补结构的词语中间或重叠词中间时读轻声。

对不起　去不去　听不懂　要不要　说不定

三、"啊"的音变

（1）当前面音节末尾的音素是 a、o（ao、iao 除外）、e、ê、i、u 时，读作"呀"（ya）。

快往上爬（a）啊！

这家店生意多红火（o）啊！

这可是他毕生的心血（ê）啊！

你到哪儿去（u）啊？

（2）当前面音节末尾的音素是 u（包括 ao、iao）时，读作"哇"（wa）。

他在哪儿住（u）啊？

那棵树可真高（ao）啊！

那件事真可笑（iao）啊！

（3）当前面音节末尾的音素是 n（前鼻音韵尾）时，读作"那"（na）。

好浓的烟（n）啊！

他是什么人（n）啊！

他的判断可真准（n）啊！

（4）当前面音节末尾的音素是 ng（后鼻音韵尾）时，读作 nga。

这有何用（ng）啊！

太漂亮（ng）啊！

这里的木头真硬（ng）啊！

（5）前面音末尾的音素是 i（舌尖后元音）和 er（儿化韵）时，读作 ra。

什么事（-i 后）啊！

这儿多好玩儿（er）啊！

（6）当前面音节末尾的音素是 -i（舌尖前元音）时，读作 za。

你来过几次（-i 前）啊？

不要自私（-i 前）啊！

实训操练

1. 指出下面上声字的声调变化情况。

厂党委	领导	选举	考察	水库	铁道	解除
碾米厂	水运	首长	老板	火柴	鼓动	检查
好产品	粉笔	指挥	耳鼓	搞鬼	浅水	享受

我请雨伞场鲁厂长选两把好雨伞给李组长。

2. 读出下列各词语，并指出其中哪些去声字声调有变化。

概况　祝贺　命令　跳动　照料

3. 读下列各词语，注意"一""七""八""不"的声调变化。

一心一意　　七上八下　　四面八方　　一窍不通　　不屈不挠　　不骄不躁

考一考	搬一搬	好不好	能不能	说不定	来不了		
一筐	一组	一半	唯一	万一	一切	七块	
不但	不仅	不料	第八	十七	八路	八宝	八角

4. 朗读下面有轻声的词。

胳臂	脊梁	巴掌	指甲	包袱	铺盖	簸箕	巴结
裁缝	扁担	轱辘	抽屉	葫芦	蘑菇	点心	长处
称呼	窗户	先生	叨唠	吩咐	伺候	动弹	拾掇
耽搁	凑合	答应	地方	打听	商量	张罗	聪明
机灵	糊涂	结实	疙瘩	含糊	和尚	姑娘	马虎
扎实	利索	硬朗	敢情	将就	约莫		

模块六　语言外部技巧训练

课前导入

语言外部表达技巧是指说话过程中语言和声音的使用技巧，即重音、停连、语气、节奏。口语表达中一旦离开语言的外部技巧就会使交流失去感情和色彩，说话就成为以声代字的机械转化。根据工作情境和表达内容的不同，灵活运用有声语言表达的外部技巧，可以使我们的沟通更加自然、顺畅；在朗读、演讲等工作情境下，使我们的表达更加精彩并富有感染力。

学习目标

知识目标：了解语言外部技巧的概念和作用。
能力目标：熟练掌握语言外部技巧的使用技巧和方法。
素质目标：学会运用语言外部技巧进行演讲、朗诵等语言交流活动。

知识链接

语言外部表达技巧主要由停连、重音、语气、节奏四种形式组成，常用符号如下："∥"，表示较长时间的停顿；"/"，表示较短时间的停顿，"."，表示重音。

项目一　停　连

停连，就是指停顿和连接。在有声语言的语流中，那些为换气和表情达意所需要的声音的中断和休止就是停顿；那些声音不中断、不休止特别是文字稿件上有标点符号而在实际表达中却不需要中断、休止的地方就是连接。

停连是有声语言表情达意的技巧之一，表达中必须学会运用停连组织语句。如果停连使用不当，会直接破坏语言的交际功能，甚至闹出笑话。比如，某厂长在大会上作报告，把秘书写的稿子读错了，闹了大笑话。原句是："加过工资的∥和∥尚未加过工资的同志，都应该正确对待这次工资调整。"而厂长把这句话读作："加过工资的和尚∥未加过工资的同志，都应该正确对待这次工资调整。"结果台下哄堂大笑，由此可见停连的重要性。

一、停连的作用

停连在语言表达中有着许多方面的作用：有的组织区分，使语意明晰；有的造成转折呼应，使逻辑严密；有的可以强调重点，使目的鲜明；有的并列分合，使内容完整；有的体现思考判断，使传情更加生动；有的令人回味想象，创造意境。它常常和其他技巧一起共同服务于表达。在区分、转折、呼应、递进等地方，造成适当的声音空隙，承上启下，就需要运用停顿；在组织严密、感情奔流、意思连贯等地方，造成声音的流动，千回百转，一气呵成，就需要运用连接。这样，经过加工处理后的朗读才会意思更清楚，态度更鲜明。

【例1】蜚声于世的//悉尼歌剧院，坐落在澳大利亚著名港口城市//悉尼//三面环海的贝尼朗岬角上。

这是一个长句，需要在适当的位置进行短暂的停顿，以保持气息顺畅。

【例2】这些石刻的狮子//有的母子相抱、//有的交头接耳、//有的像倾听水声。//千态万状，惟妙惟肖。

这是一句总—分—总关系的复句，经过处理后，总的部分与分说的部分分开了，而三个并列的分说部分又采用连接的方法使之语意更清晰。

二、停连的种类

（一）换气停连

人的正常呼吸是4~5秒一次，无论是口语交际还是朗读演讲，我们都不可能也没有必要一口气把一个长句子说完，一定要进行换气和对气息的调节，这时就需要停顿；吸气之后，又可以继续进行。好的朗读要做到语意贯通，不能一字一换气或一字一调气，这时就需要连接。由于换气的需要，在表达过程中必然要有停顿，这种停顿即换气停连。特别是有些长句，中间没有也不应有标点符号，而一口气却无法说完，必须酌情进行换气停顿。

【例1】然而有一天，/我发现母亲正仔细地/用一小块碎面包//擦那给我煎牛排用的油锅。

【例2】育才小学校长陶行知/在校园看到学生王友/用泥块砸自己班上的同学。

【例3】三年前/在南京我住的地方/有一道后门。

【例4】占用这个大山坡/建豪华商厦的先决条件是/同意保护这棵老树。

【例5】这两处古人类/都比距今约五十万年的北京猿人/资格更老。

以上例子中的停顿起到了换气作用的同时，更是加强了语言的清晰度和表现力。倘若将上述的两个长句不加停顿勉强一口气念完，则既会让表达者感到身体不适，又难以做到清晰流畅，当然也就更谈不上表现力了。

换气停顿要恰当，必须服从内容和思想感情表达需要，尽管每个人换气停顿的具体方法不尽相同,却不能随心所欲,想停就停。比如例1,如果读成"然而有一天,我发现/母亲正仔细地用一小块/碎面包擦那给我煎牛排用的油锅",便不能恰当表达思想感情。并且有些句子停顿不同,意义也随之不同,甚至不是正常话语了。如"去问费心思考的问题"一句,有的人在"思"后停顿,读成了:去问费心思//考的问题。

(二) 语法停连

语法停连是根据句子的语法结构所作的停连,一般需根据标点符号进行时间长短不一的停顿。凡有标点符号的地方都应有适当停顿,停顿时间的长短一般是:句号、问号、叹号长于分号、冒号,分号、冒号长于逗号,逗号长于顿号。要根据标点使用的地方和表情达意的具体情况来确定停顿时间的长短。章节、段落、句群、句子之间也要有停顿。停顿时间依表达需要确定,一般来说是依次减少的。

【例】这些桥不仅坚固,而且美观。////桥面两侧有石栏,栏板上雕刻着精美的图案://有的刻着两条相互缠绕的龙,嘴里吐出美丽的水花;//有的刻着两条飞龙,前爪相互抵着,各自回首遥望;//还有的刻着双龙戏珠。//所有的龙似乎都在游动,////真像活的一样。

这段话共三句。第一句概括地介绍了赵州桥的外观特点——坚固、美观,两个分句要读得紧凑。第一句和第二句之间要有明显的停顿,使第一句话与下面的具体描绘区分开来。冒号要读出提示的感觉,停顿时间可稍长。下面三个并列分句,语气应连贯。然后作一个较长的停顿,再用赞叹的口气读出最后一句小结性的话。

一般来说,作品中的标点符号是停顿的标志,但出于感情、语义表达的需要,有时有标点也要连读。

【例1】不屈于误解、寂寞的生存的伟大。

【例2】老麻雀全身倒竖着羽毛,惊恐万状,发出绝望、凄惨的叫声。

【例3】哦,雄浑的大桥敞开胸怀,汽车的呼啸、摩托的笛音、自行车的丁零,合奏着进行交响乐;南来的钢筋、花布、北往的柑橙、家禽,绘出交流欢悦图……

以上三句中的顿号处皆不必停顿,应该且必须连读。

(三) 逻辑停连

逻辑停连是指在口语表达中,为了突出强调某一观点或概念、突出某一事物和现象,以及表达某种感情的需要,在句中某处作适当停连。随着所强调和突出的内容不同,停连的地方也有所不同。

【例1】A. 年轻的妻子死了//丈夫发誓不再结婚。(妻子死了)

B. 年轻的妻子死了丈夫//发誓不再结婚。(丈夫死了)

【例2】A. 妈妈每在新春之前,总是要为自己订下//一个计划。

(妈妈订了一个计划)

B. 妈妈每在新春之前,总是要为自己订//下一个计划。

(妈妈已经订了一个计划,现在订第二个计划)

(1) 有的句子以单音节"我""在"起头的,出于韵律的需要,延长为两个音节时值的较多。

【例1】我/永远追求安静的工作。

【例2】在/里约热内卢的一个贫民窟里。

【例3】我/泛舟在西伯利亚一条阴森森的河上。

（2）处于同等位置、同等关系的词语之间的停顿及各成分内部的连接。它们的停顿应该同位置、同时间，而它们各自内部的连接也比较紧密，有利于形成抑扬顿挫的语言节奏，经过这样朗读的文字也显得很规整。

【例1】山∥朗润起来了，水∥涨起来了，太阳的脸∥红起来了。

【例2】没有∥一片绿叶，没有∥一缕炊烟，没有∥一粒泥土，没有∥一丝花香，只有∥水的世界，云的海洋。

（3）在"我常想""我希望""你相信""他们知道""我曾见过"这样的句式后面停顿，会起到凸显主题的作用。

【例1】我常想/读书人是世间幸福人。

【例2】我希望/这样一种盛况延续不衰。

【例3】你相信/所有的人都会为之感动。

【例4】他们知道/与其骗我说外祖母睡着了，还不如对我说实话。

【例5】我曾见过/北京什刹海拂地的绿杨，脱不了鹅黄的底子，似乎太淡了。

（4）有的句子的语义中体现出了分合关系，正确运用停连有助于听者分清层次、准确理解。

【例1】葡萄成熟的季节，一大串一大串挂在绿叶底下，有/红的、白的、紫的、青的、暗红的、淡绿的，∥五光十色，美丽极了。

【例2】桃树、杏树、梨树，∥你不让我，我不让你，∥都开满了花赶趟儿。（先分后合）

（5）有时停顿是为了避免歧义。

【例】那花瓣落地时依然鲜艳夺目，如同一只奉上祭坛的大鸟脱落的羽毛，低吟着壮烈的悲歌离去。

"如同"的宾语是"羽毛"而不是"大鸟"，所以不应该在"一只"后停顿，也不应该在"大鸟"后停顿，只能在"如同"后停顿，即：

那花瓣落地时/依然鲜艳夺目，如同/一只奉上祭坛的大鸟脱落的羽毛，低吟着壮烈的悲歌离去。

（6）停连有时是为了起提示、强调、解释、说明、补充的作用，引起听者注意。

【例】盼望着，盼望着，东风来了，春天的脚步/近了。

（7）停连有时是为了突出某种特定的感情或意思。

【例1】再见了，亲人！我们的心/永远∥跟你们在一起。

"永远"后面这一较长的停顿充分表达出依恋之情。

【例2】在乌云和大海之间，海燕/像黑色的闪电∥高傲地飞翔。

在"高傲地"前面稍稍停顿，充分强调出海燕搏击长空的雄姿。

（8）在表示思索、判断、回忆等过程中往往会使用停连。

【例1】狼气冲冲地说："就算这样吧,你总是个坏家伙!我听说,//去年//你在背地里说我的坏话!"

在"我听说"后使用拖腔,"去年"后稍停,表现狼一面说,一面编造谎言的语态。

【例2】可怜的虫子!这样盲目地爬行,什么时候才能爬到墙头呢?只要稍微改变一下方位,它就能很容易地爬上去;可是它就是不愿反省,不肯看一看。唉——//可悲的虫子!

"可悲的虫子"前面的停顿,表达出这是在做出结论前最后一次思索。

(9) 在显示语意、文势、感情的转换时往往会做出较长时间的停顿。

【例1】巴尼拿起手中的斧子,狠命朝树身砍去。////可是,由于用力过猛,砍了三四下后,斧子柄便断了。

在"砍去"的后面安排一个较长时间的停顿,有两层意思:一是前面一句话的意思说完了,需要一个语意中断的停止暗示;二是后面的情况发生了突变,需要在这之前有一个停顿的时间以产生"悬念"。

【例2】清早出发的时候,天气晴朗暖和。//没想到中午突然刮起了暴风,下起了大雪,气温急剧下降。

为了着重显示天气突变,在"暖和"之后要有一个转折性停顿。

(三) 生理性停连

当人们处于哽咽、气喘吁吁、生命垂危等生理状况时,语流就会变得断断续续,这时,我们可以用停顿进行象征性的表现。

【例1】邻居的小伙子带着我去看她的时候,她正艰难地呼吸着,像她那一生艰难的生活。别人告诉我,她昏迷前的最后一句话是:"我那个有病的//儿子//和我那个//还未成年的//女儿……"

母亲临终前,放心不下自己的一双有困难的儿女。她最后一句话的多处停顿,再现了母亲临终前几乎死不瞑目的凄凉和作者心头无尽的怀念与痛悔。

【例2】她吓昏了,转身向着他说:"我……我……我丢了佛来思节夫人的//项链了。"

后面一句,假如一口气读下去,就无法把玛蒂尔德从自我欣赏突然转为极度惊恐的状态表达出来。

不同类型的停连在朗读和表达中常常交错使用。一般说来句子越长,内容越丰富,停顿就越多;相反,句子越短,内容越浅显,停顿就越少。感情凝重深沉时,停顿较多;感情欢快急切时,连接较紧。

停连需要同重音、语气、节奏一起共同完成朗读的声音再创造,它是有声语言的重要支柱。

三、停连的方式

根据表达的内容,合理控制气息强弱急缓的变化,是运用停连表情达意的重要手段。

（1）"渐弱渐止"的停顿。这种停顿是前一个音节的延长，藕断丝连，显得委婉含蓄，耐人寻味。同时气息的连续给人一种语意未完的感觉。

【例1】小兴安岭是一座/巨大的宝库，也是一座//美丽的大花园。

"大花园"要舒缓、松弛地收住，几乎字字延长，到"园"字仍然慢吐字，慢归音。

【例2】春天//像刚落地的娃娃，//从头到脚都是新的，/它生长着。

春天//像小姑娘，花枝招展的，笑着，//走着。

这两句中的几处停顿，渐弱渐止，留下想象、回味的余地。

（2）斩钉截铁的停顿。这种"戛然而止"的停顿显得干净利落，富有力度。

【例1】我鼓起勇气，迈开大步，向着部队前进的方向走去。

"走去"要坚实、迅速地收住，"去"字要声音实，音节短，不可拖长。

【例2】刘胡兰愤怒地回答："不知道，就是不知道！"

尾音要收得坚定有力，读时咬字有力，一字千钧，给人以大无畏的豪壮感。

实训操练

运用本模块所学的停连方法朗读以下句子。

1. 北京这座凝聚了东方古老智慧与才华的古城，以她悠久的历史和灿烂的文化著称于世。

2. 一九三六年十二月十二日，国民党爱国将领张学良将军和杨虎城将军在我党"停止内战，一致抗日"的政策的感召下实行"兵谏"，逮捕了蒋介石以及当时聚集在西安的几十名蒋帮军政大员，发动了震惊中外的"西安事变"。

3. 言是传递信息和交流思想感情的工具。语言本身具有极大的灵活性，在不同的情绪中和不同的环境下，赋予不同的思想内容和感情色彩。

4. 北京时间今晨，在法网男单决赛中，经过3小时10分钟的激战，世界排名第二的纳达尔以3比1战胜了世界排名第一的费德勒，四局比分为6比3、4比6、6比3、6比4。

5. 亚健康状态多由人体生理机能或代谢机能低下、退化或老化所致，表现为情绪低落、心情烦躁、忧郁焦虑、胸闷心悸、失眠健忘、精神不振、疲乏无力、腰背酸痛、易患疾病等。现代生活节奏快，竞争激烈，环境问题突出，亚健康状态的人也越来越多。据WHO的一项全球性调查表明，75%的人处于亚健康状态。

项目二 重 音

一、重音的含义

在有声语言表达中，为了准确表达语意和思想感情，有时需要强调那些起重要作用的词或短语。重音是指说话者或朗读者运用声音形式着力强调或突出的音节（词或词组）。

在语言表达中，为了凸显中心意思，总是要把重要的地方说得突出一些，次要的地方说得轻一些。重音解决的是语句内部各词或词组之间的主次关系问题。在有声语言的表达中，"重音"这种技巧的作用是很大的，它可以使语句的目的更突出，使逻辑关系更严密，使感情色彩更鲜明。

如果说停连，解决的是表达内容构成的分合，那么重音要解决的便是表达内容、词语关系的主次。重音的位置往往是多变的，不同的重音位置可以强调出不同的意思。例如：

他明天去北京。（强调"他"，排除别人）
他明天去北京。（强调"明天"，而不是其他哪一天）
他明天去北京。（强调"去"，而不是不去）
他明天去北京。（强调"北京"，而不是其他地方）

二、重音的种类

根据重音产生的原因，一般将重音分为语法重音、逻辑重音、感情重音三大类。

（一）语法重音

语法重音是根据句子的语法结构而确定的重音。为了使听众准确地领会句子的意思，通常把表意上起突出作用的成分加以重读。语法重音不带特别强调的色彩，音量只是稍稍加重。语法重音在句中位置是固定的。

（1）主谓结构，谓语重读。

【例1】全世界无产者，联合起来。
【例2】我们欢呼，我们歌唱。
【例3】他的回答实事求是，有理有据。
【例4】当达瑞为父亲取报纸的时候，一个主意诞生了。
【例5】渐渐地我的眼睛模糊了，我好像看见无数萤火虫在我的周围飞舞。

（2）定语、状语、补语常常重读。

【例1】海水轻轻地抚摸着细软的沙滩，发出温柔的刷刷声。（定语重读）
【例2】春天像健壮的青年，有铁一般的胳膊和腰脚。（定语重读）
【例3】雪球儿簌簌地落下来。（状语重读）
【例4】他干得可带劲了。（补语重读）
【例5】我一有进步，母亲就显得很高兴。（补语重读）

（3）述补结构主要有三种情况。一是情态式，补语重读；二是动趋式、可能式，述语重读；三是动结式、可能式后如果不带宾语，则补语重读。

【例1】妈和我笑容可掬地一起拍的照片，多得不可胜数。
【例2】女作家挑了一朵花说："看起来，你很高兴。"
【例3】他在我家门前路过，突然发现了这块石头，眼光立即就拉直了。

（4）偏正短语中的修饰语，包括状语或定语重读。

【例1】胡教授刚说完，同学们立刻认真地写了起来。

【例2】球员们不论国籍，只效力于自己的俱乐部，他们比赛时的激情中完全没有爱国主义的因子。

【例3】很久以前，在一个漆黑的秋天的夜晚，我泛舟在西伯利亚一条阴森森的河上。

（5）并列关系的短语同样重读。

【例1】我们在田野散步：我，我的母亲，我的妻子和儿子。

【例2】而那些冬夏常青的松树和柏树上，则挂满了蓬松松沉甸甸的雪球儿。

（6）同位结构，主名重读。

【例1】育才小学校长陶行知在校园看到学生王友用泥块砸自己班上的同学。

【例2】三百多年前，建筑设计师莱伊恩受命设计了英国温泽市政府大厅。

（7）疑问句中的疑问代词重读。

【例1】可爱的，我将什么来比拟你呢？我怎么比拟得出呢？

【例2】小姐，在你们国家有没有小孩儿患小儿麻痹？谁给他们医疗费？

【例3】这哪里有药？张鹮一脸茫然地问。

【例4】这就是白杨树，西北极普通的一种树，然而决不是平凡的树！

【例5】生活对于任何人都非易事，我们必须有坚忍不拔的精神。

【例6】同伴们都欣喜地说："明天早晨准可以看见日出了。"

（二）逻辑重音

逻辑重音指在作品朗读中，那些不受语法限制、按照事物规律应当重读的音。逻辑重音起着点明语意、突出事物特征、说明事物症结等作用。普通话的逻辑重音有相对稳定的形式。

（1）语句中常有一些并列关系的词、词组或段落，这些词语在表意上起决定作用时，读出重音使语句内容显得更完整。

比如前面提到的例子："山∥朗润起来了，水涨起来了，太阳的脸∥红起来了。"只用停连是不够的，还应该用上重音。这样，在一句话中，应强调的内容才更清楚，语言目的才更明确。

【例1】桂林的山真奇啊，桂林的山真秀啊，桂林的山真险啊。

这里的"奇""秀""险"是并列性重音，"真"是次要重音。

【例2】燕子去了，有再来的时候；杨柳枯了，有再青的时候；桃花谢了，有再开的时候。

（2）语句中相互对比的词语要读出重音。

【例1】骆驼很高，羊很矮。骆驼说："长得高多好啊！"羊说："不对，长得矮才好呢。"

【例2】太阳在白天放射光明，月亮在夜晚投洒清辉。

【例3】其余呢，西湖的波太明了，秦淮河的也太暗了。

【例4】中国的莲花开在日本，日本的樱花开在中国，这不是偶然。

【例5】可是一段时间后，叫阿诺德的那个小伙子青云直上，而那个叫布鲁诺的小伙子却仍在原地踏步。

【例6】假山的堆叠，可以说是一项艺术而不仅是技术。

（3）表明文章中呼应关系词语要读出重音。

【例1】诸葛亮说："不知道这十万枝箭什么时候用？"周瑜问："十天造得好吗？"诸葛亮说："既然就要交战，十天造好，必然误了大事。"周瑜问："先生预计几天可以造好？"诸葛亮说："只要三天。"

对话中的"十天"与"三天"重读，与前文"预计几天可以造好"的"几天"相呼应。时间如此之短，诸葛亮能否按时交箭就成为本文的一大悬念。

【例2】小朋友，我们现在说话用的是什么语言？对了，是汉语，是汉民族的语言。

这种问答式响应性重音在朗读中较为常用，所答必须所问，才显示出呼应关系。

不少作品从内容上看是层层发展的，许多句子的关系是步步递进的，体现句中递进关系时往往需要读出重音。

【例1】在茂密的森林里，有一只老虎正在寻找食物。一只狐狸从老虎身边窜过。老虎扑过去，把狐狸逮住了。

"老虎—狐狸—扑—逮"是很清楚的一件事的连续发展。几个连续性重音简要地显示了它的进程。如果误把"食物""窜过"作为重音，连续性的主体便不清晰，也就失去了连续性。

【例2】我是一颗小小的豆瓣。我跟同伴们离开了豆芽筐子，先来到一口锅里，又来到一个盘子里，接着我被一双筷子夹起来，送进一个小孩的嘴里。

通过重音我们可以看到："豆瓣—锅—盘子—嘴"这一经历的路途。

（4）作品中某些语句，为了区别程度，讲清范围，对那些具有极力强调色彩的词或词组要读出重音。

【例1】乌鸦听了狐狸的话，得意极了，就唱起了歌来。（强调程度）

【例2】他身负七处重伤，已经没有一件武器。（强调数量多少）

【例3】鸟的天堂里没有一只鸟，我这样想道。（强调数量多少）

【例4】你骄傲得连自己也看不起了。（强调特别指定）

（5）表示肯定或否定的重音。在生活中，人们对客观事物常常有所断定，或肯定什么，或否定什么，反映在有声语言中，这些表现肯定或否定的词语应加强语势。

【例1】小白兔连忙挎着篮子往家跑，看见路边有一大群蚂蚁。小白兔要把下雨的消息告诉蚂蚁。一只大蚂蚁说："是要下雨了，我们正忙着往高处搬家呢。"（肯定性重音）

【例2】蛇是没有脚的，你为什么要画上脚呢？（否定性重音）

（6）重读文章中的比喻性词语，可以使被比喻的事物生动形象，加深对所描写事物或阐明道理的理解。但要注意，有比喻词的比喻句，不要重读比喻词"像""好像"等。

【例1】这颗珍珠就是敦煌莫高窟。

【例2】这个绿色会像音乐，涤清了心中的万虑。

【例3】这一圈小山在冬天特别可爱，好像是把济南放在一个小摇篮里。

【例4】叶子出水很高，像亭亭的舞女的裙。层层的叶子中间，零星地点缀着白花，有袅娜地开着的，有羞涩地打着朵儿的，正如一粒粒的明珠，又如碧天里的星星。

【例5】在乌云和大海之间，海燕像黑色的闪电高傲地飞翔。

（7）在有声语言中，对于拟声的象声词，一般要读出重音。但在处理时，一定要根据声音本身的特点，运用恰当的处理方法，切不可一律加强音量。语气只求表现出事物声音的特点，不必拘泥于逼真。

【例1】风，呼呼地刮着；雨，哗哗地下着。

【例2】几只野鸭扑棱棱飞起来。

拟声性重音必须服从全篇作品的基调，否则很容易片面地、静止地把所有象声词都作为拟声性重音。

【例3】黑牛嘿嘿地笑了，然后把脸一沉……

这个例子说明，中心词"笑"是转折性重音，象声词只起辅助作用，如果作为重音，反而有喧宾夺主之嫌。

（8）为了表现强烈感情的需要，对那些为表达感情而起决定作用的词语、句子，甚至整个段落相应地加重音量。感情重音大都出现在内心节奏强烈，情绪激动时。感情重音的作用在于使语气色彩丰富，听上去真切感人，有强烈的感染力。

【例】啊，亲爱的，可敬的朝鲜人民！在纷飞的战火中，你是那样刚强！

（9）文章中的数字大多需要重读。

【例1】可以在这儿建大楼盖商厦，但一不准砍树，二不准挪树。

【例2】这块广袤的土地面积为五百四十六万平方公里，占国土总面积的百分之五十七；人口二点八亿，占全国总人口的百分之二十三。

（10）表示人、事物、地点的专有名词，在文中首次出现时，通常带有被介绍的意味，这些名词需要重读。

【例1】春天，我将要住在杭州。

【例2】有一次，苏东坡的朋友张鹗拿着一张宣纸来求他写一幅字。

【例3】山川、河流、树木、房屋，全都罩上了一层厚厚的雪，万里江山，变成了粉妆玉砌的世界。

三、重音的表达方式

（一）重读

有意识地把某些词语读得重一些、响些，一般用于表达明朗的态度或形象鲜明的事物。

【例1】我不是不肯，我是不会。

"肯""会"两个音节加强音量，说明情况，表明态度。

【例2】让暴风雨来得更猛烈些吧！

"更猛烈"可用陡高的方式处理。"更猛"为一个高度，"烈"为更高的高度，"些吧"二字循起势急收，使此句形成"直入云端"的气势。

（二）重音轻读

表现重音不一定要增加音量，减弱重音的音量、音势，将重音低沉地吐出，这种方式常用来烘托意境，表达深沉凝重，含蓄内向的细腻感情，听起来轻柔深挚、真切感人，给人以回味的余地。

【例1】一阵风把蜡烛吹灭了。月光照进窗子来，茅屋里的一切好像披上了银纱，显得格外清幽。

这一句中，"银纱"和"格外清幽"都要用轻声烘托出月光下静谧的气氛。

【例2】如果世界上真有不知疲倦的人，我们敬爱的周总理呀，一生休息得//最少、最少。

用重音轻读的方法，不但不会削弱人们对周总理的深厚感情，反而给人以感人肺腑的深切震动。

（三）拖音

拖音即把要强调的字音拖长一些，用延长音节的办法使重音突出，这样能使重读词语呈现出更细腻、复杂、深沉的含义来。

【例1】天安门广场上，花——堆成了山——，人——汇成了海——。……爸爸——脱下了帽子——，妈妈——摘下了头巾——。他们低下头，向周爷爷//默哀——。

采用拖音的方式，把人们对周总理的深切悼念之情表达得充分而真挚。

【例2】朋友，别——说大话，天不过井——口那么大，还用飞那——么远吗？

除重音拖读外，还要把强调的字词读得夸张一些，以揭示"井底之蛙"目光短浅的可笑形象。

（四）顿读

在要强调的字词前后作必要的顿歇，这种用时间顿歇来表示重音的方法会使重音的分量加重，给人留下更深的印象。

【例1】第二天清晨，这个小女孩坐在墙角里，两腮通红，嘴上带着微笑。她//死//了，在旧年的大年夜//冻//死//了。

这一句中的"她死了"和"冻死了"两处重音可运用控制音量的一字一顿的方式，表达出作者满怀同情的痛苦沉重的心情。

【例2】为人//进出的门//紧锁着，为狗//爬出的洞//敞开着。

在"人""狗""门""洞"后做适当的停顿，可以突出对比。

实训操练

句、段练习（准确运用重音的不同表达方式）：

1. 这时候，他用力把我一顶，一下子把我甩在一边，大声说："快离开我，咱们两个不能都牺牲！……要……记住革命。"（重音重读）

2. 烈火在他身上烧了半个多钟头才渐渐地熄灭，这个伟大的战士，直到生命最后一

息，也没挪动一寸地方，发出一声呻吟。（重音轻读）

3. 小草偷偷地从土里钻出来，嫩嫩的，绿绿的，园子里，田野里，瞧去，一大片一大片满是的。坐着，躺着，打两个滚，踢几脚球，赛几趟跑，捉几回迷藏。风轻悄悄的，草软绵绵的。（重音轻读）

4. 森林爷爷的脚伸在很深——很深——的泥土里，任凭风魔王怎么摇，他还是稳稳地站着。（重音拖读）

5. 周——总理，我们的——好//总//理。你在哪里呀，你在//哪//里？你可知道，我们——想//念//你，你的人民——想//念//你！（重音顿读）

项目三 语　　气

一、语气的含义

语气，是指在一定的具体的思想感情支配下具体语句的声音形式。在运用语言技巧的时候，我们一定要把握住三个相辅相成的环节：第一，受一定的具体思想感情支配；第二，以具体语句为范围；第三，化为某种声音形式。有了一定的具体的思想感情为依据，有了"这一句"完整的独立的意思，就为变为有声语言打下了坚实的基础，这时的语音形式就会更加完美。

在日常生活中，我们常常可以听到和感受到不同的语气，如喜悦的语气、愤怒的语气、肯定的语气、沉痛的语气等。所谓"语"指有声语言，"气"指说话时支撑有声语言的气息状态。声音受气息支配，气息由感情决定。由于内在的思想感情不一样，语言的声音形式也就不一样，不管是说话还是朗读，将"情、声、气"融为一体都是最佳的表达状态。

例如："你真是我的好兄弟。"这句话用不同的气息和情感表达出的声音状态则完全不同。

赞扬…………气徐声柔口松；　厌恶…………气足声硬口紧；
敷衍…………气少声平口懒；　讥讽…………气浮声跳口紧；
恐惧…………气提声凝口僵；　愤怒…………气粗声重口鼓。

二、语调的基本调型

我们在说话和朗读时语句总会有声音的高低升降变化，这便是语调。语调的外部表现是外部声音的高低升降变化形式。我们之前学习的"语气"是从有声语言的交际功能着眼，通过语音外壳感受到说话人的内心情态。语气和语调是互相依存、紧密相连的关系。

语气的表达需要通过语调来实现，而不同情感支撑下的语气则使得语调的表现形式各有不同。在有声语言里，语调的不同一般表现在末尾音节上，主要分为以下四种类型：

（一）升调

末尾音节声音上扬，主要用于表示疑问。
【例】你要什么？老爹爹？

（二）降调

末尾音节声音下降，主要用于陈述句和祈使句。
【例】老爹爹，放了我，把我放回大海吧。

（三）平调

无显著的高低变化，声音平直，常用于叙述。
【例】从前有个老头和他的老太婆，住在蔚蓝色的大海边。

（四）曲调

(1) 声音有时高时低的曲折变化，常用于表示反诘、夸张、讽刺等语气。
【例】"乡下佬，你敢跟我，跟我这世袭的贵夫人争吵？"
(2) 表达的目的不同，说话的语气和语调不同。
【例1】这篇文章写得真好。（稍抑，降调，告诉别人一件事——陈述语气）
【例2】这篇文章是谁写的？（上扬，升调，提出问题——疑问语气）
【例3】你猜猜看。（下抑，降调，向别人提出要求——祈使语气）
【例4】哦！原来是他呀！（稍抑，降调，表达自己的某种感情——感叹语气）
(3) 句末语气助词不同，表达的语气和使用的语调不同。
【例1】里面有人吗？（询问语气，上扬，升调）
【例2】里面有人吧？（猜测语气，稍扬，半升调）
【例3】里面有人了。（肯定语气，稍抑，半降调）
【例4】里面有人哪。（加重肯定，下抑，降调）

三、语势的类型

语势是指语言的发展趋向和态势。不同的语句有不同的语气，也会有不同的语调。由于语调主要提示句尾的声音趋向，所以它对于全句语流波的状态无法全程诠释。其实，曲折性才是语调最根本的特征。而语势，对于语调的曲折性规律是一个具有重要作用的图示性概念，它可以展示声音形式的流动幅度，可以显现词语的内在联系及语句之间的起承转合的关系，可以引导声音的情感性变化。
【例1】从前，有个叫张三的人/种了一棵树。
本句表现亲切的态度，要体现"气多声放"的色彩（见图6-1）。

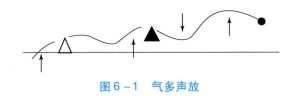

图6-1　气多声放

【例2】深秋的清晨是寒冷的，周总理/却送来了春天的温暖。

本句表现崇敬的态度，要体现"气徐声柔"的色彩（见图6-2）。

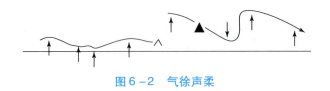

图6-2　气徐声柔

【例3】漓江的水真静啊，静得让你感觉不到它在流动……

本句表现喜悦的态度，要体现"气满声高"的色彩（见图6-3）。

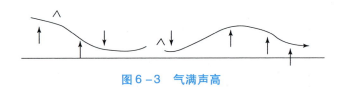

图6-3　气满声高

【例4】她/死/了，在旧年的大年夜/冻/死/了。

本句表现悲伤的情感，要体现"气沉声缓"的色彩（见图6-4）。

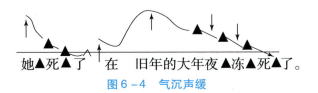

图6-4　气沉声缓

【例5】你又做买卖又当兵，到底//是干什么的？

本句表现疑惑的态度，要体现"气细声黏"的色彩（见图6-5）。

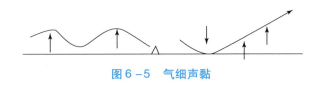

图6-5　气细声黏

从以上例句可以看出，语势是呈高低曲折变化的，大体可分为以下五类：

（一）波峰类

语句的句头、句尾较低，而中间的地方最高（见图6-6）。

【例】"老班长,你怎么不吃啊?"

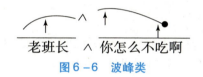

图6-6 波峰类

(二)波谷类

语句的句头、句尾较高,而句腰较低,与"波峰类"的运动态势正好相反(见图6-7)。

【例】怎样保卫每一寸土地呢?

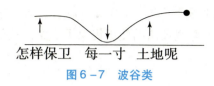

图6-7 波谷类

(三)起潮类

起始时较低,随后逐渐上行,句尾达到最高(见图6-8)。

【例】可是,它又那么勇猛,不要说见着小虫和老鼠,就是遇上蛇也敢斗一斗。

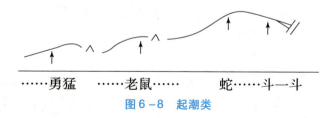

图6-8 起潮类

(四)落潮类

起始较高,后顺势下行,句尾达到最低(见图6-9)。

【例】天渐渐暗下来,北风刮得更紧了,我们默默地离开了天安门广场。

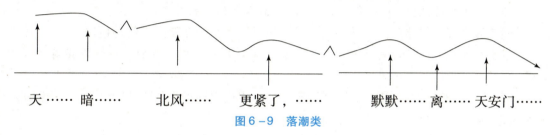

图6-9 落潮类

(五) 半起类

【例】"我——，我——"

这两个"我"，表现出想说又不好说、说不出的内心态度，因此，语势是半起类。第一个"我"稍起，第二个"我"再起（见图6-10）。

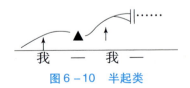

图6-10 半起类

以上这五种类型的语势，是随着语境和情感态度的变化而变化的，绝非刻板的框套，切不可生搬硬套。语势变化的形式并非一成不变，往往体现出相互交叉、重叠、接近，为表达者结合自己的理解和情感态度灵活的使用提供了广阔的空间。

实训操练

1. 文章练习

正红旗下（节选）
老　舍

我生下来，母亲昏了过去。大姐的婆母躲在我姑母屋里，二目圆睁，两腮的毒气肉袋一动一动地述说解救中煤毒的最有效的偏方。姑母老练地点起兰花烟，把老玉烟袋嘴儿斜放在嘴角，眉毛挑起多高，准备挑战。

（先是客观叙述，叙述中气息下沉，到大姐的婆母出场的时候，气息略提，语势呈起潮类，语尾不坠。从姑母处重新领起，语势平稳前进中略扬，表示出姑母沉着冷静的样子。态度分寸属客观型。）

"偏方治大病！"大姐的婆婆引经据典地说。

（较急切的感情色彩，气短声。）

"生娃娃用不着偏方！"姑母开始进攻。

（很冷静的感情色彩。气少声平。显示出姑母临危不乱的样子。）

"那也看谁生娃娃！"大姐婆婆心中暗喜已到人马列开的时机。

（讽刺的语气，气浮声浅。波谷类语势。显示出大姐的婆婆鄙夷的神色。）

"谁生娃娃也不用解煤气的偏方！"姑母从嘴角撤出乌木长烟袋，用烟袋指着客人的鼻子。

（驳斥反击的语气，气粗声重。落潮类语势。表现出姑母当仁不让的气势。句尾直收，不留余地。）

"老姑奶奶！"大姐的婆婆故意称呼对方一句，先礼后兵，以便进行歼灭战。"中了煤气就没法儿生娃娃！"

（更加强烈的讽刺色彩的语气。前半句是起潮类语势，后半句是落潮类语势。语言走势是一个大的弧形。）

在这激烈舌战之际，大姐把我揣在怀里，一边为母亲的昏迷不醒而落泪，一边又为小弟弟的诞生而高兴。二姐独自立在外间屋，低声地哭起来。天很冷，若不是大姐把我揣起来，不管我的生命力有多么强，恐怕也有不小的危险。

（回到先前的客观叙述。气息下沉，口腔略松。）

2. 句段练习（注意口腔的开合度和气息的变化）

（1）怒发冲冠，凭阑处，潇潇雨歇，抬望眼，仰天长啸，壮怀激烈。三十功名尘与土，八千里路云和月。莫等闲，白了少年头，空悲切。靖康耻，犹未雪；臣子恨，何时灭！驾长车，踏破贺兰山缺，壮志饥餐胡虏肉，笑谈渴饮匈奴血，待从头，收拾旧山河，朝天阙。

（这首词是岳飞的《满江红》，表达作者拳拳爱国之情和收复失地的决心意志。表达这样的情感要用声偏刚，吐字力度强，颗粒饱满，字正腔圆，个别句子牙关偏紧；气息深厚、扎实，语势变化幅度大。）

（2）黑暗的旧中国，地是黑沉沉的地，天是黑沉沉的天。灾难深重的人民啊，你身上带着沉重的锁链，头上压着三座大山。你一次又一次地呼喊，一次又一次地战斗，可是，夜漫漫、路漫漫，长夜难明赤县天——亲爱的同志啊！你可曾记得，在那战火纷飞的黎明，在那风雪弥漫的夜晚，我们是怎样的向往啊！向往着胜利的一天。

这一天终于来到了！看哪，人人脸上挂着喜悦的眼泪，个个兴高采烈。流水发出欢笑，山冈也显得年轻，他们在倾听、倾听、倾听着这震撼世界的声音：中华人民共和国诞生了！中华人民从此站起来了！

（该段为魏巍为音乐舞蹈史诗《东方红》所创作的朗诵词，这一段内容表现了新旧对比，声音运动幅度较大，时而忧伤、时而欢跃、时而舒展，音量小，气息深而长，声音柔和；时而自豪有气魄，声音开阔响亮，坚定昂扬，口腔开度大，气息深厚。）

项目四　节　奏

一、节奏的含义

节奏，是有声语言运动的一种形式，它是由一定思想感情的波澜起伏所造成的，朗读全篇作品过程中所显示的，那种抑扬顿挫、轻重缓急的声音形式的回环往复。语气以语句为单位，节奏以全篇为单位。在节奏的运用上，主要表现在循环往复的不同类型上。具体体现在音高、音强、音长、音色的不同对比上，其中任何一个要素在一定时间内有规律地交替出现，都会形成节奏；更表现在随着思想感情运动的声音形式的控制、纵收自如上，使有声语言具有鲜明的节奏感和富于音乐的美感，从而增加表达效果。

二、节奏的种类

有声语言的节奏大致可分为五种类型，分别是：轻快型、沉郁型、舒缓型、强疾型、紧张型。常用的节奏运用方法有：欲扬先抑、欲抑先扬，欲快先慢、欲慢先快，欲重先轻、欲轻先重，欲高先低、欲低先高。

（一）轻快型

这种节奏的特点是多扬少抑，多轻少重，语速较快，语流中顿挫较少，声轻不着力，有时略有跳跃。它常用于描绘欢快、诙谐、幽默的生活图景。

【例1】几个年轻的姑娘赤着脚，提着裙子，嘻嘻哈哈追着浪花玩儿。想必是初次认识海，一只海鸥，两片贝壳，她们也感到新奇有趣。奇形怪状的礁石自然跳不出她们好奇的眼睛。你听，她们议论起来了：礁石硬得跟铁差不多，怎么会变成这样子？是天生的，还是錾子凿的，还是怎的？

这段内容描写了几个年轻姑娘在海边嬉戏玩乐的欢乐场景，因此，这段内容的表达应该采用轻快的节奏，使听众在语速轻快、富于跳跃感的节奏中，感受到姑娘们的愉悦心情。

【例2】盼望着，盼望着，东风来了，春天的脚步近了。一切都像刚睡醒的样子，欣欣然张开了眼。山朗润起来了，水涨起来了，太阳的脸红起来了。

小草偷偷地从土里钻出来，嫩嫩的，绿绿的。园子里，田野里，瞧去，一大片一大片满是的。坐着，躺着，打两个滚，踢几脚球，赛几趟跑，捉几回迷藏。风轻悄悄的，草软绵绵的。

这段内容描写了春天到来时一片欣欣向荣、春意盎然的场景，作者寓情于景，表现了喜悦的心情。因此，这段同样应采用轻快的节奏，使听众在语流顺畅的节奏中，感受到春天的美景。

（二）沉郁型

与上一种相反，这种节奏的特点是多抑少扬，多重少轻，音强而着力，语势多为落潮类，句尾落点多显沉重，语速偏慢。它往往运用在感情色彩偏暗、心情压抑，或一些描绘庄重、肃穆、悲痛、沉重的气氛心境下。

【例】天气冷得可怕。天正下着雪，黑暗的夜幕开始垂下来了。这是一年中最后的一夜——新年的前夕，在这样的黑暗和寒冷中，有一个光头赤脚的穷苦小女孩正在街上走着。是的，她离开家的时候还穿着一双拖鞋，但那又有什么用呢？那双拖鞋那么大，以前一直是她妈妈穿着的。在她匆忙越过街道的时候，两辆马车飞快地闯过来，吓得她把鞋子都跑落了。

这段描写了大年夜里卖火柴的小女孩饥寒交迫的悲惨境况。因此，用缓慢的语速、低沉的语调可以准确渲染和烘托气氛，反映小女孩悲惨的遭遇和社会的黑暗。

（三）舒缓型

这种节奏的特点是声音多轻松明朗，略高但不着力，语势有跌宕但多轻柔舒展，语速徐缓。它多用来表达较舒展的情感，描绘抒情或幽静的场面。

【例1】月光如流水一般，静静地泻在这一片叶子和花上。薄薄的青雾浮起在荷塘，叶子和花仿佛在牛乳中洗过一样，又像笼着青纱的梦。虽然是满月，天上却有一层淡淡的云，所以不能朗照，但我以为这恰是到了好处——酣眠固不可少，小睡也别有一番风味的。

作者在这段文字里描写了如诗如画般月夜荷塘的美景，展现出一种朦胧之美，心境与景色完全融为一体。因此采用缓慢而柔和的语调最能烘托环境的气氛以及作者那种"淡淡的喜悦""淡淡的哀愁"。

【例2】最妙的是下点小雪呀。看吧，山上的矮松越发的青黑，树尖上顶着一髻儿白花，好像日本看护妇。山尖全白了，给蓝天镶上一道银边。山坡上，有的地方雪厚点，有的地方草色还露着；这样，一道儿白，一道儿暗黄，给山们穿上一件带水纹的花衣；看着看着，这件花衣好像被风儿吹动，叫你希望看见一点更美的山的肌肤。等到快日落的时候，微黄的阳光斜射在山腰上，那些薄雪好像忽然害羞，微微露出点粉色。就是下小雪吧，济南是受不住大雪的，那些小山太秀气。

这段文字通过层层点染，勾勒出济南小山的美妙色彩，表现出作者对济南美景的喜爱。因此适宜采用轻柔舒展的语调和徐缓的语速来表达。

（四）强疾型

这种节奏的特点是声音明亮高昂，语势节节高起，气息强而短促，语速偏快。它一般表现较为激动并难以控制或紧张急迫的心情。

【例1】雷霆万钧的火车头，喷吐出浓烟，鼓起强风，风驰电掣地猛冲过来……

欧阳海箭步飞身，抢上道心，水淋淋的雨衣，噗啦啦地飘起，高高地扬向天空。他脸不变色，心不跳，拼出性命把战马推离了轨道……

飞驰的火车，欧阳海迅速而果决的行动，体现了惊心动魄的紧张一幕。要想通过有声语言展现出当时千钧一发的紧张之感，必须要运用强疾的节奏，配合较强的音高和力量。

【例2】雷声轰响。波浪在愤怒的飞沫中呼啸着，跟狂风争鸣。看吧，狂风紧紧抱起一堆巨浪，恶狠狠地扔到峭崖上，把这大块的翡翠摔成尘雾和水沫。

海燕叫喊着，飞翔着，像黑色的闪电，箭一般地穿过乌云，翅膀刮起波浪的飞沫。

看吧，它飞舞着像个精灵——高傲的、黑色的暴风雨的精灵。——它一边大笑，它一边高叫……它笑那些乌云，它为欢乐而高叫！

这段文字表现了海燕与恶劣自然环境搏击时的英姿与气魄，体现了昂扬奋发的时代精神。要想展现这种精神和力度，朗读时要声调高昂，重音扎实有力，语势层层高扬，语速较快，从而形成强大的气势。

（五）紧张型

这种节奏的特点是声音多扬少抑，多重少轻，语速快，气较促，语言密度大。基本语气，基本转换都较为急促、紧张。

【例1】这些黑夜的火光的特点是：驱散黑暗，闪闪发亮，近在眼前，令人神往。乍一看，再划几下就到了……其实却还远着呢！……

这段文字一开始的节奏比较舒缓，随着环境的变化，紧张的节奏逐渐加强，通过节奏的变化使得黑暗中突然见到光明的兴奋心情得以充分释放。

【例2】反动派暗杀李先生的消息传出以后，大家听了都悲愤痛恨。我心里想，这些无耻的东西，不知他们是怎样想法，他们心里是什么状态，他们的心怎样长的？……你们以为打伤几个，杀死几个，就可以了事，就可以把人民吓倒了吗？其实广大的人民是打不尽、杀不完的！要是这样可以的话，世界上早没有人了。

以上一段文字表达了闻一多对李大钊被杀害所流露的无比悲愤之情，表达这种心情，朗读时要节奏紧张，语势逐渐高扬。

以上列举了五种主要的节奏类型，这五种类型在不同类型作品的朗读中是不会单一存在的，而是以某种类型为主，以其他类型融入其中，既表现节奏的具体性又表现了节奏的丰富性。

三、节奏与语速

语速是体现和影响节奏的重要方式。通常情况下，内在节奏与外在语速是一致的。内在节奏强烈，语速度通常较快；内在节奏平稳，语速就相应较慢。

语速的运用要注意以下六点：

（1）在不同的情景场面中：紧张激烈、凶险危急、急剧进展时要快，庄重严肃、平静安详、追忆怀念时要慢。

（2）在不同的情绪心境中：兴奋激动、骇怪惊异、胆寒恐惧时要快，宽慰欣释、沉重哀痛、悲观失望时要慢。

（3）在不同的情感态度中：叱呵斥骂、抨击谴责、鄙夷蔑视时要快，细致认真、坦诚真挚、犹豫不决时要慢。

（4）在不同的性格气质中：粗犷豪放、泼辣大方要快，沉着冷静、和蔼亲切、憨厚老实要慢。

（5）在言语交谈的不同情况中：争辩抢答、唇枪舌剑时要快，细说倾谈、耐心说服时要慢。

（6）在不同的表达方式中：描绘、抒情的语言舒展缓慢；议论、说理、直抒己见时，为了痛快淋漓往往较快；而记叙、说明则一般是中等速度。

实训操练

【文章练习】

《麻雀》通过对一只老麻雀无惧猎狗的"死亡威胁"，殊死保护小麻雀的描写，赞扬了伟大的母爱。由于麻雀和猎狗的实力相差悬殊,因此麻雀在和猎狗的对峙中,境况无疑是高度危险和紧张的。为了表现出这种紧张和危险,我们在朗读时的整体基调上,要运用紧张型节奏。同时文中也有一些铺垫情节的语句,则适宜运用舒缓的节奏类型。即大量的紧张同少量的舒缓交替变化,构成了这篇短文回环往复的节奏变化,体现出欲扬先抑的节奏运用方法。

麻　雀
屠格涅夫

我打猎回来,走在林阴路上,猎狗跑在我的前面。
(节奏舒缓,为下面的紧张型作铺垫。)
忽然,我的猎狗放慢脚步,悄悄地向前走,好像前面有什么野物。
(随着情节的推进,变得稍稍紧张起来。)
风猛地摇着路旁的白桦树。我顺着林阴路望去,看见一只小麻雀呆呆地站在地上,拍打着小翅膀。它嘴角嫩黄,头上长着绒毛,分明才出生不久,是从窝里摔下来的。
(全段节奏,语气中要有怜爱、呵护的色彩,为下面的"紧张"作铺垫。)
猎狗慢慢走近小麻雀,嗅了嗅,张开大嘴,露出锋利的牙齿。突然,一只老麻雀像一块石头似的从一棵树上飞下来,落在猎狗的面前。它蓬起了全身的羽毛,样子很难看,绝望地尖叫着。在它看来,猎狗是个多么庞大的怪物啊!可是,它不能站在高高的没有危险的树枝上,一股强大的力量,使它飞了下来。
(此段整体节奏要十分紧张,但要有欲扬先抑、层层递进的变化。第一句,稍紧张,渐疾,渐重;第二句,紧张色彩变浓,分量加重,速度加快;第三句,紧张至极,分量最重;第四句,渗入舒缓句,为下面推向高潮作铺垫。第五句,色彩感奋、激越,义无反顾,分量极重,用一贯穿语势,一气呵成。)
猎狗怔住了,它可能没有料到老麻雀会有这么大的勇气,慢慢地、慢慢地向后退。
(舒缓型,分量变轻。)
我急忙唤回我的猎狗,带着它走开了。(舒缓,语气带着有所思,有所感的色彩,耐人回味。)

实训篇

模块七　声母综合训练

训练目标

强化学生对普通话声母发音技巧的掌握；
在清楚了解本人声母发音与普通话声母发音区别的基础上，纠正错误发音。

项目一　声母发音练习

一、送气音的发音训练

普通话送气音声母（p、t、k、q、ch、c）发音训练要寻找突破口，先体会到其中一个送气音，其他送气音就容易发了。如：训练送气音 p 的发音，可以模仿吹蜡烛的吐气方法。这是每个人都容易体会到的，是个有效的方法。训练送气音 c 的发音，可以模仿车胎漏气的声音。可以借助带有送气音的象声词来体会：劈啪（p—p）、扑通（p—t）、喀嚓（k—ch）、噌（ceng）；模仿锣镲的敲击、撞击的声音：堂（t）、哐（k）、嚓（c）、锵（q）；模仿火车开动时的放气声：qica、qica、qica……

【发音例词】

[p—p]
劈啪 pī pā　　批评 pī píng　　匹配 pǐ pèi　　偏旁 piān páng
澎湃 péng pài　乒乓 pīng pāng　评判 píng pàn　琵琶 pí pá
婆婆 pó po　　批判 pī pàn

[t—t]
贪图 tān tú　　抬头 tái tóu　　探讨 tàn tǎo　　体贴 tǐ tiē
团体 tuán tǐ　　天堂 tiān táng　谈吐 tán tǔ　　逃脱 táo tuō
梯田 tī tián　　淘汰 táo tài

[k—k]
开口 kāi kǒu　　刻苦 kè kǔ　　坎坷 kǎn kě　　慷慨 kāng kǎi
旷课 kuàng kè　可靠 kě kào　　开阔 kāi kuò　　宽阔 kuān kuò
困苦 kùn kǔ　　夸口 kuā kǒu

[q—q]
齐全 qí quán　　气球 qì qiú　　弃权 qì quán　　欠缺 qiàn quē
乔迁 qiáo qiān　　亲切 qīn qiè　　情趣 qíng qù　　恰巧 qià qiǎo
牵强 qiān qiǎng　　轻巧 qīng qiǎo

[ch—ch]
长处 cháng chù　　出差 chū chāi　　超产 chāo chǎn　　初创 chū chuàng
传抄 chuán chāo　　车床 chē chuáng　　穿插 chuān chā　　驰骋 chí chěng
乘车 chéng chē　　出场 chū chǎng

[c—c]
从此 cóng cǐ　　猜测 cāi cè　　残存 cán cún　　仓促 cāng cù
催促 cuī cù　　粗糙 cū cāo　　草丛 cǎo cóng　　苍翠 cāng cuì
摧残 cuī cán　　措辞 cuò cí

二、送气音与不送气音的区分

我们在发音中可以体会到，送气音比不送气的气流要强而持久。不送气音在持阻阶段气流到达口腔，遇到阻碍后，积蓄气流。除阻时只凭停蓄在口腔中的气流发出破裂音。而发送气音，不只靠在持阻阶段积蓄的气流发出破裂音，还在除阻的同时，声门大开，从肺部呼出较强的气流，并伴有声门擦音［h］或声门以上发音过程构成的狭窄部位的摩擦。我们可以做个小试验，体会送气与不送气的区别。找一张纸条夹在一只手的食指和中指之间，放在上唇前，对比塞音b—p，d—t，g—k的发音；当发不送气音b、d、g时，纸条微动或几乎感觉不到在动；而发送气音p、t、k时，纸条被明显吹动。

送气音和不送气音对比的音节有103对。pou、dei、zhei、diu、zhua没有对比的音节。

【对比练习】

第一组：

八 bā—趴 pā　　白 bái—排 pái　　被 bèi—佩 pèi　　抱 bào—炮 pào
办 bàn—判 pàn　　奔 bēn—喷 pēn　　棒 bàng—胖 pàng　　蹦 bèng—碰 pèng
大 dà—踏 tà　　德 dé—特 tè　　带 dài—太 tài　　导 dǎo—讨 tǎo
斗 dòu—透 tòu　　单 dān—贪 tān　　当 dāng—汤 tāng　　灯 dēng—腾 téng
嘎 gā—卡 kǎ　　哥 gē—科 kē　　改 gǎi—凯 kǎi　　搞 gǎo—考 kǎo
够 gòu—扣 kòu　　干 gàn—看 kàn　　根 gēn—肯 kěn　　刚 gāng—康 kāng
更 gèng—坑 kēng　　扎 zhā—插 chā　　这 zhè—彻 chè　　只 zhǐ—吃 chī
摘 zhāi—拆 chāi　　找 zhǎo—炒 chǎo　　周 zhōu—抽 chōu　　占 zhàn—搀 chān
振 zhèn—趁 chèn　　张 zhāng—昌 chāng　　争 zhēng—撑 chēng　　杂 zá—擦 cā
字 zì—次 cì　　在 zài—菜 cài　　早 zǎo—草 cǎo　　揍 zòu—凑 còu
攒 zǎn—残 cán　　怎 zěn—岑 cén　　脏 zāng—仓 cāng　　增 zēng—层 céng
比 bǐ—匹 pǐ　　别 bié—撇 piě　　标 biāo—漂 piāo　　边 biān—偏 piān

兵 bīng—平 píng　　记 jì—气 qì　　　加 jiā—恰 qià　　　界 jiè—窃 qiè
教 jiào—桥 qiáo　　锦 jǐn—勤 qín　　讲 jiǎng—枪 qiāng　精 jīng—清 qīng
不 bù—铺 pù　　　波 bō—坡 pō　　　读 dú—图 tú　　　多 duō—拖 tuō
堆 duī—推 tuī　　　端 duān—团 tuán　吨 dūn—吞 tūn　　　东 dōng—通 tōng
古 gǔ—苦 kǔ　　　刮 guā—夸 kuā　　过 guò—扩 kuò　　怪 guài—快 kuài
规 guī—亏 kuī　　　关 guān—宽 kuān　棍 gùn—困 kùn　　光 guāng—筐 kuāng
工 gōng—空 kōng　　主 zhǔ—础 chǔ　　桌 zhuō—戳 chuō　追 zhuī—吹 chuī
专 zhuān—穿 chuān　准 zhǔn—蠢 chǔn　装 zhuāng—窗 chuāng　中 zhōng—充 chōng
租 zū—粗 cū　　　做 zuò—错 cuò　　最 zuì—脆 cuì　　钻 zuàn—窜 cuàn
尊 zūn—存 cún　　　宗 zōng—葱 cōng　距 jù—去 qù　　　决 jué—瘸 qué
捐 juān—圈 quān　　军 jūn—群 qún　　炯 jiǒng—穷 qióng

第二组：
[b—p]
补票 bǔ piào　　编排 biān pái　　包赔 bāo péi　　爆破 bào pò　　背叛 bèi pàn
[p—b]
旁边 páng biān　　排版 pái bǎn　　配备 pèi bèi　　皮包 pí bāo　　跑步 pǎo bù
[d—t]
冬天 dōng tiān　　大体 dà tǐ　　　带头 dài tóu　　代替 dài tì　　动态 dòng tài
[t—d]
台灯 tái dēng　　态度 tài dù　　　土地 tǔ dì　　　推动 tuī dòng　特点 tè diǎn
[g—k]
顾客 gù kè　　　概括 gài kuò　　观看 guān kàn　赶快 gǎn kuài　广阔 guǎng kuò
[k—g]
开关 kāi guān　　宽广 kuān guǎng　考古 kǎo gǔ　　客观 kè guān　苦功 kǔ gōng
[j—q]
机器 jī qì　　　尽情 jìn qíng　　急切 jí qiè　　技巧 jì qiǎo　　精确 jīng què
[q—j]
奇迹 qí jì　　　全局 quán jú　　抢救 qiǎng jiù　请假 qǐng jià　前进 qián jìn
[zh—ch]
展出 zhǎn chū　　支持 zhī chí　　忠诚 zhōng chéng　正常 zhèng cháng
职称 zhí chēng　　争吵 zhēng chǎo
[ch—zh]
车站 chē zhàn　　处置 chǔ zhì　　城镇 chéng zhèn　超重 chāo zhòng
成长 chéng zhǎng　纯正 chún zhèng
[z—c]
早操 zǎo cāo　　紫菜 zǐ cài　　　自从 zì cóng　　座次 zuò cì　　佐餐 zuǒ cān
[c—z]
存在 cún zài　　村子 cūn zi　　　操作 cā zuò　　错字 cuò zì　　词组 cí zǔ

115

三、齿唇音 f 的发音训练

学习普通话 f 声母特别注意上唇不要参与发音，发音时舌根不要抬高。除音节 fu、fo 外，双唇不要拢圆，发音时自然展唇。除音节 fu、fo 外，双唇不要拢圆，发音时自然展唇。

【发音例词】

[f—f]

发奋 fā fèn	反复 fǎn fù	方法 fāng fǎ	芬芳 fēn fāng	丰富 fēng fù
夫妇 fū fù	吩咐 fēn fù	肺腑 fèi fǔ	非凡 fēi fán	放风 fàng fēng
仿佛 fǎng fú	非法 fēi fǎ

四、舌面后音 h 的发音训练

【发音例词】

[g—h]

刚好 gāng hǎo	钢花 gāng huā	共和 gòng hé	更换 gēng huàn	公海 gōng hǎi
公函 gōng hán	工会 gōng huì	光滑 guāng huá	光辉 guāng huī	改行 gǎi háng
改换 gǎi huàn	改悔 gǎi huǐ	干旱 gān hàn	干活 gàn huó	干货 gān huò
感化 gǎn huà	高呼 gāo hū	高喊 gāo hǎn	隔阂 gé hé	篝火 gōu huǒ
勾画 gōu huà	沟壑 gōu hè	古话 gǔ huà	怪话 guài huà	官话 guān huà
关怀 guān huái	规划 guī huà	归还 guī huán	鬼话 guǐ huà	过后 guò hòu

[k—h]

抗旱 kàng hàn	坑害 kēng hài	空话 kōng huà	狂欢 kuáng huān	看护 kān hù
开航 kāi háng	开花 kāi huā	开会 kāi huì	考核 kǎo hé	可恨 kě hèn
刻画 kè huà	口号 kǒu hào	枯黄 kū huáng	苦海 kǔ hǎi	快活 kuài huo
宽厚 kuān hòu

五、齿唇音 f 与舌面后音的区分

普通话声母 f 和 h 发音方法相同，都是擦音，只是发音部位不同。f 是由下唇内缘和上齿接近，而 h 是舌面后同软腭与硬腭的界处接近。发 f 的时候，舌面后不要抬高，同时唇形不要拢圆。

【发音例词】

[f—h]

发话 fā huà	发狠 fā hěn	发慌 fā huāng	发挥 fā huī	发火 fā huǒ
反悔 fǎn huǐ	繁华 fán huá	返回 fǎn huí	饭盒 fàn hé	防洪 fáng hóng
防护 fáng hù	放火 fàng huǒ	废话 fèi huà	分毫 fēn háo	分化 fēn huà

[h—f]

粉红 fěn hóng	丰厚 fēng hòu	风华 fēng huá	缝合 féng hé	奉还 fèng huán
凤凰 fèng huáng	腐化 fǔ huà	浮华 fú huá	伏法 fú fǎ	符合 fú hé
富豪 fù háo	复合 fù hé	复活 fù huó	附和 fù hè	附会 fù huì
豪放 háo fàng	豪富 háo fù	毫发 háo fà	耗费 hào fèi	浩繁 hào fán
河防 hé fáng	何妨 hé fáng	合法 hé fǎ	和风 hé fēng	横幅 héng fú
洪峰 hóng fēng	洪福 hóng fú	后方 hòu fāng	花房 huā fáng	花费 huā fèi
花粉 huā fěn	话锋 huà fēng	画幅 huà fú	划分 huà fēn	化肥 huà féi
荒废 huāng fèi	黄蜂 huáng fēng	挥发 huī fā	恢复 huī fù	回复 huí fù
会费 huì fèi	混纺 hùn fǎng	伙夫 huǒ fū	号房 hào fáng	

【对比练习】

浮水 fú shuǐ—湖水 hú shuǐ　　　　航空 háng kōng—防空 fáng kōng
花费 huā fèi—花卉 huā huì　　　　幅度 fú dù—弧度 hú dù
华丽 huá lì—乏力 fá lì　　　　　　犯病 fàn bìng—患病 huàn bìng
公费 gōng fèi—工会 gōng huì　　　分钱 fēn qián—婚前 hūn qián
烘箱 hōng xiāng—风箱 fēng xiāng　船夫 chuán fū—传呼 chuán hū
富丽 fù lì—互利 hù lì　　　　　　发展 fā zhǎn—花展 huā zhǎn

六、舌尖中鼻音 n 的发音训练

舌尖抵住上齿龈,这是着力点,同时舌的两侧跟上腭的两侧形成弧形闭合;软腭下降,气流只能从鼻腔透出;声带振动。

【发音例词】

[﹣n—n﹣]

搬弄 bān nòng	本能 běn néng	电钮 diàn niǔ	断奶 duàn nǎi	繁难 fán nán
愤怒 fèn nù	观念 guān niàn	艰难 jiān nán	今年 jīn nián	叛逆 pàn nì
前年 qián nián	亲昵 qīn nì	神女 shén nǚ	新年 xīn nián	信念 xìn niàn
忍耐 rěn nài				

这组训练材料选用前一个音节的韵尾是 n 的词语,可以利用"顺同化"的原理,促使发准后面一个音节开头鼻音声母 n。这组材料反复训练过后,在巩固的基础上再选用其他带 n 声母的音节训练。

七、边音 l 的发音训练

普通话声母只有一个舌尖中的边音。它发音时,舌尖抵住上齿龈,但舌的前半部下凹,舌的两侧跟上腭两侧保持适度的距离;软腭上升,封闭了鼻腔通路,声带振动;气流从舌的两侧跟两颊的内侧形成的间隙通过,从口腔里透出。

【发音例词】

第一组：

拉力 lā lì	蜡疗 là liáo	来历 lái lì	来路 lái lù	劳累 láo lèi
劳力 láo lì	劳碌 láo lù	老路 lǎo lù	磊落 lěi luò	冷落 lěng luò
理疗 lǐ liáo	利率 lì lù	利落 lì luo	料理 liào lǐ	流利 liú lì
流露 liú lù	流落 liú luò	辘轳 lù lu	罗列 luó liè	裸露 luǒ lù

第二组：

拉拢 lā lǒng	来临 lái lín	牢笼 láo lóng	老练 lǎo liàn	勒令 lè lìng
理论 lǐ lùn	力量 lì liàng	流浪 liú làng	流量 liú liàng	留恋 liú liàn

第三组：

拉链 lā liàn	拦路 lán lù	褴褛 lán lǚ	朗朗 lǎng lǎng	联络 lián luò
连累 lián lèi	量力 liàng lì	林立 lín lì	凌乱 líng luàn	零落 líng luò
玲珑 líng lóng	伶俐 líng lì	领路 lǐng lù	笼络 lǒng luò	沦落 lún luò
轮流 lún liú	伦理 lún lǐ			

八、鼻音 n 和边音 l 的区分

【发音例词】

拿 ná—拉 lā	奈 nài—赖 lài	内 nèi—类 lèi	脑 nǎo—老 lǎo	
南 nán—兰 lán	囊 náng—郎 láng	能 néng—棱 léng	你 nǐ—里 lǐ	
捏 niē—列 liè	鸟 niǎo—辽 liáo	牛 niú—流 liú	年 nián—连 lián	
您 nín—林 lín	娘 niáng—良 liáng	宁 níng—零 líng	奴 nú—路 lù	
暖 nuǎn—卵 luǎn	农 nóng—龙 lóng	女 nǚ—旅 lǚ	诺 nuò—落 luò	

[n—l]

哪里 nǎ lǐ	纳凉 nà liáng	奶酪 nǎi lào	耐劳 nài láo	脑力 nǎo lì
内涝 nèi lào	内陆 nèi lù	内乱 nèi luàn	能力 néng lì	能量 néng liàng
泥疗 ní liáo	逆流 nì liú	年历 nián lì	年龄 nián líng	年轮 nián lún
凝练 níng liàn	农历 nóng lì	农林 nóng lín	努力 nǔ lì	女郎 nǚ láng

[l—n]

来年 lái nián	烂泥 làn ní	老娘 lǎo niáng	累年 lěi nián	冷暖 lěng nuǎn
历年 lì nián	连年 lián nián	两难 liǎng nán	流脑 liú nǎo	留念 liú niàn
遛鸟 liù niǎo	落难 luò nàn			

注意：要先安排 n、l 单独的训练，对比练习应放到分别训练之后。

九、舌面前音 j、q、x 的发音训练

普通话声母 j、q、x 是舌面前音。发音的主要问题是：发音部位靠前，接近舌尖前音 z、c、s。练习发音时，舌面前部隆起，抵住或接近硬腭最前端，构成阻碍。让舌尖深深

地垂到下门齿背后，一定不使舌尖或舌叶在发音中起作用。也可以用 g、k、h 与前高元音 i 拼合，从舌面中后部开始，逐渐把舌面与上腭构成阻碍前移，当舌尖抵住下门齿背时，要放慢一点，直到部位准确为止。

【发音例词】

[j—j]

激进 jī jìn	机警 jī jǐng	寂静 jì jìng	季节 jì jié	家具 jiā jù
佳节 jiā jié	嘉奖 jiā jiǎng	坚决 jiān jué	检举 jiǎn jǔ	健将 jiàn jiàng
将就 jiāng jiu	讲解 jiǎng jiě	交际 jiāo jì	胶卷 jiāo juǎn	矫捷 jiǎo jié
接见 jiē jiàn	积极 jī jí	集结 jí jié	计较 jì jiào	家教 jiā jiào
家眷 jiā juàn	加紧 jiā jǐn	嫁接 jià jiē	艰巨 jiān jù	见机 jiàn jī
将军 jiāng jūn	僵局 jiāng jú	讲究 jiǎng jiu	交接 jiāo jiē	焦距 jiāo jù
脚尖 jiǎo jiān	接近 jiē jìn	击剑 jī jiàn	即将 jí jiāng	寄居 jì jū
家景 jiā jǐng	夹击 jiā jī	加剧 jiā jù	间架 jiān jià	间接 jiàn jiē
建交 jiàn jiāo	将近 jiāng jìn	奖金 jiǎng jīn	讲课 jiǎng kè	交卷 jiāo juàn
矫健 jiǎo jiàn	教具 jiào jù	阶级 jiē jí	洁净 jié jìng	结局 jié jú
竭尽 jié jìn	金橘 jīn jú	近郊 jìn jiāo	精简 jīng jiǎn	警句 jǐng jù
竞技 jìng jì	就近 jiù jìn	居家 jū jiā	绝迹 jué jì	结交 jié jiāo
节俭 jié jiǎn	解决 jiě jué	紧急 jǐn jí	近景 jìn jǐng	经济 jīng jì
警觉 jǐng jué	究竟 jiū jìng	救济 jiù jì	举荐 jǔ jiàn	军舰 jūn jiàn
结晶 jié jīng	捷径 jié jìng	借鉴 jiè jiàn	进军 jìn jūn	京剧 jīng jù
经久 jīng jiǔ	境界 jìng jiè	酒精 jiǔ jīng	拘谨 jū jǐn	聚集 jù jí

[q—q]

漆器 qī qì	齐全 qí quán	弃权 qì quán	恰巧 qià qiǎo	前驱 qián qū
窃取 qiè qǔ	清漆 qīng qī	请求 qǐng qiú	全球 quán qiú	七窍 qī qiào
骑墙 qí qiáng	气枪 qì qiāng	牵强 qiān qiǎng	欠缺 qiàn quē	亲戚 qīn qi
轻巧 qīng qiǎo	求全 qiú quán	凄切 qī qiè	祈求 qí qiú	气球 qì qiú
千秋 qiān qiū	抢亲 qiǎng qīn	亲切 qīn qiè	情趣 qíng qù	取巧 qǔ qiǎo
缺勤 quē qín	确切 què qiè			

[x—x]

嬉笑 xī xiào	细心 xì xīn	下旬 xià xún	习性 xí xìng	狭小 xiá xiǎo
鲜血 xiān xuè	喜讯 xǐ xùn	下乡 xià xiāng	闲心 xián xīn	显现 xiǎn xiàn
险些 xiǎn xiē	现象 xiàn xiàng	现行 xiàn xíng	纤细 xiān xì	乡下 xiāng xià
相信 xiāng xìn	象形 xiàng xíng	歇息 xiē xi	新型 xīn xíng	兴修 xīng xiū
凶险 xiōng xiǎn	虚心 xū xīn	学习 xué xí	详细 xiáng xì	消息 xiāo xi
心胸 xīn xiōng	信箱 xìn xiāng	行凶 xíng xiōng	雄心 xióng xīn	喧嚣 xuān xiāo
学校 xué xiào	想象 xiǎng xiàng	小学 xiǎo xué	新鲜 xīn xiān	信心 xìn xīn
行星 xíng xīng	休想 xiū xiǎng	选修 xuǎn xiū	血型 xuè xíng	循序 xún xù

[zh—zh]

扎针 zhā zhēn	战争 zhàn zhēng	招致 zhāo zhì	折纸 zhé zhǐ	珍重 zhēn zhòng
针织 zhēn zhī	政治 zhèng zhì	执政 zhí zhèng	制止 zhì zhǐ	种植 zhòng zhí
主张 zhǔ zhāng	住址 zhù zhǐ	债主 zhài zhǔ	长者 zhǎng zhě	昭彰 zhāo zhāng
真正 zhēn zhèng	珍珠 zhēn zhū	争执 zhēng zhí	支柱 zhī zhù	纸张 zhǐ zhāng
忠贞 zhōng zhēn	周转 zhōu zhuǎn	注重 zhù zhòng	助长 zhù zhǎng	站住 zhàn zhù
招展 zhāo zhǎn	折中 zhé zhōng	真挚 zhēn zhì	诊治 zhěn zhì	证章 zhèng zhāng
执照 zhí zhào	指正 zhǐ zhèng	终止 zhōng zhǐ	蜘蛛 zhī zhū	住宅 zhù zhái

十、舌尖前音 z、c、s 的发音训练

普通话的 z、c、s 是舌尖前音，舌尖与上门齿背构成阻碍，也有人用舌尖抵住下齿背，使舌尖与上齿龈构成阻碍，听起来有的像"翘舌音"的色彩。练习发音的时候，首先要找准部位，舌尖抵在上齿背后，或者让舌尖抵住下齿背，控制舌尖不要抬起。

【发音例词】

[z—z]

咂嘴 zā zuǐ	在座 zài zuò	造作 zào zuò	宗族 zōng zú	走嘴 zǒu zuǐ
栽赃 zāi zāng	藏族 zàng zú	自在 zì zài	总则 zǒng zé	祖宗 zǔ zōng
再造 zài zào	遭罪 zāo zuì	自尊 zì zūn	走卒 zǒu zú	罪责 zuì zé

[c—c]

猜测 cāi cè	苍翠 cāng cuì	从此 cóng cǐ	粗糙 cū cāo	残存 cán cún
草丛 cǎo cóng	催促 cuī cù	葱翠 cōng cuì	仓促 cāng cù	参差 cēn cī
措辞 cuò cí	草草 cǎo cǎo			

[s—s]

洒扫 sǎ sǎo	僧俗 sēng sú	松散 sōng sǎn	缫丝 sāo sī	思索 sī suǒ
送死 sòng sǐ	色素 sè sù	四散 sì sàn	搜索 sōu suǒ	

十一、舌面前音 j、q、x 与舌尖前音 z、c、s 的区分

在普通话语音系统里，齐齿呼、撮口呼的韵母只同舌面前音 j、q、x 相拼，不同 z、c、s 相拼。

【对比练习】

第一组：

资 zī—机 jī	疵 cī—期 qī	紫 zǐ—几 jǐ	词 cí—齐 qí	次 cì—气 qì
自 zì—计 jì	此 cǐ—起 qǐ	死 sǐ—洗 xǐ	四 sì—细 xì	思 sī—西 xī

第二组：

[z、c、s—j、q、x]

资金 zī jīn	字迹 zì jì	字句 zì jù	自己 zì jǐ	自家 zì jiā

自觉 zì jué	瓷器 cí qì	刺激 cì jī	赐教 cì jiào	词句 cí jù
思想 sī xiǎng	思绪 sī xù	私交 sī jiāo	私情 sī qíng	私心 sī xīn
司机 sī jī	丝线 sī xiàn	死角 sǐ jiǎo	死心 sǐ xīn	四季 sì jì

第三组：

[j、q、x—z、c、s]

缉私 jī sī	集资 jí zī	祭祀 jì sì	妻子 qī zǐ	其次 qí cì
袖子 xiù zi	下策 xià cè	席子 xí zi	习字 xí zì	细瓷 xì cí

十二、舌尖后音 zh、ch、sh 的发音训练

普通话有舌尖后音声母 zh、ch、sh、r，而许多汉语方言没有这套声母，这也是普通话语音教学的难点之一。

主要存在的问题是：

问题1：发音部位靠前。练习人往往舌尖对着上齿龈发音，就以为到位了。指导练习时，注意舌头稍稍后缩，舌头前部上举，舌尖接触（zh、ch）或接近（sh）硬腭的前端。也可以用夸张的办法，尽量使舌尖后缩。尽管这样发音不很准确，初学阶段可以试试，体会"翘舌"的感觉。

问题2：舌头肌肉过于紧张，常伴有拢唇的动作。指导发音时，要使舌尖轻巧地接触或接近硬腭前端，舌肌放松，不紧张。

问题3：舌尖过于后卷，或者接触上腭的面积过大，听起来部位靠后。可以参考前面的正音方法。

普通话读 zh、ch、sh 的字在方言中大多读舌尖前音 z、c、s。学习 zh、ch、sh 的发音的同时，要下功夫记忆普通话 zh、ch、sh 声母字。

在直接记忆 zh、ch、sh 声母字的同时，还可以采用其他辅助方法。例如，从音节的拼合规律入手，会发现普通话声母 z、c、s 决不同韵母 ua、uai、uang 相拼，利用这个规律对韵母是 ua、uai、uang 的字，就可以放心地读 zh、ch、sh 了。

另外，从舌尖前音 z、c、s 和舌尖后音 zh、ch、sh 字数的比例上看，舌尖后音约占两者总和的 70%，而舌尖前音只约占 30%。可以利用舌尖前音字少的特点，记忆少量的舌尖前音字，可以帮助分辨对比的舌尖后音字。有些舌尖前音的音节只包含极少数常用字（3500 个常用字以内的），下面列出：

ca 擦①	ceng 层曾②蹭④	cou 凑④	cuan 攒②窜篡④
sen 森①	seng 僧①	za 扎①（~腰带）	杂砸②
zen 怎③	zou 走③奏揍④	zuan 钻①（~孔）	钻④（~石）

十三、舌尖前音 z、c、s 与舌尖后音 zh、ch、sh 的区分

这两组音的区分在学习普通话声母中占有重要的地位。多数方言是 zh、ch、sh 混入 z、c、s。

这两组音对比的音节有47对。zei、zhua、shua、zhuai、chuai、shuai、zhuang、chuang、shuang、song、(shei)等音节没有对比的音节。

【对比练习】

第一组：

闸 zhá—杂 zá	插 chā—擦 cā	沙 shā—撒 sā	折 zhé—则 zé
彻 chè—测 cè	社 shè—色 sè	只 zhǐ—紫 zǐ	持 chí—词 cí
是 shì—四 sì	寨 zhài—在 zài	柴 chái—才 cái	照 zhào—造 zào
超 chāo—操 cāo	少 shǎo—扫 sǎo	宙 zhòu—奏 zòu	臭 chòu—凑 còu
收 shōu—搜 sōu	站 zhàn—赞 zàn	产 chǎn—惨 cǎn	山 shān—三 sān
诊 zhěn—怎 zěn	张 zhāng—脏 zāng	常 cháng—藏 cáng	商 shāng—桑 sāng
争 zhēng—增 zēng	生 shēng—僧 sēng	逐 zhú—足 zú	出 chū—粗 cu
说 shuō—缩 suō	坠 zhuì—最 zuì	吹 chuī—催 cuī	睡 shuì—碎 suì
专 zhuān—钻 zuān	串 chuàn—篡 cuàn	栓 shuān—酸 suān	谆 zhūn—尊 zūn
春 chūn—村 cūn	顺 shùn—损 sǔn	中 zhōng—宗 zōng	虫 chóng—从 cóng

第二组：

[zh—z]

张嘴 zhāng zuǐ	正在 zhèng zài	知足 zhī zú	治罪 zhì zuì
主宰 zhǔ zǎi	装载 zhuāng zài	准则 zhǔn zé	振作 zhèn zuò
正字 zhèng zì	职责 zhí zé	制作 zhì zuò	铸造 zhù zào
壮族 Zhuàng zú	沼泽 zhǎo zé	赈灾 zhèn zāi	正宗 zhèng zōng
指责 zhǐ zé	猪鬃 zhū zōng	转赠 zhuǎn zèng	追踪 zhuī zōng

第三组：

[z—zh]

杂志 zá zhì	增长 zēng zhǎng	自重 zì zhòng	总账 zǒng zhàng
组织 zǔ zhī	坐镇 zuò zhèn	作主 zuò zhǔ	栽种 zāi zhòng
资助 zī zhù	自传 zì zhuàn	总之 zǒng zhī	罪状 zuì zhuàng
作战 zuò zhàn	载重 zài zhòng	在职 zài zhí	自治 zì zhì
自主 zì zhǔ	阻止 zǔ zhǐ	遵照 zūn zhào	作者 zuò zhě

第四组：

[ch—c]

差错 chā cuò	车次 chē cì	长辞 cháng cí	陈醋 chén cù
场次 chǎng cì	成材 chéng cái	冲刺 chōng cì	储藏 chǔ cáng
船舱 chuán cāng	蠢材 chǔn cái	除草 chú cǎo	出操 chū cāo
纯粹 chún cuì	揣测 chuǎi cè	穿刺 chuān cì	春蚕 chūn cán
尺寸 chǐ cùn	初次 chū cì		

第五组：

[c—ch]

财产 cái chǎn	残喘 cán chuǎn	采茶 cǎi chá	操场 cāo chǎng

磁场 cí chǎng　　彩绸 cǎi chóu　　粗茶 cū chá　　操持 cāo chí
促成 cù chéng　　餐车 cān chē　　仓储 cāng chǔ　　错处 cuò chù
辞呈 cí chéng

第六组：
[sh—s]

上司 shàng si　　哨所 shào suǒ　　申诉 shēn sù　　生死 shēng sǐ
石笋 shí sǔn　　食宿 shí sù　　疏散 shū sàn　　殊死 shū sǐ
上溯 shàng sù　　深思 shēn sī　　神色 shén sè　　绳索 shéng suǒ
世俗 shì sú　　收缩 shōu suō　　疏松 shū sōng　　熟思 shú sī
上诉 shàng sù　　深邃 shēn suì　　神速 shén sù　　胜似 shèng sì
誓死 shì sǐ　　手松 shǒu sōng　　输送 shū sòng

第七组：
[s—sh]

散失 sàn shī　　扫视 sǎo shì　　四声 sì shēng　　诉说 sù shuō
随手 suí shǒu　　缩手 suō shǒu　　桑树 sāng shù　　丧失 sàng shī
私事 sī shì　　松手 sōng shǒu　　素食 sù shí　　随时 suí shí
缩水 suō shuǐ　　算术 suàn shù　　扫射 sǎo shè　　死守 sǐ shǒu
宿舍 sù shè　　随身 suí shēn　　岁数 suì shu　　所属 suǒ shǔ
私塾 sī shú　　琐事 suǒ shì　　唆使 suō shǐ

第八组：

战时 zhàn shí—暂时 zàn shí　　初步 chū bù—粗布 cū bù
三色 sān sè—山色 shān sè　　臭钱 chòu qián—凑钱 còu qián
主力 zhǔ lì—阻力 zǔ lì　　摘花 zhāi huā—栽花 zāi huā
照旧 zhào jiù—造就 zào jiù　　诗人 shī rén—私人 sī rén
推迟 tuī chí—推辞 tuī cí　　商数 shāng shù—桑树 sāng shù
师长 shī zhǎng—司长 sī zhǎng　　杂技 zá jì—札记 zhá jì
终止 zhōng zhǐ—宗旨 zōng zhǐ　　春装 chūn zhuāng—村庄 cūn zhuāng
支援 zhī yuán—资源 zī yuán　　出息 chū xi—粗细 cū xì
木柴 mù chái—木材 mù cái　　实数 shí shù—食宿 shí sù
商业 shāng yè—桑叶 sāng yè　　生人 shēng rén—僧人 sēng rén
山脚 shān jiǎo—三角 sān jiǎo　　重来 chóng lái—从来 cóng lái
出操 chū cāo—粗糙 cū cāo　　杀人 shā rén—仨人 sā rén
撤身 chè shēn—侧身 cè shēn　　志愿 zhì yuàn—自愿 zì yuàn
鱼翅 yú chì—鱼刺 yú cì　　近视 jìn shì—近似 jìn sì
收集 shōu jí—搜集 sōu jí　　资助 zī zhù—支柱 zhī zhù
仿照 fǎng zhào—仿造 fǎng zào

十四、舌尖后音 r 的发音训练

在学习掌握了 zh、ch、sh 声母发音的基础上学好 r 很方便。r 是个浊擦音,与它同部位的还有一个清擦音 sh。可以先发一个声带不颤动的清音声母 sh,气流不断,发音部位不变,加入声带颤动的发音动作,就可以得到一个浊擦音 r 了。

普通话读舌尖后音声母 r 的字并不多,3500 个常用字中只有 55 个,它们是:

rang 嚷①　　瓤②　　壤嚷攘③　　让④;
ran 然燃②　　染③;
rao 饶②　　扰③　　绕④;
re 惹③　　热④;
ren② 人仁任　　忍③　　刃认任纫韧④;
reng 扔①　　仍②;
ri 日④;
rong 荣绒容熔融茸蓉溶榕②　　冗③;
rou 柔揉蹂②　　肉④;
ru 如儒蠕②　　乳辱③　　入褥④;
ruan 软③;
rui 蕊③　　锐瑞④;
run 润闰④;
ruo 若弱④。

项目二　声母发音准确清晰的训练秘诀

一、唇的力量集中

唇的喷吐力是声母发音时的一个重点。"唇齿相依"即唇不离齿,在活动幅度不大的情况下,唇要有较强的收撮力,口形动作要滑行自然,这样才有利于发音清晰,也就是古人所讲究的"口角轻圆"。可以做一些口部操练习来增强唇的力量和灵活性。

练习一:注意有意识地将着力点集中在上唇中央,然后蓄足气息,双唇打响。
练习二:撮唇。开小口,在提颧肌的前提下,唇沿齿向中间撮合,再展开;反复。
练习三:增强唇力练习。合口噘唇;向上、下、左、右动。
练习四:转唇。合口噘唇;沿上、左、下、右的方向转动;再向反方向练习。

练习五：面对镜子，按"四呼"的口形要求，依次发开口呼、齐齿呼、合口呼、撮口呼；"四呼"把握得准确有力，主要靠的就是唇的力量和灵活性。我们可以听声音，看口形：声音要平和圆润，口形要自然美观。

二、舌的力量集中

舌的弹发力是声母发音时的另一个重点，注意舌尖与接触部分应该形成"一点"，而不是"一片"。普通话声母除双唇音、唇齿音 b、p、m、f 外，无不依赖舌的活动；舌头的前伸、后缩、抬高、降低、翘起等活动都能改变口腔的形状，从而产生各种声音。因此，舌的活动控制是发音清晰的重要一环。舌的弹动力越强，声母发得越清晰；如果舌头软绵绵的，阻气乏力，声音就较模糊。

"成点不成面"，指在发音部位上要讲究力使在成阻部位的中央，也就是与成阻部位接触要成点状而不是模糊的面状，才能保证舌体的着力点有力准确，否则接触面太大、力量分散，字音就不响亮了。"舌体取收势"，即舌体向中纵线收拢，不可软弱无力，有利于舌在发音中弹动有力，便于接触时轻巧着力形成"点状"。

在这里给大家提供一些口部操，你可以经常练习来增强舌的力量和灵活性。

练习一：弹舌——舌尖的弹发练习，舌尖顶住上齿龈，阻住气流，再突然放开，爆发出 t-t 的声音。这一练习对改善舌尖成阻、持阻的力量有益。

练习二：伸舌——将舌伸出唇外，舌体集中，舌尖向前，向左右、上下尽力伸展。

练习三：捣舌——闭唇，用舌尖顶住左、右内颊，用力顶。

对声母发音拿捏要用巧劲儿，不能咬得过紧或过松。因为如果咬字过死，会使发音显得笨拙，所以声母的发音除了讲究发音部位准确，还应适当把握咬字力度，成阻和除阻力量要适度。

三、唇齿舌腭总动员

声母发音讲究发音的部位和方法，注意控制好你的咬字器官，调动唇齿舌腭协同作战。如何能将普通话声母发得准确清晰？窍门是掌握发音"叼字"的要领。在声母发音的开始要"叼住"。发音的开始是指声母的成阻和持阻阶段，也叫咬字阶段；叼住的意思是指咬字要有一定的力度，成阻部位的肌肉要有一定的紧张度，阻气有力，同时咬字的力量要集中在相应部位的中纵线，而不是满口用力。当然叼字要用巧劲儿，不能咬得过紧或者过松。怎样把握这个分寸呢？打个比方，过去说唱老艺人常说："噙字如噙虎。"意思是说："叼字"如同大老虎叼着小老虎跳跃山涧一样，叼得紧了会把小老虎咬死，叼得松了会把小老虎掉进山涧。这个分寸就是不紧不松，富于弹性。在练习的时候，你不妨想象一下大老虎叼着小老虎跳山涧的感觉。

虽然辅音在一个音节中相对来说时值比较短，但是只有叼住弹出，轻捷干脆地发音，处于字头位置的声母才能带动整个音节协同动作，从而准确清晰地发音。

项目三　常见的声母发音问题与解决方案

普通话声母发音问题多种多样，但是综合起来主要有三类：一类是发音方法的混同；一类是发音部位的混同；一类是送气不送气的混同。

一、"肚子饱了？"还是"兔子跑了？"——送气音和不送气音的分辨

我们在学习普通话声母的过程中，总是会遇到和自己原有方言不一致的发音，如果能够明白其中的差异，这些困难就会迎刃而解。让我们先看看下面这则小故事。

一天，我的壮族小表妹来玩，我正用青菜叶子喂兔子，小表妹就抢过叶子去喂。我便去做作业了。一会儿听到小表妹喊："哥哥，肚子饱了！""饱了就饱了呗，有什么大惊小怪的。"等做完作业，我傻眼了，笼子空了，小白兔没有了。

赶紧问小表妹怎么回事？原来她开了笼子的门，小白兔跑掉了。我怪她为什么不说，她说已经告诉我了，是我同意小白兔跑掉的。原来，刚才她喊的"肚子饱了"是要告诉我"兔子跑了"。咳，这可真是的！

解决方案：其实送气、不送气是相对而言的。没有不用气就可以发出的音素。气流微弱且自然地流出的是不送气音。用力喷出一口气的，是送气音。在普通话中，送气、不送气有辨义的作用。练习发送气音时要注意控制气流，如果气流太强会使话筒发出"扑扑"的杂音，影响传播效果。

对比训练法：通过大量包含送气音与不送气音的字词、绕口令和句段练习，体会两组发音的异同之处，尽快养成正确的发音习惯。

【两字词的比较练习】

[b—p]	被服—佩服	饱了—跑了	步子—铺子	鼻子—皮子
[d—t]	队伍—退伍	调动—跳动	河道—河套	肚子—兔子
[g—k]	挂上—跨上	关心—宽心	天公—天空	干完—看完
[j—q]	尖子—扦子	吉利—奇丽	长江—长枪	精华—清华
[zh—ch]	摘花—拆花	扎针—插针	大志—大翅	竹纸—竹尺
[z—c]	子弟—此地	大字—大刺	坐落—错落	清早—青草

【两字词的连用练习】

[b—p]	编排	被迫	奔跑	爆破	[p—b]	陪伴	配备	破败	盘剥
[d—t]	代替	地毯	带头	灯塔	[t—d]	偷盗	坦荡	态度	天地
[g—k]	赶快	港口	功课	高亢	[k—g]	肯干	客观	考古	开工
[j—q]	机器	价钱	近亲	坚强	[q—j]	千斤	勤俭	抢救	请假

| [zh—ch] | 支持 专长 战船 征程 | [ch—zh] | 吃斋 车站 城镇 沉重 |
| [z—c] | 字词 早餐 杂草 资财 | [c—z] | 参赞 存在 刺字 操纵 |

【绕口令练习】

盆和瓢（b、p）

盆里有个瓢，风吹瓢摆摇。不知是瓢碰盆，还是盆碰瓢。

一平盆面（b、p）

一平盆面，烙一平盆饼；饼碰盆，盆碰饼。

二、发音部位的混同——"太浓"不是"太聋"

鼻音 n 和边音 l 的分辨，各个方言区语音方面的差异最为突出，在四川、江西、湖南、湖北等地的方言中，n、l 是不具有区分意义的，是可以混用的。而在普通话中，n、l 却表达不同的含义。

下面这则互相打岔的小故事就反映了由于 n、l 不分而相互难以对话的现象。

晚上爸爸给自己泡了一包奶茶，妈妈看水太多，就又放了一包进去。

爸爸看完报纸，莫名其妙地问了妈妈一句"太聋了吧"，正在迷糊睡着的妈妈，一点没反应地应了一句："我聋什么。""我说的是，你给泡了两包奶茶聋了吧。"终于妈妈明白了，笑得流出了眼泪，"哈哈，你这人说话就是 n 和 l 不分。明明一个'浓'字，说出来就变了个味，成了'聋'字了。闹得我差点要和你吵架。"

解决方案：n 和 l 的发音部位相同，不同的只是发音方法。n 是鼻音，发音时气流从鼻腔流出。l 是边音，发音时气流从舌的两边流出。如感觉不到，可把鼻子堵住，发音困难的就是鼻音，因为气流出不来了；相反，发音不困难的就是边音。

有的人不是不会发 n、l，而是受方言影响不知道哪些音节该发 n，哪些音节该发 l。解决这个问题没有捷径可走，需要你根据音节表去逐个记忆。

对比训练法：根据自己方言 n、l 不分的情况，通过强化不同的发音方法来加以纠正。发 n 时，舌尖向前使劲；发 l 时，舌尖向后使劲，两边留缝隙。多练习象声词以强化 l 音的着力点，比如"哗啦啦""淅沥沥""咕隆隆"等。

【两字词的比较练习】

[n—l]　女客—旅客　　男子—篮子　　难住—拦住　　留念—留恋

【两字词的连用练习】

[n—l]　尼龙　脑力　能量　暖流　　[l—n]　烂泥　辽宁　老年　留念

【绕口令练习】

龙闹农（n、l）

老龙恼怒闹老农，老农恼怒闹老龙；农怒龙恼农更怒，龙恼农怒龙怕农。

127

泥捏牛 (n、l)

奶奶能捏鸟难捏牛，姥姥能捏牛难捏鸟；
奶奶能捏泥鸟捏泥鸟，姥姥能捏泥牛捏泥牛。
妞妞高高兴兴拿泥鸟，拿了泥鸟拿泥牛。

三、"会话"不要说"废话"——唇齿音 f 和舌根音 h 的分辨

某些方言区，如福建、江西、湖南等的学习者常常存在 f、h 不分的问题，这是受方言发音的影响。在学习普通话声母发音时应了解 f、h 不同的发音部位，以便掌握规范发音。

我们看看下面的故事又出现了怎样的发音问题？

几位同学一起去 KTV 唱歌，小兰点了一首《分分秒秒》，打算在大家面前一展歌喉、大秀唱功。演唱前她拿着麦克风对大家说："今天我为大家献上一首《昏昏秒秒》，让我们珍惜同学们相处的昏昏秒秒。"同学们一听全乐了。

解决方案：首先要明白 f 和 h 的发音方法是一样的，都是清擦音。二者的区别是在成阻部位上，唇齿音 f 是上齿和下唇形成阻碍，而舌根音 h 的成阻部位在舌根和硬腭与软腭交界处。

了解了唇齿音 f 和舌根音 h 不同的发音部位，那就加强对构成阻碍的发音部位的训练，这是分辨两个声母的前提。

【两字词的比较练习】

[f—h]
开发—开花　开方—开荒　公费—公会　废话—绘画
附注—互助　发报—画报　发迹—花季　反手—还手

【两字词的连用练习】

[f—h]　发挥　繁华　缝合　饭盒　分毫　分化　丰厚　风华
[h—f]　恢复　会费　回访　豪放　划分　后方　护肤　画舫

【绕口令练习】

画凤凰 (f、h)

对门有个白粉墙，白粉墙上画凤凰，
先画一只粉黄粉黄的黄凤凰，
后画一只粉红粉红的红凤凰。

飞机与灰鸡 (f、h)

抱着灰鸡上飞机，飞机起飞，灰鸡要飞。
飞机飞，灰鸡灰，别让飞机灰鸡绕晕你！

四、"四是四，十是十"——平舌音与翘舌音的分辨

平翘不分的语音问题不仅出现在南方方言区，有的北方方言区像东北、山西等地也会出现。解决这个问题的关键是要区分平舌音、翘舌音的发音部位。看看下面这则小故事吧，平翘不分差点儿"吓死人"呢。

香港学生小玉和北京学生小东是一对情侣。有一天，小玉对小东说："我父母把我们的婚事推辞了。"小东一听如晴天霹雳，忙问："为什么推辞？"小玉说："他们只是把我们的婚事推辞两个月，你怎么好像天要塌下来似的。"小东说："咳，原来你是说推迟（ch）两个月，不是推辞（c）了。你真是要把我吓死了。"

解决方案：发翘舌音时，舌尖抵住或接近硬腭前端。发平舌音时，舌尖轻触或接近上齿背。

有些方言中，舌的动作没有舌尖前 z、c、s 和舌尖后 h、ch、sh、r 的对应区别。练习时，首先要能够听辨平舌音、翘舌音的差别，耳力的提升会带来口头的变化。

【两字词的比较练习】

[z—zh]　自力—智力　栽花—摘花　短暂—短站　小邹—小周
[c—ch]　仓皇—猖狂　一层——成　藏身—长生　有刺—有翅
[s—sh]　四十—事实　散光—闪光　三哥—山歌　塞子—筛子

【两字词的连用练习】

[z—zh]　组织　杂志　再植　赞助　　　[zh—z]　振作　装载　种族　制造
[c—ch]　蚕虫　操场　财产　擦车　　　[ch—c]　炒菜　冲刺　尺寸　陈词
[s—sh]　桑树　算术　宿舍　松鼠　　　[sh—s]　神色　失散　深思　哨所

【绕口令练习】

桑山青（s、sh）

桑山青，桑山苍，桑山桑树满山冈。桑山采桑上桑山，桑山采桑伤山桑。

四和十（s、sh）

四是四，十是十；十四是十四，四十是四十。
莫把四字说成十，休将十字说成四。
若要分清四十和十四，经常练说十和四。

蚕与蝉（c、ch）

这是蚕，那是蝉，蚕常在叶里藏，蝉常在林里唱。

五、四十≠细席——翘舌音与舌面音的分辨

小成要洗手，张老师也要洗手。小成说："老师，请你先死。"张老师知道小成发音错

了,把洗(xǐ)说成了死(sǐ),就说:"我不想死。小成你怎么没发现,你把洗手的'洗'说错了,说成死亡的'死'了。"

这类问题往往发生在粤语方言区、客家方言区,例如"知道"(zhī dào)和"机到"(jī dào)不分,这些都与方言中翘舌音与舌面音不分有关。

解决方案:翘舌音与舌面音的发音有相同之处,都是塞擦音,不送气音。但二者的发音部位不同:发翘舌音,舌尖翘起后,顶住或靠近齿龈后部;而发舌面音,舌面前部抵住或接近硬腭前部。

受方言影响,你可能一开始不知道哪些音节该发翘舌音或舌面音,这就需要先辨识。你可以根据音节表去记忆,再根据理论指点,按照不同的发音部位去发音。

单项训练法:可以采取舌的单项练习来加强舌面上拱的力量。刮舌——舌尖抵下齿背,舌体贴住齿背,随着张嘴,用上齿沿舌面刮,尽力加大舌面上翘的曲拱度,目的在于增强舌面隆起的力量。刮舌训练可加强舌面阻声母的发音能力。

【两字词的比较练习】

[zh—j]　标志—标记　朝气—娇气　短站—短剑　杂志—杂技
[ch—q]　长生—强身　池子—旗子　船身—全身　痴人—奇人
[sh—x]　诗人—昔人　湿气—吸气

【两字词的连用练习】

[zh—j]　战舰　章节　真假　折旧　　[j—zh]　价值　急诊　加重　记者
[ch—q]　插曲　初期　唱腔　常情　　[q—ch]　起程　球场　汽车　清澈
[sh—x]　水仙　顺心　升学　瘦小　　[x—sh]　协商　显示　欣赏　兴盛

【绕口令练习】

诗琪学戏(sh、q、x)

夏诗琪,想学戏,起得早,很积极,虚心学戏细学习,体现价值不嫌累。

【短文练习】

骑　　驴[①]

一位老爷爷和他的孙子骑着一头小毛驴,到北村去找朋友。刚出村子,迎面走来一个中年人。他自言自语地说:"两个人骑一头小驴,快把驴压死了!"

老爷爷听了,立刻下来,让孙子一个人骑,自己在旁边走。没走多远,一个老人看见了,摇摇头说:"孙子骑驴,让爷爷走路,太不尊敬老人了!"

老爷爷连忙叫孙子下来,自己骑上去。

又走了不远,一个孩子看见了,很生气地说:"没见过这样的爷爷,自己骑驴,让孙子跟在他后边跑。"老爷爷赶紧下来,和孙子一同走。

---

① 佚名.骑驴[M]//课程教材研究所.小学语文二年级下册.北京:人民教育出版社,2010:81.

他们来到北村，几个种菜的看见了，说："有驴不骑，多笨哪！"
老爷爷摸着脑袋，看看孙子，不知道怎么做才好。

六、避免尖音——舌面音的辨析

舌面音 j、q、x 跟 i、ü 或以 i、ü 开头的韵母拼合的，叫团音；舌尖前音 z、c、s 跟 i、ü 或以 i、ü 开头的韵母拼合的，叫尖音。普通话里没有尖音，只有团音。如果把舌面音发成了尖音，也就是说舌面音发得太靠前了，就会显得不庄重、不朴实。

【两字词的练习】

[j] 嘉奖　健将　讲解　简洁
[q] 亲切　轻巧　气球　秋千
[x] 新鲜　雄心　相信　行销

【混合练习】

[j—q] 坚强　解劝　进取　就寝　　　[j—x] 焦心　酒席　俊秀　迹象
[q—j] 清洁　奇迹　起居　巧计　　　[q—x] 抢先　前线　亲信　取消
[x—j] 消极　细节　先进　夏季　　　[x—q] 稀奇　戏曲　向前　小桥

【绕口令练习】

真稀奇（x、q）

稀奇稀奇，真稀奇，麻雀踩死老母鸡。蚂蚁身长三尺六，八十岁老头躺在摇篮里。

七、避免杂音——舌尖前音的辨析

舌尖前音 z、c、s 是很容易产生问题的一组音。发这组音时容易出现的问题是舌尖不够"尖"，也就是舌面前部（舌叶）与上齿龈接触面积过大或过紧，从而产生杂音。另外就是舌尖没有与上齿背成阻，而跑到两齿中间去了，这就是所谓"大舌头"。要注意发音部位的准确。

【两字词的练习】

[z] 最早　总则　造作　曾祖　　　[c] 苍翠　草丛　寸草　从此
[s] 思索　僧俗　搜索　琐碎

【混合练习】

[z—c] 杂草　早餐　遵从　座次　　　[z—s] 棕色　走私　阻塞　砸碎
[c—z] 参赞　嘈杂　存在　操作　　　[c—s] 醋酸　蚕丝　厕所　粗俗
[s—z] 塞子　散座　四则　色泽　　　[s—c] 私藏　松脆　色彩　酸菜

【绕口令练习】

子词丝（z、c、s）

四十四个字和词，组成了一首子词丝的绕口词。
桃子李子梨子栗子橘子柿子槟子榛子，栽满院子村子和寨子。
刀子斧子锯子凿子锤子刨子尺子做出桌子椅子和箱子。
名词动词数词量词代词副词助词连词造成语词诗词和唱词。
蚕丝生丝热丝缫丝染丝晒丝纺丝织丝自制粗丝细丝人造丝。

项目四　普通话声母强化训练

同是说母语，南北差别大。各有薄弱点，努力克服它。"河南"说"荷兰"，鼻音有混杂。"废话"说"绘画"，齿音缺摩擦。"四"和"十"打架，平翘没分家。辨清难点音，其实不可怕。发音如准确，情传意又达。学好普通话，开创新天地。

这是"推普五字歌"，提到了学习声母可能遇到的几大问题。为了突破难点，加强重点，我们特意选取了一些绕口令、古诗词、句段、篇章等材料来强化训练，目的是循序渐进，从"小"到"大"，既练习小单位的基本音准，又在实际表达的大单位中力求将声母运用自如。

单音节、双音节这些小单元的练习是为了让学习者从细节上更好地把握发音，如同学习解剖学，了解人的肢体局部构造是为了更好地掌握人的肌体运行规律。但是不能学声母学到最后变成了以单音节为零件的组装体，还是要到语言的表达单位里去磨合，到活的语言当中去运用。

一、绕口令

绕口令的最大特点是"绕"，也就是"拗口"，但它是学习语言艺术的必修课。正是在"绕"的过程当中，锻炼了我们"舌""唇""齿"相互配合的技巧，所以它被形象地称为"口腔体操"。初练绕口令时，速度要慢，以保证发音准确。掌握了发音动作和技巧后，就可以逐步加快速度了。

八百标兵（b、p）

八百标兵奔北坡，炮兵并排北边跑。炮兵怕把标兵碰，标兵怕碰炮兵炮。

买饽饽（b、p、m）

白伯伯，彭伯伯，饽饽铺里买饽饽。

白伯伯买的饽饽大，彭伯伯买的大饽饽。
拿到家里喂婆婆，婆婆又去比饽饽。
不知白伯伯买的饽饽大，还是彭伯伯买的饽饽大？

一座棚（b、p、f）

一座棚傍峭壁旁，峰边喷泻瀑布长。
不怕暴雨瓢泼冰雹落，不怕寒风扑面雪飘扬。
并排分班翻山攀坡把宝找，聚宝盆里松柏飘香百宝藏。
背宝奔跑报矿炮劈火，篇篇捷报飞伴金凤凰。

化肥会挥发（f、h）

黑化肥发灰，灰化肥发黑；
黑化肥发灰会挥发，灰化肥挥发会发黑；
黑化肥挥发发灰会花飞，灰化肥挥发发黑会飞花。

颠倒歌（d、t、l）

太阳从西往东落，听我唱个颠倒歌。
天上打雷没有响，地下石头滚上坡；
江里骆驼会下蛋，山里鲤鱼搭成窝；
腊月苦热直流汗，六月爆冷打哆嗦；
姐在房中头梳手，门外口袋把驴驮。

鸟和猫（n）

树上一只鸟，地上一只猫。地上的猫想咬树上的鸟，树上的鸟想啄猫的毛。

牛郎恋刘娘（n、l）

牛郎恋刘娘，刘娘念牛郎。牛郎连连恋刘娘，刘娘年年念牛郎。郎恋娘来娘念郎。

亮晶晶（j、x）

一颗星，亮晶晶；两颗星，眨眼睛；许多许多小星星，数呀数不清。
一颗星，孤零零；两颗星，放光明；三四五六许多星，照得满天亮晶晶。

数狮子（s、sh）

公园有四排石狮子，每排是十四只大石狮子。
每只大石狮子背上是一只小石狮子，每只大石狮子脚边是四只小石狮子。
史老师领四十四个学生去数石狮子，
你说共数出多少只大石狮子和多少只小石狮子？

湿字纸（z—zh、s—sh）

刚往窗上糊字纸，你就隔着窗户撕字纸。
一次撕下横字纸，一次撕下竖字纸，横竖两次撕了四十四张湿字纸。
是字纸你就撕字纸，不是字纸，你就不要胡乱地撕一地纸。

任命、人名（r）

任命是任命，人名是人名。任命人名不能错，错了人名错任命。

石狮子、涩柿子（s—sh）

山前有四十四棵死涩柿子树，山后有四十四只石狮子。
山前的四十四棵死涩柿子树，涩死了山后的四十四只石狮子。
山后的四十四只石狮子，咬死了山前的四十四棵死涩柿子树。
不知是山前的四十四棵死涩柿子树涩死了山后的四十四只石狮子，
还是山后的四十四只石狮子咬死了山前的四十四棵死涩柿子树。

石小四和史肖石（s—sh）

石小四，史肖石，一同来到阅览室。
石小四年十四，史肖石年四十。
年十四的石小四爱看诗词，年四十的史肖石爱看报纸。
年四十的史肖石发现了好诗词，忙递给年十四的石小四，
年十四的石小四见了好报纸，忙递给年四十的史肖石。

二、古诗

诗文语言凝练，意境深远，每一个音节所蕴含的信息和情感都很丰富，也是我们练习的好材料。请记住，表达时一定要在对内容充分理解和深入挖掘的基础上，做到字音准确清晰、圆润饱满，充分体现我们感受到的诗词的内蕴和情致，用声音营造出诗的意境。

子夜秋歌
无名氏

秋风入窗里，罗帐起飘扬。仰头看明月，寄情千里光。

宿建德江
[唐] 孟浩然

移舟泊烟渚，日暮客愁新。野旷天低树，江清月近人。

春　日
[南宋] 朱熹

胜日寻芳泗水滨，无边光景一时新。等闲识得东风面，万紫千红总是春。

三、篇章

对篇章的练习是声母发音综合训练，是对普通话语音整体驾驭能力的训练，有别于前面局部控制的训练。在具体练习中，要及时发现自己发音上的不足，强化局部控制的成果，做到"缺什么补什么，欠什么练什么"。正因为有了这样不同层面的训练，发音调控能力才能够得到提高。

在篇章练习中，我们的发音单位扩大了，要求自然也提高了，相信你的发音规范程度与自然流畅程度也都会有所提高。

永久的悔①
季羡林

我这永久的悔就是：不该离开故乡，离开母亲。

我出生在鲁西北一个极端贫困的村庄里。母亲当然亲身经历了这个巨大的变化。可惜，当我同母亲住在一起的时候，我只有几岁，告诉我，我也不懂。所以，我们家这一次陡然上升，又陡然下降，只像是昙花一现，我到现在也不完全明白。这谜恐怕要成为永恒的谜了。

不管怎样，我们家又恢复到从前那种穷困的情况。后来听人说，我们家那时只有半亩多地。这半亩多地是怎么来的，我也不清楚。一家三口人就靠这半亩多地生活。城里的九叔当然还会给点接济，然而像中湖北水灾奖那样的事儿，一辈子有一次也不算少了。九叔没有多少钱接济他的哥哥了。

家里日子是怎样过的，我年龄太小，说不清楚。反正吃得极坏，这个我是懂得的。按照当时的标准，吃"白的"（指麦子面）最高，其次是吃小米面或棒子面饼子，最次是吃红高粱饼子，颜色是红的，像猪肝一样。"白的"与我们家无缘。"黄的"（小米面或棒子面饼子颜色都是黄的）与我们缘分也不大。终日为伍者只有"红的"。这"红的"又苦又涩，真是难以下咽。但不吃又害饿，我真有点谈"红"色变了。

我在母亲身边只待到六岁，以后两次奔丧回家，待的时间也很短。现在我回忆起来，连母亲的面影都是迷离模糊的，没有一个清晰的轮廓。特别有一点，让我难解而又易解：我无论如何也回忆不起母亲的笑容来，她好像是一辈子都没有笑过。家境贫困，儿子远离，她受尽了苦难，笑容从何而来呢？有一次我回家听对面的宁大婶子告诉我说："你娘经常说：'早知道送出去回不来，我无论如何也不会放他走的!？'"简短的一句话里面含

---

① 季羡林.永久的悔 [M]//课程教材研究所.初中八年级下册.北京：语文出版社.

着多少辛酸、多少悲伤啊！母亲不知有多少日日夜夜，眼望远方，盼望自己的儿子回来啊！然而这个儿子却始终没有归去，一直到母亲离开这个世界。

【训练评价】

序号	评价项目	评价内容	分值	自评（30%）	互评（30%）	师评（40%）	合计
1	发音例词训练	发音部位、方法是否准确，语音是否正确	100				
2	绕口令、篇章训练	在语流中读准声母	100				

模块八 韵母发音训练

训练目标

强化学生对普通话韵母发音技巧的掌握；在清楚了解本人韵母发音与普通话韵母发音区别的基础上，纠正错误发音。

项目一

一、开口呼

【音的练习】

a o e -i（前） -i（后） ê er ai ei ao ou an en ang eng

【字的练习】

[a] 阿 巴 趴 妈 发 搭 他 哪 拉 嘎 喀 哈 扎 叉 杀 仨 擦 撒

[o] 噢 播 坡 摸 佛

[e] 鹅 得 特 讷 勒 哥 喝 遮 车 奢 贵 策 涩 娿

[-i（前）] 知 吃 诗 日

[-i（后）] 资 此 思

[ê] 欸

[er] 儿 耳 贰

[ai] 哀 白 拍 买 呆 胎 奶 来 该 开 海 摘 拆 筛 栽 猜 塞

[ei] 杯 胚 梅 非 内 雷 给 黑 贼

[ao] 熬 包 抛 猫 刀 捞 脑 老 高 考 耗 招 抄 烧 糟 操 骚 绕

[ou] 欧 剖 谋 否 兜 偷 搂 沟 扣 候 舟 抽 收 柔 邹 凑 搜

[an] 安 般 潘 瞒 帆 担 摊 难 兰 甘 看 寒 占 产 山 然 簪 残 三

[en] 恩 奔 喷 门 分 根 肯 很 针 抻 身 人 怎 岑 森

[ang] 昂 帮 旁 忙 方 当 汤 囊 郎 刚 康 杭 张 昌 商 脏 仓 桑
[eng] 绷 烹 蒙 风 登 腾 能 冷 庚 坑 哼 争 成 扔 增 曾 僧

【词的练习】

[a]	阿姨	阿斗	阿飞	阿毛	阿哥	把关	跋涉	罢工	霸主	扒开
[o]	波动	播种	剥削	博士	搏斗	薄弱	驳斥	泼辣	叵测	迫切
[e]	婀娜	阿谀	讹诈	额头	扼杀	恶劣	遏制	恶毒	恶果	恶霸
[-i（前）]	芝麻	支持	枝节	脂肪	知音	直径	植物	职业	指示	
[-i（后）]	资本	滋润	子弟	自由	自觉	仔细	字调	姿态	自述	
[er]	儿童	儿戏	而且	耳目	耳语	尔后	迩来	二胡	二副	贰臣
[ai]	买卖	白菜	开采	采摘	灾害	裁开	拆开	开排	该来	摆开
[ei]	北美	飞贼	贝类	蓓蕾	累累	黑煤	北非	配备	翡翠	肥美
[ao]	凹陷	熬心	敖包	熬煎	遨游	翱翔	傲慢	奥博	奥妙	懊恼
[ou]	讴歌	欧洲	欧姆	殴打	偶尔	偶然	呕吐	沤肥	怄气	
[an]	安然	安装	安插	案头	按语	暗淡	暗杀	暗算	岸标	岸然
[en]	恩惠	恩情	恩爱	恩赐	恩德	恩典	恩怨	恩泽	摁钉	摁扣
[ang]	昂扬	肮脏	昂贵	昂藏	昂然	昂首	盎然	盎司		
[eng]	更生	风筝	猛烈	增加	生产	逞能	乘风	丰收		

【绕口令练习】

胖娃娃和蛤蟆（a）

一个胖娃娃捉了三个大花活蛤蟆，三个胖娃娃捉了一个大花活蛤蟆，捉了一个大花活蛤蟆的三个胖娃娃，真不如捉了三个大花活蛤蟆的一个胖娃娃。

老老道小老道（ao）

高高山上有座庙，庙里住着俩老道，一个年纪老，一个年纪小。
庙前长着许多草药，有时候老老道煮药，小老道采药，有时候小老道煮药，老老道采药。

颗颗豆子进石磨（o、e、ou）

颗颗豆子进石磨，磨成豆腐送哥哥。
哥哥说我的生产虽然小，可是小小的生产贡献多。

彩楼、锦绣（ao、ou）

咱村有六十六条沟，沟沟都是大丰收。
东山果园像彩楼，西山棉田似锦绣。
北山有条红旗渠，滚滚清泉绕山走。
过去瞅见这六十六条沟，心里就难受，

今天瞅见这六十六条彩楼、锦绣、万宝沟，瞅也瞅不够！

盆碰棚（en、eng）

老彭拿着一个盆，路过老陈住的棚，盆碰棚，棚碰盆，棚倒盆碎棚压盆。老陈要赔老彭的盆，老彭不要老陈来赔盆。老陈陪着老彭去补盆，老彭帮着老陈来修棚。

莲花灯（eng）

莲花灯，莲花灯，今天点完明天扔。

帆布黄（ang）

长江里船帆布黄，船舱里放着一张床，床上躺着两位老大娘，她俩亲亲热热唠家常。

张大妈夏大妈（a）

张大妈，夏大妈，你看咱们的好庄稼。
高的是玉米，低的是芝麻。
开黄花、紫花的是棉花，圆溜溜的是西瓜，
谷穗长得像镰把，勾着想把地压塌。
张大妈，夏大妈，边看边乐笑哈哈。

大和尚、小和尚（ang、iang）

大和尚常常上哪厢？大和尚常常过长江。
过长江为哪厢？过长江看小和尚。
大和尚原是襄阳姓张，小和尚原是商乡姓蒋，
大和尚和小和尚常常互相商量。
大和尚讲小和尚强，小和尚讲大和尚长。
小和尚煎姜汤让大和尚尝，大和尚奖赏小和尚檀香箱。

二、齐齿呼

【音的练习】

i ia ie iao iou ian in iang ing

【字的练习】

[i]　衣 比 批 咪 低 踢 昵 哩 基 欺 西
[ia]　呀 嗲 俩 家 恰 瞎
[ie]　耶 鳖 撇 灭 列 爹 贴 聂 咧 街 切 歇
[iao]　腰 标 飘 苗 刁 挑 鸟 撩 交 敲 消
[iou]　优 谬 丢 牛 留 究 秋 休

[ian]	烟	编	偏	面	颠	填	黏	连	尖	千	仙	
[in]	阴	宾	拼	民	您	林	今	亲	新	娘	良	江	枪	香
[ing]	英	兵	乒	明	丁	听	宁	令	京	青	星	

【词的练习】

[i]	衣服	批评	咪咪	低矮	低沉	踢打	溺爱	理论	基础	欺辱	西方
[ia]	牙齿	佳乐	恰巧	霞光	雅致	家庭	遐想
[ie]	野餐	憋闷	灭亡	跌打	贴切	列车	街道	切实	歇息
[iao]	要求	标兵	飘扬	苗圃	刁难	挑衅	鸟瞰	袅娜	聊天	交通	敲门	消灭
[iou]	优秀	谬论	丢失	牛郎	留恋	究竟	秋季	休息
[ian]	淹没	编造	偏僻	面貌	颠倒	填写	黏糊	连续	尖兵	千万	仙境
[in]	因果	宾客	拼写	民兵	林场	今天	亲切	新鲜
[iang]	央求	娘亲	良好	江涛	枪毙	香料
[ing]	英明	兵变	乒乓	明镜	叮咛	聆听	京津	青年	星空

【绕口令练习】

人心齐，泰山移（i）

人心齐，泰山移，男女老少齐出力，
要与老天比高低，挖了干渠几十里，保浇了万亩良田地。

羊入杨林（ia、ie、iang、iao）

羊入杨林，羊吃杨叶芽，草驴驮草，草压草驴腰。

铜勺和铁勺（iao、iou）

铜勺舀热油，铁勺舀凉油，铜勺舀了热油舀凉油，铁勺舀了凉油舀热油。

大姐梳辫（ian）

大姐梳辫，两个人编，二姐编那半边，三姐编这半边。

一葫芦酒（iou）

一葫芦酒，九两六；一葫芦油，六两九。
六两九的油，要换九两六的酒。
九两六的酒，要换六两九的油。

敬母亲（in、ing）

生身亲母亲，谨请您就寝，请您心宁静，身心很要紧。
新星伴明月，银光澄清清，尽是清静境，警铃不要惊，您请我进来，进来敬母亲。

望月空满天星（ing）

望月空，满天星，光闪闪，亮晶晶，好像那，小银灯。
仔细看，看分明，大大小小、密密麻麻、闪闪烁烁，数也数不清。

三、合口呼

【音的练习】

u　ua　uo　uai　uei　uan　uen　uang　ueng　ong

【字的练习】

[u]	乌	不	朴	木	夫	杜	突	努	路	姑	哭	呼	朱	出	书	如	租
	粗	苏	挖	瓜	夸	花	抓	刷							
[ua]	窝	多	托	挪	罗	郭	阔	活	桌	戳	说	作	撮	所	
[uai]	歪	乖	快	槐	拽	揣	衰								
[uei]	威	对	推	规	亏	灰	追	吹	水	瑞	嘴	崔	虽		
[uan]	弯	端	团	暖	乱	观	宽	欢	专	川	拴	软	钻	窜	酸
[uen]	温	敦	吞	仑	棍	困	混	准	春	顺	闰	尊	村	孙	
[uang]	汪	光	筐	荒	庄	窗	双								
[ueng]	翁														
[ong]	东	通	农	龙	工	空	轰	中	充	绒	宗	匆	松		

【词的练习】

[u]	乌鸦	补旧	扑灭	沐浴	夫妇	杜绝	突破	努力	道路	姑娘	租界
	粗心	苏醒									
[ua]	挖掘	瓜葛	夸奖	花絮	抓紧	刷牙					
[uo]	窝藏	夺取	托付	挪威	啰唆	国家	阔别	活泼	桌椅	戳穿	硕果
	作战	挫折									
[uai]	歪邪	乖巧	快乐	坏蛋	拽开	揣测	衰败				
[uei]	威胁	堆放	推托	规律	亏损	灰心	追随	吹捧	水分	瑞金	嘴脸
	摧残	虽然									
[uan]	弯曲	端正	团结	暖和	乱世	观赏	宽阔	欢迎	专长	穿透	栓塞
	软弱	钻石									
[uen]	温暖	敦厚	吞吐	沦亡	滚落	困难	混淆	准备	春色	顺利	温顺
	尊敬	村庄									
[uang]	汪洋	光芒	瓜筐	荒野	庄重	窗户	双手				
[ueng]	老翁	蓊郁	瓮城								
[ong]	东西	交通	农民	苍龙	工作	空气	轰炸	中国	充足	丝绒	宗派
	匆忙	松柏									

141

【绕口令练习】

服务部（u）

早晚服务部，服务员好态度，学习刻苦有觉悟，严肃认真不马虎。
货物架上的货物真丰富：有烟酒、有油醋、有鞋袜、有衣裤、有纸笔、有图书，
还有各式各样的红布、白布、蓝布、青布、灰布、条绒平绒布，
什么苏绸、蜀缎、卡其布、人造棉、的确良、线梯床单布。
要问货物有多少种？有人顺路数了数，足足数了五百五十五遍五，
越数越糊涂，没有数清楚，跷起拇指夸服务！

小华和胖娃（ua）

小华和胖娃，两人种花又种瓜。
小华会种花不会种瓜，胖娃会种瓜不会种花。

诗人抒情怀（uai）

请看大门外，长着一杨槐，诗人站在此，仰头抒情怀。

颠倒歌（uo）

太阳从西往东落，听我唱个颠倒歌。
天上打雷没有响，地下石头滚上坡；
江里骆驼会下蛋，山上鲤鱼搭成窝；
腊月酷热直流汗，六月暴冷打哆嗦；
姐在房中手梳头，门外口袋驮骆驼。

美（uei）

美，多么令人陶醉，美，印在人们的心内。
有人说我像洁白的浪花，有人说我像含香的玫瑰。
我确实长得很美，有人把我变成时髦的装束，有人把我变成"攻关"的汗水。

床船（uan、uang）

床身长，船身长，床身船身不是一样长。

不是彩虹不是弓（ong）

我家住在莲花峰，屋顶跨度三十里，
彩虹跨度三十里，越看越像一把弓，
同志喂，这不是彩虹不是弓！
而是那边渡槽架长空。

四、撮口呼

【音的练习】

ü üe üan ün iong

【字的练习】

[ü]　迁　女　吕　居　屈　虚
[üe]　约　虐　掠　决　缺　靴
[üan]　渊　捐　圈　宣　元　卷　劝
[ün]　晕　均　群　勋　菌　训　寻
[iong]　拥　窘　穷　凶　炯　永　用

【词的练习】

[ü]　迁回　淤积　娱乐　女皇　女郎　旅行　旅程　履历　居住　举动　拒绝
　　　屈服　曲剧
[üe]　约束　月亮　跃进　虐待　虐政　掠夺　略微　决定　决策　缺乏　确实
　　　削减　靴子
[üan]　冤枉　源泉　愿望　捐献　卷逃　眷恋　圈套　蜷缩　劝说　宣传　选择
　　　渲染
[ün]　晕倒　云彩　运动　军队　俊俏　群众　群体　功勋　勋章　寻找　询问
　　　迅速
[iong]　拥护　用途　踊跃　困窘　窘迫　穷尽　贫穷　凶恶　凶手

【绕口令练习】

女小吕（ü）

这天天下雨，体育运动委员会穿绿雨衣的女小吕，
去找计划生育委员会不穿绿雨衣的女老李。
体育运动委员会的穿绿雨衣的女小吕，
没找着计划生育委员会不穿绿雨衣的女老李；
计划生育委员会的不穿绿雨衣的女老李，
也没见着体育运动委员会穿绿雨衣的女小吕。

男演员女演员（üan）

男演员，女演员，同台演戏说方言。
男演员说吴语言，女演员说闽语言。
男演员演远东旅行飞行员，女演员演鲁迅文学研究员。
研究员，飞行员，吴语言，闽语言，你说男女演员演得全不全。

【句段练习】

白雪（üe）

像柳絮，像飞蝶，情绵绵，意切切，我爱这人间最美的花朵，白雪飘飘，飘飘白雪。看那晶莹的花瓣，铺满了天边的原野，看那轻盈的舞姿，催开了红梅的笑靥。呵，白雪飘飘，飘飘白雪。她赠给大地一片皎洁，她撒向人间多少欢悦。是她用纯真的爱情，滋润着生命的绿叶，是她把热烈的追求，献给那美好的季节。呵，白雪飘飘，飘飘白雪，她带给人间多少向往，她纵情欢呼新的岁月！

项目二

一、韵母发音例词

[a—a]
疤瘌 bā la	耷拉 dā la	打靶 dǎ bǎ	打岔 dǎ chà	打发 dǎ fa
大法 dà fǎ	大妈 dà mā	大厦 dà shà	发达 fā dá	蛤蟆 há ma
哈达 hǎ dá	喇叭 lǎ ba	马达 mǎ dá	哪怕 nǎ pà	沙发 shā fā

[o]
噢 ō（叹词）	哦 ó（叹词）	哦 ò（叹词）

[e—e]
车辙 chē zhé	隔阂 gé hé	隔热 gé rè	各个 gè gè	各色 gè sè
合格 hé gé	合辙 hé zhé	苛刻 kē kè	塞责 sè zé	客车 kè chē
色泽 sè zé	舍得 shě de	特色 tè sè	折合 zhé hé	折射 zhé shè
这个 zhè ge	割舍 gē shě			

[i—i]
荸荠 bí qi	鼻涕 bí tì	笔记 bǐ jì	比例 bǐ lì	激励 jī lì
积极 jī jí	基地 jī dì	机器 jī qì	极力 jí lì	极其 jí qí
记忆 jì yì	礼仪 lǐ yí	立即 lì jí	利益 lì yì	力气 lì qì
秘密 mì mì	霹雳 pī lì	谜底 mí dǐ	棋迷 qí mí	歧义 qí yì
启迪 qǐ dí	起立 qǐ lì	气体 qì tǐ	气息 qì xī	提议 tí yì
体力 tǐ lì	西医 xī yī	希奇 xī qí	习题 xí tí	洗涤 xǐ dí
戏迷 xì mí	细腻 xì nì	以及 yǐ jí	意义 yì yì	仪器 yí qì
义气 yì qì				

模块八 韵母发音训练

[u—u]
补助 bǔ zhù　　部署 bù shǔ　　不顾 bú gù　　不如 bù rú　　初步 chū bù
出路 chū lù　　出入 chū rù　　粗鲁 cū lǔ　　督促 dū cù　　读物 dú wù
夫妇 fū fù　　幅度 fú dù　　服务 fú wù　　辅助 fǔ zhù　　复述 fù shù
附注 fù zhù　　辜负 gū fù　　孤独 gū dú　　鼓舞 gǔ wǔ　　古书 gǔ shū
故土 gù tǔ　　葫芦 hú lu　　互助 hù zhù　　酷暑 kù shǔ　　辘轳 lù lu
路途 lù tú　　露珠 lù zhū　　目录 mù lù　　朴素 pǔ sù　　瀑布 pù bù

[ü—ü]
居于 jū yú　　聚居 jù jū　　区域 qū yù　　屈居 qū jū　　曲剧 qǔ jù
须臾 xū yú　　栩栩 xǔ xǔ　　序曲 xù qǔ　　鱼具 yú jù　　语序 yǔ xù
雨具 yǔ jù　　玉宇 yù yǔ　　寓居 yù jū　　豫剧 yù jù

[er]
而且 ér qiě　　儿歌 ér gē　　儿化 ér huà　　儿女 ér nǚ　　儿子 ér zi
耳朵 ěr duo

[-i（前）—-i（前）]
咨询 zī xún　　资格 zī gé　　资金 zī jīn　　姿势 zī shì　　紫菜 zǐ cài
子弟 zǐ dì　　仔细 zǐ xì　　字典 zì diǎn　　自己 zì jǐ　　慈祥 cí xiáng
磁铁 cí tiě　　辞职 cí zhí　　辞典 cí diǎn　　此外 cǐ wài　　刺激 cì jī
思想 sī xiǎng　　私自 sī zì　　司令 sī lìng

[-i（后）—-i（后）]
史诗 shǐ shī　　失时 shī shí　　实施 shí shī　　实质 shí zhì　　失职 shī zhí
时事 shí shì　　食指 shí zhǐ　　市尺 shì chǐ　　试制 shì zhì　　事实 shì shí
逝世 shì shì　　支持 zhī chí　　支使 zhī shǐ　　知识 zhī shi　　直至 zhí zhì
值日 zhí rì　　只是 zhǐ shì　　咫尺 zhǐ chǐ　　指示 zhǐ shì　　指使 zhǐ shǐ
制止 zhì zhǐ　　智齿 zhì chǐ　　日食 rì shí　　日志 rì zhì

二、韵母发音例词

[ai—ai]
爱戴 ài dài　　白菜 bái cài　　采摘 cǎi zhāi　　彩带 cǎi dài　　彩排 cǎi pái
拆台 chāi tái　　海菜 hǎi cài　　海带 hǎi dài　　开采 kāi cǎi　　买卖 mǎi mài
拍卖 pāi mài　　晒台 sài tái　　灾害 zāi hài　　择菜 zhái cài

[ei—ei]
非得 fēi děi　　飞贼 fēi zéi　　肥美 féi měi　　妹妹 mèi mei　　配备 pèi bèi
贝类 bèi lèi

[ao—ao]
懊恼 ào nǎo　　包抄 bāo chāo　　报导 bào dǎo　　报告 bào gào　　报考 bào kǎo
操劳 cāo láo　　草包 cǎo bāo　　草帽 cǎo mào　　叨唠 dāo lao　　祷告 dǎo gào

稻草 dào cǎo	高傲 gāo ào	高潮 gāo cháo	高烧 gāo shāo	告饶 gào ráo
号啕 háo táo	毫毛 háo máo	号召 hào zhào	牢靠 láo kào	牢骚 láo sāo
劳保 láo bǎo	老少 lǎo shào	毛糙 máo cāo	茅草 máo cǎo	冒号 mào hào
抛锚 pāo máo	跑道 pǎo dào	绕道 rào dào	骚扰 sāo rǎo	逃跑 táo pǎo
讨好 tǎo hǎo	糟糕 zāo gāo	早操 zǎo cāo	早稻 zǎo dào	招考 zhāo kǎo

[ou—ou]

筹谋 chóu móu	丑陋 chǒu lòu	兜售 dōu shòu	抖搂 dǒu lou	佝偻 gōu lóu
猴头 hóu tóu	后头 hòu tou	口臭 kǒu chòu	口授 kǒu shòu	漏斗 lòu dǒu
露头 lòu tóu	收购 shōu gòu	手头 shǒu tóu	偷漏 tōu lòu	叩头 kòu tóu

[ia—ia]

假牙 jiǎ yá	加价 jiā jià	恰恰 qià qià	下牙 xià yá	压价 yā jià

[ie—ie]

结业 jié yè	姐姐 jiě jie	趔趄 liè qie	歇业 xiē yè	谢谢 xiè xie
爷爷 yé ye	贴切 tiē qiè			

[ua—ua]

呱呱 guā guā	挂花 guà huā	耍滑 shuǎ huá	娃娃 wá wa	花袜 huā wà

[uo (o) —uo (o)]

菠萝 bō luó	剥夺 bō duó	剥落 bō luò	伯伯 bó bo	薄弱 bó ruò
错过 cuò guò	做作 zuò zuò	错落 cuò luò	哆嗦 duō suo	堕落 duò luò
国货 guó huò	过错 guò cuò	活捉 huó zhuō	火锅 huǒ guō	阔绰 kuò chuò
罗锅 luó guō	啰唆 luō suo	萝卜 luó bo	落座 luò zuò	骆驼 luò tuo
摸索 mō suǒ	摩托 mó tuō	没落 mò luò	懦弱 nuò ruò	破落 pò luò
破获 pò huò	说破 shuō pò	硕果 shuò guǒ	脱落 tuō luò	陀螺 tuó luó
唾沫 tuò mo	捉摸 zhuō mō	着落 zhuó luò	琢磨 zhuó mó	坐落 zuò luò

[üe]

雀跃 què yuè	约略 yuē lüè	确切 què qiè	决裂 jué liè	血液 xuè yè
月夜 yuè yè	虐待 nüè dài			

[iao—iao]

吊桥 diào qiáo	吊销 diào xiāo	脚镣 jiǎo liào	教条 jiào tiáo	叫嚣 jiào xiāo
疗效 liáo xiào	秒表 miǎo biǎo	藐小 miǎo xiǎo	飘摇 piāo yáo	缥缈 piāo miǎo
巧妙 qiǎo miào	调教 tiáo jiào	调料 tiáo liào	跳脚 tiào jiǎo	逍遥 xiāo yáo
萧条 xiāo tiáo	小调 xiǎo diào	小巧 xiǎo qiǎo	笑料 xiào liào	窈窕 yǎo tiáo

[iou—iou]

久留 jiǔ liú	舅舅 jiù jiu	求救 qiú jiù	绣球 xiù qiú	优秀 yōu xiù
悠久 yōu jiǔ	有救 yǒu jiù	牛油 niú yóu		

[uai]

乖乖 guāi guāi	外快 wài kuài	怀揣 huái chuāi	外踝 wài huái
怀念 huái niàn	拐弯 guǎi wān	拐棍 guǎi gùn	怪事 guài shì

坏处 huài chù　　衰弱 shuāi ruò　　摔跤 shuāi jiāo　　拽住 zhuài zhù
歪曲 wāi qū　　　外表 wài biǎo
[uei—uei]
垂危 chuí wēi　　翠微 cuì wēi　　归队 guī duì　　回归 huí guī
回味 huí wèi　　回嘴 huí zuǐ　　悔罪 huǐ zuì　　汇兑 huì duì
魁伟 kuí wěi　　水位 shuǐ wèi　　推诿 tuī wěi　　退回 tuì huí
退位 tuì wèi　　尾随 wěi suí　　未遂 wèi suì　　畏罪 wèi zuì
追悔 zhuī huǐ　　追随 zhuī suí　　坠毁 zhuì huǐ　　嘴碎 zuǐ suì

三、对比练习

第一组：

百 bǎi—北 běi　　排 pái—培 péi　　买 mǎi—每 měi　　来 lái—雷 léi
改 gǎi——给 gěi　　嗨 hāi——黑 hēi　　在 zài——贼 zéi

第二组：

白费 bái fèi　　百倍 bǎi bèi　　败北 bài běi　　代培 dài péi　　败类 bài lèi
海内 hǎi nèi　　排雷 pái léi　　栽培 zāi péi　　采煤 cǎi méi　　暧昧 ài mèi
悲哀 bēi āi　　背带 bēi dài　　黑白 hēi bái　　擂台 lèi tái　　内海 nèi hǎi
内胎 nèi tāi　　内在 nèi zài　　内债 nèi zhài　　胚胎 pēi tāi　　佩带 pèi dài

第三组：

排场 pái chǎng—赔偿 péi cháng　　来电 lái diàn—雷电 léi diàn
分派 fēn pài—分配 fēn pèi　　　　卖力 mài lì—魅力 mèi li
埋头 mái tóu—眉头 méi tóu　　　　小麦 xiǎo mài—小妹 xiǎo mèi
安排 ān pái—安培 ān péi　　　　　摆布 bǎi bù—北部 běi bù
奈何 nài hé—内河 nèi hé

第四组：

凹 āo—欧 ōu　　抛 pāo—剖 pōu　　毛 máo—谋 móu
到 dào—斗 dòu　　套 tào—透 tòu　　老 lǎo—搂 lǒu
高 gāo—沟 gōu　　靠 kào—扣 kòu　　好 hǎo—吼 hǒu
朝 zhāo—周 zhōu　　超 chāo—抽 chōu　　少 shǎo—首 shǒu
绕 rào—肉 ròu　　造 zào—奏 zòu　　草 cǎo—凑 còu
扫 sǎo—擞 sǒu

第五组：

包头 bāo tóu　　保守 bǎo shǒu　　报仇 bào chóu　　报头 bào tóu　　操守 cāo shǒu
刀口 dāo kǒu　　倒手 dǎo shǒu　　到头 dào tóu　　高手 gāo shǒu　　稿酬 gǎo chóu
好受 hǎo shòu　　号头 hào tóu　　毛豆 máo dòu　　矛头 máo tóu　　套购 tào gòu
遭受 zāo shòu　　招手 zhāo shǒu　　招收 zhāo shōu

第六组：

酬报 chóu bào　　酬劳 chóu láo　　逗号 dòu hào　　构造 gòu zào　　厚道 hòu dao
后脑 hòu nǎo　　口号 kǒu hào　　口哨 kǒu shào　　漏勺 lòu sháo　　柔道 róu dào
手套 shǒu tào　　寿桃 shòu táo　　偷盗 tōu dào　　头号 tóu hào　　头脑 tóu nǎo
投考 tóu kǎo　　投靠 tóu kào　　周报 zhōu bào　　周到 zhōu dào

第七组：
稻子 dào zi—豆子 dòu zi　　　　　考试 kǎo shì—口试 kǒu shì
病号 bìng hào—病后 bìng hòu　　高洁 gāo jié—勾结 gōu jié

第八组：
亚 yà—业 yè　　加 jiā—阶 jiē　　恰 qià—切 qiè　　下 xià—谢 xiè

第九组：
家业 jiā yè　　佳节 jiā jié　　假借 jiǎ jiè　　嫁接 jià jiē　　下帖 xià tiě　　下野 xià yě

第十组：
接洽 jiē qià　　野鸭 yě yā　　节下 jié xià　　跌价 diē jià

第十一组：
瓦 wǎ—我 wǒ　　挂 guà—过 guò　　跨 kuà—扩 kuò
化 huà—或 huò　　抓 zhuā—桌 zhuō　　刷 shuā—说 shuō

第十二组：
花朵 huā duǒ　　话说 huà shuō　　划拨 huà bō　　滑坡 huá pō
帛画 bó huà　　多寡 duō guǎ　　国画 guó huà　　国花 guó huā
活化 huó huà　　火花 huǒ huā　　说话 shuō huà

第十三组：
挂着 guà zhe—过着 guò zhe　　　　滑动 huá dòng—活动 huó dòng
抓住 zhuā zhù—捉住 zhuō zhù　　　国画 guó huà—国货 guó huò
进化 jìn huà—进货 jìn huò

第十四组：
要 yào—又 yòu　　妙 miào—谬 miù　　刁 diāo—丢 diū　　桥 qiáo—求 qiú
鸟 niǎo—扭 niǔ　　料 liào—六 liù　　交 jiāo—纠 jiū　　效 xiào—袖 xiù

第十五组：
掉队 diào duì　　交流 jiāo liú　　郊游 jiāo yóu　　娇羞 jiāo xiū　　料酒 liào jiǔ
漂流 piāo liú　　飘游 piāo yóu　　校友 xiào yǒu　　要求 yāo qiú　　药酒 yào jiǔ

第十六组：
丢掉 diū diào　　就要 jiù yào　　柳条 liǔ tiáo　　遛鸟 liù niǎo　　牛角 niú jiǎo
求教 qiú jiào　　袖标 xiù biāo　　油条 yóu tiáo　　邮票 yóu piào　　有效 yǒu xiào
幼苗 yòu miáo　　幼小 yòu xiǎo

第十七组：
消息 xiāo xi—休息 xiū xi　　　　铁桥 tiě qiáo—铁球 tiě qiú
求教 qiú jiào—求救 qiú jiù　　　摇动 yáo dòng—游动 yóu dòng
药片 yào piàn—诱骗 yòu piàn　　出窑 chū yáo—出游 chū yóu

模块八　韵母发音训练

耀眼 yào yǎn—右眼 yòu yǎn　　　　角楼 jiǎo lóu—酒楼 jiǔ lóu
生效 shēng xiào—生锈 shēng xiù

第十八组：

| 外 wài—位 wèi | 怪 guài—贵 guì | 快 kuài—溃 kuì | 坏 huài—会 huì |
| 拽 zhuài—坠 zhuì | 揣 chuāi—吹 chuī | 帅 shuài—谁 shuí | |

第十九组：

| 怪罪 guài zuì | 快慰 kuài wèi | 快嘴 kuài zuǐ | 衰退 shuāi tuì | 衰微 shuāi wēi |
| 外汇 wài huì | 对外 duì wài | 鬼怪 guǐ guài | 追怀 zhuī huái | 毁坏 huǐ huài |

第二十组：

怪人 guài rén—贵人 guì rén　　　　外来 wài lái—未来 wèi lái
拐子 guǎi zi—鬼子 guǐ zi　　　　　怀乡 huái xiāng—回乡 huí xiāng

项目三

一、韵母发音例词

[an—an]

安然 ān rán	案板 àn bǎn	暗淡 àn dàn	暗含 àn hán
斑斓 bān lán	参赞 cān zàn	参战 cān zhàn	惨淡 cǎn dàn
单产 dān chǎn	单干 dān gàn	胆寒 dǎn hán	胆敢 dǎn gǎn
翻案 fān àn	翻版 fān bǎn	反感 fǎn gǎn	反叛 fǎn pàn
泛滥 fàn làn	犯案 fàn àn	犯难 fàn nán	干饭 gàn fàn
肝胆 gān dǎn	感叹 gǎn tàn	寒战 hán zhàn	勘探 kān tàn

[en—en]

本分 běn fèn	本人 běn rén	沉闷 chén mèn	愤恨 fèn hèn
称身 chèn shēn	根本 gēn běn	分身 fēn shēn	粉尘 fěn chén
门诊 mén zhěn	人身 rén shēn	人参 rén shēn	人文 rén wén
认真 rèn zhēn	深沉 shēn chén	神人 shén rén	审慎 shěn shèn
真人 zhēn rén	珍本 zhēn běn	振奋 zhèn fèn	深圳 shēn zhèn

[in—in]

濒临 bīn lín	今音 jīn yīn	金印 jīn yìn	斤斤 jīn jīn
仅仅 jǐn jǐn	近邻 jìn lín	近亲 jìn qīn	尽心 jìn xīn
临近 lín jìn	凛凛 lǐn lǐn	民心 mín xīn	拼音 pīn yīn
亲近 qīn jìn	亲信 qīn xìn	新近 xīn jìn	薪金 xīn jīn

心劲 xīn jìn	心音 xīn yīn	信心 xìn xīn	辛勤 xīn qín

[ün]

军训 jūn xùn	均匀 jūn yún	芸芸 yún yún	军事 jūn shì
俊俏 jùn qiào	骏马 jùn mǎ	群众 qún zhòng	裙子 qún zi
勋章 xūn zhāng	驯服 xùn fú	循环 xún huán	巡回 xún huí
巡逻 xún luó	寻求 xún qiú	迅速 xùn sù	云雾 yún wù
匀称 yún chèn	允许 yǔn xǔ	韵律 yùn lǜ	运动 yùn dòng

[ang—ang]

帮忙 bāng máng	仓房 cāng fáng	苍茫 cāng máng	厂房 chǎng fáng
长方 cháng fāng	当场 dāng chǎng	当啷 dāng lāng	放荡 fàng dàng
刚刚 gāng gāng	行当 háng dàng	浪荡 làng dàng	盲肠 máng cháng
商场 shāng chǎng	上场 shàng chǎng	上当 shàng dàng	上房 shàng fáng
堂上 táng shàng	烫伤 tàng shāng	张扬 zhāng yáng	帐房 zhàng fáng

[eng—eng]

成风 chéng fēng	承蒙 chéng méng	逞能 chěng néng	登程 dēng chéng
丰登 fēng dēng	丰盛 fēng shèng	风声 fēng shēng	风筝 fēng zheng
更生 gēng shēng	更正 gēng zhèng	冷风 lěng fēng	萌生 méng shēng
声称 shēng chēng	生成 shēng chéng	生疼 shēng téng	升腾 shēng téng
省城 shěng chéng	征程 zhēng chéng	蒸腾 zhēng téng	整风 zhěng fēng

[ing—ing]

冰凌 bīng líng	兵营 bīng yíng	禀性 bǐng xìng	秉性 bǐng xìng
并行 bìng xíng	丁零 dīng líng	叮咛 dīng níng	定睛 dìng jīng
定形 dìng xíng	定型 dìng xíng	惊醒 jīng xǐng	精灵 jīng líng
精明 jīng míng	经营 jīng yíng	菱形 líng xíng	零星 líng xīng
灵性 líng xìng	领情 lǐng qíng	另行 lìng xíng	明净 míng jìng

[ong—ong]

动容 dòng róng	工种 gōng zhǒng	公共 gōng gòng	公众 gōng zhòng
共同 gòng tóng	烘笼 hōng lóng	轰动 hōng dòng	轰隆 hōng lōng
红铜 hóng tóng	红肿 hóng zhǒng	洪钟 hóng zhōng	空洞 kōng dòng
空中 kōng zhōng	恐龙 kǒng lóng	龙宫 lóng gōng	龙钟 lóng zhōng
隆冬 lóng dōng	隆重 lóng zhòng	拢共 lǒng gòng	浓重 nóng zhòng

[ian—ian]

边沿 biān yán	变脸 biàn liǎn	变迁 biàn qiān	变天 biàn tiān
便宴 biàn yàn	癫痫 diān xián	点验 diǎn yàn	垫肩 diàn jiān
电键 diàn jiàn	电线 diàn xiàn	艰险 jiān xiǎn	简便 jiǎn biàn
简练 jiǎn liàn	检点 jiǎn diǎn	检验 jiǎn yàn	渐变 jiàn biàn
见面 jiàn miàn	联翩 lián piān	连绵 lián mián	连篇 lián piān

模块八 韵母发音训练

[uan—uan]

传唤 chuán huàn	串换 chuàn huàn	贯穿 guàn chuān	宦官 huàn guān
软缎 ruǎn duàn	团团 tuán tuán	酸软 suān ruǎn	宛转 wǎn zhuǎn
婉转 wǎn zhuǎn	万贯 wàn guàn	万万 wàn wàn	专断 zhuān duàn
专款 zhuān kuǎn	转换 zhuǎn huàn	转弯 zhuǎn wān	

[üan]

涓涓 juān juān	全权 quán quán	渊源 yuān yuán	源泉 yuán quán
源源 yuán yuán	圆圈 yuán quān	轩辕 xuān yuán	捐献 juān xiàn
卷烟 juǎn yān	宣传 xuān chuán	悬挂 xuán guà	选择 xuǎn zé
元气 yuán qì	原来 yuán lái		

[uen]

滚滚 gǔn gǔn	混沌 hún dùn	困顿 kùn dùn	昆仑 kūn lún
温存 wēn cún	温顺 wēn shùn	谆谆 zhūn zhūn	论文 lùn wén
馄饨 hún tun	春天 chūn tiān	纯洁 chún jié	顿号 dùn hào
蹲点 dūn diǎn	滚动 gǔn dòng	昏暗 hūn àn	混合 hùn hé
困难 kùn nan	孙子 sūn zi	损失 sǔn shī	顺利 shùn lì

[iang—iang]

将养 jiāng yǎng	粮饷 liáng xiǎng	两厢 liǎng xiāng	两样 liǎng yàng
亮相 liàng xiàng	踉跄 liàng qiàng	良将 liáng jiàng	洋姜 yáng jiāng
洋相 yáng xiàng	扬扬 yáng yáng	洋枪 yáng qiāng	痒痒 yǎng yang
湘江 xiāng jiāng	降将 xiáng jiàng	想象 xiǎng xiàng	响亮 xiǎng liàng
向阳 xiàng yáng	像样 xiàng yàng		

[uang]

框框 kuàng kuang	狂妄 kuáng wàng	双簧 shuāng huáng	网状 wǎng zhuàng
往往 wǎng wǎng	装潢 zhuāng huáng	状况 zhuàng kuàng	窗台 chuāng tái
创伤 chuāng shāng	床铺 chuáng pù	闯将 chuǎng jiàng	创业 chuàng yè
光明 guāng míng	广大 guǎng dà	黄土 huáng tǔ	皇帝 huáng dì

[ueng（weng）]

| 瓮声瓮气 wèng shēng wèng qì | | 瓮中之鳖 wèng zhōng zhī biē | 蕹菜 wèng cài |

[ueng（weng）]

| 老翁 lǎo wēng | 渔翁 yú wēng | 水瓮 shuǐ wèng | 主人翁 zhǔrén wēng |

[iong]

窘迫 jiǒng pò	炯炯 jiǒng jiǒng	穷苦 qióng kǔ	穷尽 qióng jìn
兄弟 xiōng dì	凶恶 xiōng è	凶狠 xiōng hěn	凶器 xiōng qì
汹涌 xiōng yǒng	胸怀 xiōng huái	雄壮 xióng zhuàng	拥抱 yōng bào
拥护 yōng hù	永远 yǒng yuǎn	永久 yǒng jiǔ	涌现 yǒng xiàn
勇敢 yǒng gǎn	勇气 yǒng qì	用功 yòng gōng	用途 yòng tú

二、对比练习

第一组：

安 ān—昂 áng	般 bān—帮 bāng	盘 pán—旁 páng
馒 mán—忙 máng	反 fǎn—访 fǎng	单 dān—当 dāng
谈 tán—堂 táng	难 nán—囊 náng	兰 lán—郎 láng
干 gān—刚 gāng	看 kàn—抗 kàng	含 hán—航 háng
战 zhàn—丈 zhàng	产 chǎn—场 chǎng	山 shān—商 shāng
染 rǎn—嚷 rǎng	赞 zàn—葬 zàng	参 cān—苍 cāng
三 sān—桑 sāng		

第二组：

担当 dān dāng	安放 ān fàng	班长 bān zhǎng	繁忙 fán máng
站岗 zhàn gǎng	南方 nán fāng	反抗 fǎn kàng	安康 ān kāng
半晌 bàn shǎng	返航 fǎn háng	肝脏 gān zàng	擅长 shàn cháng
战场 zhàn chǎng	商贩 shāng fàn	当然 dāng rán	傍晚 bàng wǎn
畅谈 chàng tán	上班 shàng bān	账单 zhàng dān	方案 fāng àn

第三组：

烂漫 làn màn—浪漫 làng màn　　反问 fǎn wèn—访问 fǎng wèn

赞颂 zàn sòng—葬送 zàng sòng

第四组：

奔 bēn—崩 bēng	盆 pén—朋 péng	门 mén—盟 méng
分 fēn—风 fēng	嫩 nèn—能 néng	跟 gēn—更 gēng
肯 kěn—坑 kēng	痕 hén—横 héng	真 zhēn—争 zhēng
陈 chén—成 chéng	深 shēn—声 shēng	人 rén—仍 réng
怎 zěn—增 zēng	岑 cén—层 céng	森 sēn—僧 sēng

第五组：

真诚 zhēn chéng	本能 běn néng	深层 shēn céng	奔腾 bēn téng
真正 zhēn zhèng	神圣 shén shèng	人称 rén chēng	文风 wén fēng
纷争 fēn zhēng	门缝 mén fèng	人生 rén shēng	

第六组：

成本 chéng běn	成分 chéng fèn	登门 dēng mén	承认 chéng rèn
成人 chéng rén	诚恳 chéng kěn	城镇 chéng zhèn	风尘 fēng chén
锋刃 fēng rèn	能人 néng rén	胜任 shèng rèn	正门 zhèng mén

第七组：

陈旧 chén jiù—成就 chéng jiù　　真挚 zhēn zhì—争执 zhēng zhí

申明 shēn míng—声明 shēng míng　　木盆 mù pén—木棚 mù péng

清真 qīng zhēn—清蒸 qīng zhēng　　瓜分 guā fēn—刮风 guā fēng

绅士 shēn shì—声势 shēng shì　　　人参 rén shēn—人生 rén shēng
诊治 zhěn zhì—整治 zhěng zhì　　　身世 shēn shì—生事 shēng shì

第八组：
音 yīn—应 yīng　　　宾 bīn—兵 bīng　　　贫 pín—平 píng
民 mín—明 míng　　　您 nín—宁 níng　　　林 lín—零 líng
进 jìn—静 jìng　　　亲 qīn—清 qīng　　　新 xīn—星 xīng

第九组：
心情 xīn qíng　　　禁令 jìn lìng　　　民警 mín jǐng　　　品行 pǐn xíng
聘请 pìn qǐng　　　进行 jìn xíng　　　新型 xīn xíng　　　尽情 jìn qíng
心灵 xīn líng　　　拼命 pīn mìng　　　民兵 mín bīng　　　尽兴 jìn xìng
金星 jīn xīng　　　新颖 xīn yǐng

第十组：
听信 tīng xìn　　　灵敏 líng mǐn　　　清音 qīng yīn　　　挺进 tǐng jìn
平民 píng mín　　　凭信 píng xìn　　　迎新 yíng xīn　　　影印 yǐng yìn
领巾 lǐng jīn　　　清新 qīng xīn　　　精心 jīng xīn　　　轻信 qīng xìn
病因 bìng yīn　　　定亲 dìng qīn

第十一组：
心境 xīn jìng—行径 xíng jìn　　　亲生 qīn shēng—轻生 qīng shēng
金质 jīn zhì—精致 jīng zhì　　　人民 rén mín—人名 rén míng
信服 xìn fú—幸福 xìng fú　　　频繁 pín fán—平凡 píng fán
亲近 qīn jìn—清静 qīng jìng　　　凭信 píng xìn—平行 píng xíng
金银 jīn yín—经营 jīng yíng

第十二组：
研 yán—阳 yáng　　　年 nián—娘 niáng　　　连 lián—良 liáng
间 jiān—将 jiāng　　　前 qián—强 qiáng　　　线 xiàn—向 xiàng

第十三组：
演讲 yǎn jiǎng　　　点将 diǎn jiàng　　　现象 xiàn xiàng　　　健将 jiàn jiàng
边疆 biān jiāng　　　坚强 jiān qiáng　　　变相 biàn xiàng　　　偏向 piān xiàng
勉强 miǎn qiǎng　　　联想 lián xiǎng　　　绵羊 mián yáng　　　天象 tiān xiàng
限量 xiàn liàng　　　岩浆 yán jiāng

第十四组：
相见 xiāng jiàn　　　镶嵌 xiāng qiàn　　　香甜 xiāng tián　　　相片 xiàng piàn
想念 xiǎng niàn　　　香烟 xiāng yān　　　两边 liǎng biān　　　量变 liàng biàn
强辩 qiǎng biàn

第十五组：
险象 xiǎn xiàng—想象 xiǎng xiàng　　　简历 jiǎn lì—奖励 jiǎng lì
坚硬 jiān yìng—僵硬 jiāng yìng　　　浅显 qiǎn xiǎn—抢险 qiǎng xiǎn
老年 lǎo nián—老娘 lǎo niáng　　　大连 dà lián—大梁 dà liáng

153

繁衍 fán yǎn—放眼 fàng yǎn　　　　试验 shì yàn—式样 shì yàng

第十六组：

完 wán—王 wáng	关 guān—光 guāng	宽 kuān—筐 kuāng
环 huán—黄 huáng	专 zhuān—装 zhuāng	船 chuán—床 chuáng
栓 shuān—双 shuāng		

第十七组：

观光 guān guāng	管状 guǎn zhuàng	宽广 kuān guǎng
观望 guān wàng	万状 wàn zhuàng	端庄 duān zhuāng
光环 guāng huán	慌乱 huāng luàn	狂欢 kuáng huān
双关 shuāng guān	王冠 wáng guān	壮观 zhuàng guān

第十八组：

机关 jī guān—激光 jī guāng　　　专车 zhuān chē—装车 zhuāng chē
大碗 dà wǎn—大网 dà wǎng

第十九组：

温 wēn—翁 wēng	盾 dùn—动 dòng	吞 tūn—通 tōng
轮 lún—龙 lóng	滚 gǔn—拱 gǒng	昆 kūn—空 kōng
混 hún—洪 hóng	准 zhǔn—肿 zhǒng	春 chūn—充 chōng

第二十组：

稳重 wěn zhòng	滚动 gǔn dòng	顺从 shùn cóng	昆虫 kūn chóng
滚筒 gǔn tǒng	混同 hùn tóng	尊重 zūn zhòng	

第二十一组：

农村 nóng cūn	中文 zhōng wén	重孙 chóng sūn	公文 gōng wén
共存 gòng cún	通顺 tōng shùn	红润 hóng rùn	

第二十二组：

存钱 cún qián—从前 cóng qián　　　依存 yī cún—依从 yī cóng
春风 chūn fēng—冲锋 chōng fēng　　吞并 tūn bìng—通病 tōng bìng
轮子 lún zi—笼子 lóng zi　　　　　余温 yú wēn—渔翁 yú wēng
炖肉 dùn ròu—冻肉 dòng ròu

第二十三组：

运用 yùn yòng	军用 jūn yòng	群雄 qún xióng	拥军 yōng jūn

第二十四组：

运费 yùn fèi—用费 yòng fèi　　　　晕车 yùn chē—用车 yòng chē
因循 yīn xún—英雄 yīng xióng

第二十五组：

严 yán—圆 yuán	银 yín—云 yún	英 yīng—拥 yōng
坚 jiān—娟 juān	前 qián—全 quán	先 xiān—宣 xuān
金 jīn—军 jūn	秦 qín—群 qún	信 xìn—训 xùn
井 jǐng—炯 jiǒng	晴 qíng—穷 qióng	形 xíng—雄 xióng

第二十六组：
健全 jiàn quán　　英雄 yīng xióng　　进军 jìn jūn　　厌倦 yàn juàn
借用 jiè yòng　　幸运 xìng yùn
第二十七组：
怨言 yuàn yán　　权限 quán xiàn　　全体 quán tǐ　　汛期 xùn qī　　凶器 xiōng qì
第二十八组：
白银 bái yín—白云 bái yún　　　　前面 qián miàn—全面 quán miàn
通信 tōng xìn—通讯 tōng xùn　　　燕子 yàn zi—院子 yuàn zi
颜料 yán liào—原料 yuán liào　　　建议 jiàn yì—倦意 juàn yì
咽气 yàn qì—怨气 yuàn qì　　　　方言 fāng yán—方圆 fāng yuán
第二十九组：
安 ān—恩 ēn　　般 bān—奔 bēn　　盘 pán—盆 pén　　慢 màn—闷 mèn
反 fǎn—粉 fěn　　难 nàn—嫩 nèn　　甘 gān—根 gēn　　坎 kǎn—肯 kěn
焊 hàn—恨 hèn　　战 zhàn—振 zhèn　　缠 chán—陈 chén　　山 shān—深 shēn
染 rǎn—忍 rěn　　赞 zàn—怎 zěn　　残 cán—岑 cén
第三十组：
安分 ān fèn　　翻身 fān shēn　　烦闷 fán mèn　　闪身 shǎn shēn
犯人 fàn rén　　版本 bǎn běn　　残忍 cán rěn
第三十一组：
分散 fēn sàn　　伸展 shēn zhǎn　　侦探 zhēn tàn　　分担 fēn dān
审判 shěn pàn　　衬衫 chèn shān　　深山 shēn shān
第三十二组：
战士 zhàn shi—阵势 zhèn shì　　　翻身 fān shēn—分身 fēn shēn
遗憾 yí hàn—遗恨 yí hèn　　　　盘子 pán zi—盆子 pén zi
板子 bǎn zi—本子 běn zi　　　　竿子 gān zi—根子 gēn zi
翻开 fān kāi—分开 fēn kāi　　　　寒冷 hán lěng—很冷 hén lěng
第三十三组：
帮 bāng—崩 bēng　　旁 páng—蓬 péng　　忙 máng—盟 méng
方 fāng—封 fēng　　当 dāng—灯 dēng　　唐 táng—腾 téng
囊 náng—能 néng　　浪 làng—愣 lèng　　刚 gāng—更 gēng
康 kāng—坑 kēng　　行 háng—横 héng　　张 zhāng—争 zhēng
常 cháng—程 chéng　　上 shàng—胜 shèng　　瓤 ráng—仍 réng
脏 zāng—增 zēng
第三十四组：
长征 cháng zhēng　　章程 zhāng chéng　　航程 háng chéng
长生 cháng shēng　　党政 dǎng zhèng　　昌盛 chāng shèng
第三十五组：
生长 shēng zhǎng　　冷烫 lěng tàng　　膨胀 péng zhàng

正常 zhèng cháng 　　　风浪 fēng làng 　　　增长 zēng zhǎng

第三十六组：
长度 cháng dù—程度 chéng dù 　　商人 shāng rén—生人 shēng rén
东方 dōng fāng—东风 dōng fēng 　　长工 cháng gōng—成功 chéng gōng

第三十七组：
验 yàn—印 yìn 　　边 biān—宾 bīn 　　片 piàn—拼 pīn 　　棉 mián—民 mín
年 nián—您 nín 　　连 lián—林 lín 　　间 jiān—金 jīn 　　前 qián—秦 qín
现 xiàn—信 xìn

第三十八组：
饯行 jiàn xíng—进行 jìn xíng 　　颜色 yán sè—银色 yín sè
前人 qián rén—亲人 qīn rén 　　先行 xiān xíng—新型 xīn xíng

第三十九组：
养 yǎng—影 yǐng 　　娘 niáng—宁 níng 　　量 liáng—零 líng
降 jiàng—静 jìng 　　强 qiáng—情 qíng 　　相 xiāng—兴 xīng

第四十组：
相应 xiāng yìng 　　良性 liáng xìng 　　详情 xiáng qíng 　　将领 jiàng lǐng
讲情 jiǎng qíng 　　象形 xiàng xíng

第四十一组：
营养 yíng yǎng 　　领奖 lǐng jiǎng 　　行将 xíng jiāng 　　明亮 míng liàng
清凉 qīng liáng 　　影响 yǐng xiǎng

第四十二组：
讲价 jiǎng jià—井架 jǐng jià 　　明亮 míng liàng—明令 míng lìng
粮食 liáng shi—零食 líng shí 　　枪弹 qiāng dàn—氢弹 qīng dàn

第四十三组：
完 wán—文 wén 　　端 duān—吨 dūn 　　团 tuán—屯 tún
乱 luàn—论 lùn 　　管 guǎn—滚 gǔn 　　款 kuǎn—捆 kǔn
还 huán—魂 hún 　　砖 zhuān—准 zhǔn 　　船 chuán—纯 chún
栓 shuān—顺 shùn 　　软 ruǎn—润 rùn 　　钻 zuān—尊 zūn

第四十四组：
传闻 chuán wén 　　换文 huàn wén 　　晚婚 wǎn hūn 　　万吨 wàn dūn
还魂 huán hún

第四十五组：
存款 cún kuǎn 　　轮船 lún chuán 　　论断 lùn duàn

第四十六组：
汪 wāng—翁 wēng 　　光 guāng—工 gōng 　　筐 kuāng—空 kōng
黄 huáng—红 hóng 　　装 zhuāng—中 zhōng 　　床 chuáng—虫 chóng

第四十七组：

员 yuán—云 yún　　　　捐 juān—军 jūn　　　　全 quán—群 qún

宣 xuān—熏 xūn　　　　援军 yuán jūn—全军 quán jūn

【训练评价】

序号	评价项目	评价内容	分值	自评（30%）	互评（30%）	师评（40%）	合计
1	发音例词训练	舌位、口腔、唇形位置是否正确，语音是否正确	100				
2	绕口令、短文训练	在语流中读准韵母	100				

模块九　声调发音训练

训练目标

强化学生对普通话声调发音技巧的掌握；
在清楚了解本人声调发音与普通话声调发音区别的基础上，纠正错误发音。

项目一　同声韵四声音节练习

训练提示：气息贯通，分配合理；调类准确，调值到位。音素完整，过渡自然；放大处理，一气呵成。①

声调训练的目的是帮助我们准确区分音域中的高、中、低音，让我们学会控制声带的松紧，使声调准确到位，并能够随语流自然变化。

需要注意的是，我们在练习声调时可以与练习气息控制结合，气息的收放自如有助于声调的发音。

普通话4个声调气息状态各不相同。阴平气息微微紧绷，发音时会从头到尾提着一口气，并且保持气息平稳，气流强弱上基本无变化；阳平气息刚发时松，越发越紧，是由松到紧的变化过程；上声随着降升的变化，气息的变化是由紧到松再到紧；去声气息先紧再松，越往后越松，气息变化是由紧到松。

[双唇音]

| 巴 bā | 拔 bá | 把 bǎ | 罢 bà | 坡 pō | 婆 pó | 叵 pǒ | 破 pò |
| 猫 māo | 毛 máo | 卯 mǎo | 帽 mào | | | | |

[唇齿音]

| 方 fāng | 房 fáng | 仿 fǎng | 放 fàng |

[舌尖中音]

| 低 dī | 敌 dí | 底 dǐ | 弟 dì | 通 tōng | 同 tóng | 统 tǒng | 痛 tòng |
| 妞 niū | 牛 niú | 扭 niǔ | 拗 niù | 撩 liāo | 聊 liáo | 了 liǎo | 料 liào |

[舌根音]

| 姑 gū | 骨 gú | 古 gǔ | 顾 gù | 科 kē | 咳 ké | 可 kě | 刻 kè |
| 酣 hān | 含 hán | 喊 hǎn | 汉 hàn | | | | |

---

① 吴弘毅. 实用播音教程 [M]. 北京：中国传媒大学出版社，2002：75.

[舌面音]
居 jū　　局 jú　　举 jǔ　　据 jù　　青 qīng　　情 qíng　　请 qǐng　　庆 qìng
香 xiāng　降 xiáng　想 xiǎng　象 xiàng

[翘舌音]
知 zhī　　职 zhí　　止 zhǐ　　至 zhì　　称 chēng　成 chéng　逞 chěng　秤 chèng
申 shēn　神 shén　沈 shěn　甚 shèn　嚷 rāng　瓤 ráng　壤 rǎng　让 ràng

[平舌音]
作 zuō　　昨 zuó　　左 zuǒ　　做 zuò　　猜 cāi　　才 cái　　采 cǎi　　菜 cài
虽 suī　　随 suí　　髓 suǐ　　岁 suì

[开口音]
掰 bāi　　白 bái　　摆 bǎi　　败 bài　　抛 pāo　　刨 páo　　跑 pǎo　　泡 pào
飞 fēi　　肥 féi　　匪 fěi　　费 fèi　　喽 lōu　　楼 lóu　　篓 lǒu　　漏 lòu

[齐齿音]
家 jiā　　夹 jiá　　甲 jiǎ　　架 jià　　亲 qīn　　勤 qín　　寝 qǐn　　沁 qìn
些 xiē　　斜 xié　　写 xiě　　谢 xiè　　先 xiān　　贤 xián　　显 xiǎn　　县 xiàn

[合口音]
窗 chuāng　　床 chuáng　　闯 chuǎng　　创 chuàng　　蛙 wā　　娃 wá
瓦 wǎ　　袜 wà　　欢 huān　　还 huán　　缓 huǎn　　幻 huàn
乖 guāi　　拐 guǎi　　怪 guài

[撮口音]
薛 xuē　　学 xué　　雪 xuě　　穴 xuè　　晕 yūn　　云 yún　　允 yǔn　　运 yùn
圈 quān　　全 quán　　犬 quǎn　　劝 quàn

一、两字词声调练习

单发一个音节时相对比较简单，练习时没有问题，但是在读词组或者句子的时候，如果按照字本身的调值读的话就会显得非常僵硬，感觉不像是富有感情的人在读。所以我们在读的时候，要在正确的基础上注意音节的变化，因为音节受前后语流影响，声调会发生相应的改变。

在进行词组训练时，要保证四声调值的准确性，还要注意双音节词的内在联系，千万不能机械地将词拆成两个单独的字，连读时要注意变调和轻重规律。

（1）阴阴：香蕉　江山　咖啡　班车　单一　发声　参加　西安　播音
（2）阴阳：资源　坚决　鲜明　飘扬　新闻　编排　发言　加强　星球
（3）阴上：批准　发展　班长　听讲　灯塔　根本　生产　艰苦　歌舞
（4）阴去：庄重　播送　音乐　规范　通信　飞快　单位　希望　欢乐
（5）阳阴：国歌　联欢　革新　南方　群居　农村　长江　航空　围巾
（6）阳阳：直达　滑翔　儿童　团结　人民　模型　联合　驰名　临时
（7）阳上：华北　黄海　遥远　泉水　勤恳　民主　情感　描写　难免

(8) 阳去：豪迈　辽阔　模范　林业　盘踞　局势　革命　同志　白菜
(9) 上阴：指标　统一　转播　北京　纺织　整装　掌声　法医　演出
(10) 上阳：指南　普及　反常　谴责　讲完　朗读　考察　里程　起航
(11) 上上：古典　北海　领导　鼓掌　广场　展览　友好　导演　首长
(12) 上去：改造　舞剧　主要　访问　考试　想象　土地　广大　写作
(13) 去阴：下乡　矿工　象征　地方　贵宾　列车　卫星　认真　降低
(14) 去阳：自然　化学　措辞　特别　电台　会谈　政权　配合　未来
(15) 去上：耐久　剧本　跳伞　下雨　运转　外语　办法　信仰　戏曲
(16) 去去：日月　大厦　破例　庆贺　宴会　画像　示范　大会　快报

两字词声调对比练习，通过对比来记忆汉字声调。

截机—阶级　　春节—纯洁　　字母—字模　　松鼠—松树　　会意—回忆
裁决—采掘　　指示—致使　　土地—徒弟　　枝叶—职业　　肇事—找事
导演—导言　　几时—计时　　朱姨—竹椅　　新意—信义　　鲜鱼—闲语
佳节—假借　　整洁—政界　　从师—从事　　鸳鸯—远洋　　指导—知道
展览—湛蓝　　冲锋—重逢　　孤立—鼓励　　贺信—核心　　中华—种花
面前—棉签　　灰白—回拜　　吴叔—武术　　题材—体裁　　乘法—惩罚
天才—甜菜　　无疑—武艺　　河水—喝水　　司机—四季　　医务—遗物
艰巨—检举　　化学—滑雪　　管理—惯例　　时节—使节　　实施—事实
主体—主题　　大雪—大学　　完了—晚了　　申请—深情　　籍贯—机关

二、四字词声调练习

进行四音节词语的声调发音训练，要注意四声在语流中的稳定和流变程度，还要注意气息的控制。

练习四字词语要更加注重前后音节声调的顺势承接。

1. 顺序四声：阴平—阳平—上声—去声

天然宝藏　光明磊落　高原广阔　巍峨耸立　花红柳绿
资源满地　山明水秀　中国伟大　山河美丽　中流砥柱

2. 逆序四声：去声—上声—阳平—阴平

万里晴空　妙手回春　破釜沉舟　四海为家　碧草如茵
智勇无双　耀武扬威　寿比南山　袖里乾坤　大有文章

3. 同调四声

江山多娇　珍惜光阴　风吹花香　挖空心思　声东击西
含糊其词　牛羊成群　名存实亡　文如其人　严格执行
处理稳妥　党委领导　选举厂长　勉强饮酒　岂有此理
变幻莫测　胜利闭幕　艺术概论　对症下药　见利忘义

4. 四声交错

语重心长	集思广益	教学相长	得心应手	以身作则
无可非议	万马奔腾	百炼成钢	画龙点睛	感同身受
不胫而走	不堪回首	龙飞凤舞	超群绝伦	班门弄斧
始终不渝	和风细雨			

5. 按声母顺序排列

[b]	百炼成钢	波澜壮阔	暴风骤雨	壁垒森严
[p]	排山倒海	喷薄欲出	鹏程万里	普天同庆
[m]	满园春色	名不虚传	满腔热情	目不转睛
[f]	发愤图强	翻江倒海	丰功伟绩	赴汤蹈火
[d]	大快人心	当机立断	颠扑不破	斗志昂扬
[t]	谈笑风生	滔滔不绝	天衣无缝	推陈出新
[n]	鸟语花香	逆水行舟	能者多劳	宁死不屈
[l]	老当益壮	雷厉风行	力挽狂澜	龙飞凤舞
[g]	盖世无双	高瞻远瞩	攻无不克	光彩夺目
[k]	开卷有益	慷慨激昂	克敌制胜	快马加鞭
[h]	豪言壮语	和风细雨	横扫千军	呼风唤雨
[j]	艰苦奋斗	锦绣河山	继往开来	举世无双
[q]	千军万马	气壮山河	晴天霹雳	群威群胆
[x]	喜笑颜开	响彻云霄	心潮澎湃	栩栩如生
[zh]	辗转反侧	朝气蓬勃	咫尺天涯	专心致志
[ch]	超群绝伦	称心如意	赤子之心	出奇制胜
[sh]	山水相连	舍生忘死	深情厚谊	生龙活虎
[r]	饶有风趣	人才辈出	日新月异	如火如荼
[z]	赞不绝口	责无旁贷	再接再厉	自知之明
[c]	沧海一粟	层出不穷	灿烂光明	从容就义
[s]	四海为家	三思而行	所向披靡	肃然起敬

三、声调绕口令练习

大猫毛短（阴平、阳平）

大猫毛短，小猫毛长，大猫毛比小猫毛短，小猫毛比大猫毛长。

刘兰柳蓝（阳平、上声）

布衣履刘兰柳，布履蓝衣柳兰刘，兰柳拉犁来犁地，兰刘播种来拉耧。

任命不是人名（阳平、去声）

任命是任命，人名是人名，任命不是人命，人名不是任命，人名不能任命。人是人，任是任，名是名，命是命，人任名命，要分清。

不怕不会（阳平、上声、去声）

不怕不会，就怕不学，一回不会，再来一回，决不后悔，直到学会。

梨和栗（阳平、上声、去声）

老罗拉了一车梨，老李拉了一车栗。
老罗人称大力罗，老李人称李大力。
老罗拉梨做梨酒，老李拉栗去换梨。

小柳和小妞（阴平、阳平、上声）

路东住着刘小柳，路南住着牛小妞，
刘小柳拿着大皮球，牛小妞抱着大石榴，
刘小柳把皮球送给牛小妞，牛小妞把石榴送给刘小柳。

妈妈骑马（阴平、上声、去声）

妈妈骑马，马慢，妈妈骂马。
舅舅搬鸠，鸠飞，舅舅揪鸠。
姥姥喝酪，融酪，姥姥捞酪。
妞妞哄牛，牛拧，妞妞拧牛。

磨房磨墨（阴平、阳平、上声、去声）

磨房磨墨，墨抹磨房一磨墨。
小猫摸煤，煤飞小猫一毛煤。

嘴啃泥（阴平、阳平、上声、去声）

你说一，我对一，
一个阿姨搬桌椅，
一个小孩不注意，
绊一跟斗，啃一嘴泥。

老史捞石老师（阴平、阳平、上声、去声）

老师叫老史去捞石，老史老是没有去捞石。
老史老是骗老师，老师老说老史不老实。

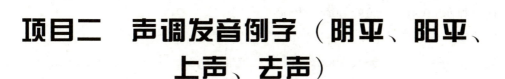

项目二 声调发音例字（阴平、阳平、上声、去声）

一、阴平声发音例字

阿 ā　　埃 āi　　安 ān　　烟 yān　　弯 wān　　冤 yuān　　妈 mā　　拉 lā
方 fāng　编 biān　端 duān　亏 kuī　　宣 xuān　装 zhuāng　酸 suān

二、阳平声发音例字

鹅 é　　昂 áng　　严 yán　　文 wén　　员 yuán　　麻 má　　泥 ní　　离 lí
然 rán　人 rén　　棉 mián　连 lián　　年 nián　　全 quán　怀 huái

三、上声发音例字

以 yǐ　　矮 ǎi　　养 yǎng　晚 wǎn　　远 yuǎn　　马 mǎ　　哪 nǎ　　里 lǐ
惹 rě　　秒 miǎo　碾 niǎn　脸 liǎn　　广 guǎng　九 jiǔ　　闯 chuǎng

四、去声发音例字

饿 è　　爱 ài　　验 yàn　　望 wàng　院 yuàn　　骂 mà　　那 nà　　辣 là
热 rè　　卖 mài　浪 làng　闹 nào　　肉 ròu　　放 fàng　面 miàn　片 piàn
掉 diào　换 huàn　袖 xiù　状 zhuàng

五、词的练习

1. 阳平—阴平

鼻音 bí yīn　　　皮衣 pí yī　　　实施 shí shī　　　行星 xíng xīng
回音 huí yīn　　齐心 qí xīn　　　白灰 bái huī　　　爬山 pá shān
棉衣 mián yī　　明天 míng tiān　房间 fáng jiān　　福音 fú yīn
夺标 duó biāo　图钉 tú dīng　　同乡 tóng xiāng　童心 tóng xīn
泥沙 ní shā　　年初 nián chū　农村 nóng cūn　　镰刀 lián dāo
箩筐 luó kuāng　来宾 lái bīn　　联欢 lián huān　　隔开 gé kāi

163

国歌 guó gē　　葵花 kuí huā　　魁星 kuí xīng　　红花 hóng huā
回声 huí shēng　　黄蜂 huáng fēng

2. 去声—阳平

近年 jìn nián　　皱纹 zhòu wén　　汽油 qì yóu　　要文 yào wén
事实 shì shí　　命名 mìng míng　　变革 biàn gé　　报仇 bào chóu
配合 pèi hé　　面条 miàn tiáo　　漫谈 màn tán　　放行 fàng xíng
富强 fù qiáng　　对联 duì lián　　地图 dì tú　　调查 diào chá
特长 tè cháng　　逆流 nì liú　　落实 luò shí　　路程 lù chéng
干活 gàn huó　　告别 gào bié　　克服 kè fú　　课堂 kè táng
空白 kòng bái　　后勤 hòu qín　　会员 huì yuán　　教材 jiào cái
季节 jì jié　　去年 qù nián

3. 去声—上声

制止 zhì zhǐ　　致使 zhì shǐ　　入伍 rù wǔ　　跳舞 tiào wǔ
遇雨 yù yǔ　　地理 dì lǐ　　办法 bàn fǎ　　报纸 bào zhǐ
聘请 pìn qǐng　　面粉 miàn fěn　　密码 mì mǎ　　饭碗 fàn wǎn
大脑 dà nǎo　　电影 diàn yǐng　　特有 tè yǒu　　探险 tàn xiǎn
呐喊 nà hǎn　　录取 lù qǔ　　猎手 liè shǒu　　购买 gòu mǎi
个体 gè tǐ　　候补 hòu bǔ　　敬礼 jìng lǐ　　旧址 jiù zhǐ
汽艇 qì tǐng　　窃取 qiè qǔ　　信仰 xìn yǎng　　戏曲 xì qǔ
战友 zhàn yǒu　　至少 zhì shǎo　　忏悔 chàn huǐ　　翅膀 chì bǎng
誓死 shì sǐ　　率领 shuài lǐng　　绕嘴 rào zuǐ　　热水 rè shuǐ
字典 zì diǎn　　字母 zì mǔ　　次品 cì pǐn

4. 阴平—去声

公共 gōng gòng　　出处 chū chù　　夫妇 fū fù　　相像 xiāng xiàng
黑夜 hēi yè　　抛弃 pāo qì　　抹布 mā bù　　方向 fāng xiàng
封建 fēng jiàn　　丰富 fēng fù　　冬至 dōng zhì　　端正 duān zhèng
推荐 tuī jiàn　　通过 tōng guò　　捏造 niē zào　　拉锯 lā jù
工作 gōng zuò　　观众 guān zhòng　　歌颂 gē sòng　　开放 kāi fàng
开会 kāi huì　　欢乐 huān lè　　花絮 huā xù　　接受 jiē shòu
经验 jīng yàn　　侵略 qīn lüè　　亲密 qīn mì　　消灭 xiāo miè
鲜艳 xiān yàn　　希望 xī wàng　　书架 shū jià　　灾难 zāi nàn
租用 zū yòng　　操练 cāo liàn　　粗细 cū xì

5. 阳平—去声

时事 shí shì　　别墅 bié shù　　白菜 bái cài　　排队 pái duì
疲倦 pí juàn　　矛盾 máo dùn　　迷路 mí lù　　缝纫 féng rèn
服务 fú wù　　独唱 dú chàng　　的确 dí què　　同伴 tóng bàn
题目 tí mù　　年代 nián dài　　牛肉 niú ròu　　劳动 láo dòng

模块九　声调发音训练

楼道 lóu dào　　革命 gé mìng　　国策 guó cè　　狂热 kuáng rè
回忆 huí yì　　急躁 jí zào　　决定 jué dìng　　群众 qún zhòng
情趣 qíng qù　　学校 xué xiào　　习性 xí xìng　　折断 zhé duàn
乘客 chéng kè　　尝试 cháng shì　　食物 shí wù　　实验 shí yàn
容易 róng yì　　杂志 zá zhì　　足够 zú gòu　　存在 cún zài
残酷 cán kù　　俗话 sú huà　　随便 suí biàn　　颜色 yán sè
茁壮 zhuó zhuàng

6. 阴平—阴平

标兵 biāo bīng　　扑空 pū kōng　　分工 fēn gōng　　冬天 dōng tiān
通知 tōng zhī　　垃圾 lā jī　　关心 guān xīn　　空间 kōng jiān
花生 huā shēng　　交通 jiāo tōng　　青春 qīng chūn　　星期 xīng qī
招生 zhāo shēng　　山坡 shān pō　　资金 zī jīn　　村庄 cūn zhuāng
司机 sī jī

7. 阳平—阳平

博学 bó xué　　频繁 pín fán　　棉田 mián tián　　服从 fú cóng
达成 dá chéng　　同时 tóng shí　　农民 nóng mín　　联合 lián hé
国防 guó fáng　　狂言 kuáng yán　　红旗 hóng qí　　结局 jié jú
球鞋 qiú xié　　循环 xún huán　　执行 zhí xíng　　长途 cháng tú
食堂 shí táng　　人民 rén mín　　责成 zé chéng　　辞职 cí zhí
随从 suí cóng

8. 去声—去声

毕业 bì yè　　破坏 pò huài　　密切 mì qiè　　复信 fù xìn
大概 dà gài　　特地 tè dì　　内部 nèi bù　　陆地 lù dì
顾问 gù wèn　　扩大 kuò dà　　互助 hù zhù　　竞赛 jìng sài
庆祝 qìng zhù　　项目 xiàng mù　　注意 zhù yì　　岔路 chà lù
示范 shì fàn　　锐利 ruì lì　　自治 zì zhì　　脆弱 cuì ruò

9. 阴平—阳平

包含 bāo hán　　批评 pī píng　　分头 fēn tóu　　单元 dān yuán
通俗 tōng sú　　观摩 guān mó　　欢迎 huān yíng　　经营 jīng yíng
青年 qīng nián　　心得 xīn dé　　支持 zhī chí　　车床 chē chuáng
生词 shēng cí　　钻研 zuān yán　　粗俗 cū sú　　私营 sī yíng

10. 阴平—上声

英勇 yīng yǒng　　冰冷 bīng lěng　　喷吐 pēn tǔ　　摸底 mō dǐ
风险 fēng xiǎn　　灯塔 dēng tǎ　　推理 tū lǐ　　拉倒 lā dǎo
钢笔 gāng bǐ　　开水 kāi shuǐ　　黑板 hēi bǎn　　家属 jiā shǔ
亲手 qīn shǒu　　辛苦 xīn kǔ　　真理 zhēn lǐ　　出口 chū kǒu

165

生产 shēng chǎn　　增长 zēng zhǎng　　操场 cāo chǎng　　思考 sī kǎo

11. 阳平—上声

博览 bó lǎn	平等 píng děng	毛笔 máo bǐ	烦恼 fán nǎo
读本 dú běn	停止 tíng zhǐ	牛奶 niú nǎi	联想 lián xiǎng
国土 guó tǔ	回想 huí xiǎng	结尾 jié wěi	全体 quán tǐ
狭窄 xiá zhǎi	直属 zhí shǔ	除草 chú cǎo	食品 shí pǐn
如果 rú guǒ	杂草 zá cǎo	磁铁 cí tiě	随手 suí shǒu

12. 去声—阴平

步枪 bù qiāng	配音 pèi yīn	陌生 mò shēng	饭厅 fàn tīng
大家 dà jiā	特征 tè zhēng	内心 nèi xīn	列车 liè chē
故乡 gù xiāng	客观 kè guān	互相 hù xiāng	竞争 jìng zhēng
气功 qì gōng	信心 xìn xīn	治安 zhì ān	唱歌 chàng gē
盛开 shèng kāi	再三 zài sān	措施 cuò shī	丧失 sàng shī

【训练评价】

序号	评价项目	评价内容	分值	自评（30%）	互评（30%）	师评（40%）	合计
1	发音例词训练	调值是否到位；语音是否正确	100				
2	绕口令训练	在语流中读准声调	100				

模块十　语流音变综合训练

训练目标

强化学生对普通话变调规律的掌握；
掌握正确的语流音变发音。

项目一　上声变调的规律训练

一、词语练习

摆脱	枕头	顶棚	腐蚀	改良	等待	抵触	躲藏	处罚	歹毒	倒霉	反正
伙计	考究	草签	捕捉	秉公	堵塞	躲避	纺织	宠爱	喘息	倒塌	点播
仿佛	处分	敞开	反驳	斗笠	买卖	老爷	闯荡	捣蛋	打算	底下	点心
哑巴	主体	伙计	火候	女婿	火柴	手掌	水运	指挥	选本	导演	体统
买手表	打靶场	两小碗	耍手腕	碾米厂	洗脚水	小米粥	手写体	蒙古语			
冷处理	老两口	女导演	请你指导	永远友好	稳步发展	海产品展	打井引水				

二、句段练习

今天下午多云转雨，请外出的朋友出门时带好雨具。

由于郑州有关部门修改了中招报考志愿表，学生不敢报好学校，致使热点高中使尽招数留住尖子生，可报名数还是不足计划的一半。

《北京晚报》说，两岁的小姑娘洋洋准备挑战自己，登上1400多级台阶的中央电视塔。

三、短文练习

海上日出（节选）

巴　金

在船上，为了看日出，我特地起了个大早。那时天还没有亮，周围是很寂静的，只有机器房的声音。

天空变成了浅蓝色,很浅很浅的;转眼间天边出现了一道红霞,慢慢儿扩大了它的范围,加强了它的光亮。我知道太阳要从那天际边升起来了,便目不转睛地望着那里。

小象欧利过生日(节选)

今天,小象欧利要过三岁生日,家里可热闹了。妈妈为她做了一个很漂亮的生日蛋糕,叔叔和姨妈们给她带来了好多好玩的玩具——其中还有欧利最喜欢的旱冰鞋。可是,欧利一点儿也不开心,她虽然很乖、很有礼貌地对大家说:

"谢谢你的礼物!""你能来我很高兴!""这个礼物太好了!"

但是,等客人们走后,欧利却小声地对妈妈说:"我最想要的礼物,是一个小弟弟。"

妈妈惊讶地看着她,摇了摇头说:"傻孩子,有谁会把自己的小宝宝送给你当作生日礼物啊?你不是有一个玩具娃娃吗?就把它当作你的小弟弟吧。"

项目二 轻声音的训练

一、句段练习

"就要开喽!"司机一面催我上车,一面安慰车里那些不耐烦的乘客。汽车呜呜震响着,奔驰着,如一匹被激怒了的巨兽。遇到拐角处,有的乘客时常会脱口喊嚷出来:"司机,司机,慢点儿开哟!"然而这嚷叫早被马达声吞没了,喊的人只好无助地向车窗外看,越是怕越想看啊!

终于,矮个子的公路站长走了出来,很认真地望了望腕子上的表,吹了声哨子。一片荒芜的草原上,哨子的声音实在可怜,然而站长那直直站立的神态却叫我们肃然起敬。他好像是说:车子虽然是辆卡车,设备差一些,这毕竟是个起点站,你们可小看不得。

我一辈子只看见了这么一回大热闹:男女老幼喊着叫着,狂跑着,拥挤着,争吵着,砸门的砸门,喊叫的喊叫。咔嚓!门板倒下去,一窝蜂似的跑进去,乱挤乱抓,压倒在地的狂号,身体利落地往柜台上蹿,全红着眼,全拼着命,全奋勇前进,挤成一团,倒成一片,散走全街。背着,抱着,扛着,曳着,像一片战胜的蚂蚁,昂首疾走,去而复归,呼妻唤子,前呼后应。

二、短文练习

风筝畅想曲(节选)
李恒瑞

儿时放的风筝,大多是自己的长辈或家人编扎的,几根削得很薄的篾,用细纱线扎成各种鸟兽的造型,糊上雪白的纸片,再用彩笔勾勒出面孔与翅膀的图案。通常扎得最多的是"老雕""美人儿""花蝴蝶"等。

我们家前院就有位叔叔,擅扎风筝,远近闻名。他扎的风筝不只体型好看,色彩艳丽,放飞得高远,还在风筝上绷一叶蒲苇削成的膜片,经风一吹,发出"嗡嗡"的声响,仿佛是风筝的歌唱,在蓝天下播扬,给开阔的天地增添了无尽的韵味,给驰荡的童心带来几分疯狂。

项目三 儿化音的训练

一、词语练习

号码儿 莲蓬儿 跑腿儿 冰棍儿 竹竿儿 喜讯儿 手绢儿
现成儿 瓜秧儿 台阶儿 小偷儿 脚印儿 瓜子儿 空缺儿
雪花儿 毛驴儿 眼皮儿 小熊儿 秘方儿 冒牌儿

二、句段练习

【例1】院子里几个小孩儿推着小铁环儿高高兴兴地玩儿着,两个老头儿抽着烟卷儿在一边聊天儿。

【例2】听说这个药方儿可好用了,小何刚喝了两包儿就没事儿了,你一定得试试。

【例3】你瞧这小哥俩儿的肩膀儿,以后准长成大个儿。

【例4】张婶儿,您就别忙乎了,快坐到小凳儿上歇歇吧,这么多面鱼儿晚上够大伙儿吃了。

【例5】你怎么这么不开窍儿啊!没看见人家已经给你备好了草料儿,赶紧喂你的小马儿去吧。

【例6】她早上都会到河边儿喊上两嗓儿,生怕时间一长,自己唱大鼓的本事就废了。

【例7】台阶儿上坐着几个七八岁的小男孩儿,正热闹地吃着瓜子儿,磕了满地的瓜子儿皮儿。

【例8】出了胡同口儿往南走几步,就是井窝子,这里满地是水,有的地方结成薄薄的冰。

【例9】我这两天眼皮儿总跳,心慌得利害,该不是工地又出事儿了吧?

【例10】小雨用阳铁丝儿满了一个漂亮的小篮儿,送给妈妈装鸡蛋用。

三、绕口令练习

老婆儿和老头儿

东直门儿有个老婆儿拿棍儿赶小鸡儿，
西直门儿有个老头儿骑驴儿唱小曲儿。
老头儿上山砍木头，砍了这头儿砍那头儿。
对面来了个小丫头儿，给老头送来一盒小馒头儿，
没留神撞上一块大木头，栽了一个小跟头儿。

小兰儿上庙台儿

有个小孩儿叫小兰儿，
挑着水桶上庙台儿，
摔了一个跟头捡了一个钱儿。
又打醋，又买盐儿，
还买了一个小饭碗儿。
小饭碗儿，真好玩儿，
没有边儿，没有沿儿，
中间有个小红点儿。

项目四 "一""不""啊"变音训练

一、词语练习

一心一意　　一窍不通　　不折不扣　　一模一样　　一粥一饭　　一年一度
一张一弛　　不依不饶　　不拘一格　　不知不觉　　不管不顾　　不可一世
听一听　　看一看　　走一走　　想一想　　跑一跑　　好不好　　走不动　　差不多

二、绕口令练习

大小多少要记牢

一个大，一个小，一件衣服一顶帽。

一边多，一边少，一打铅笔一把刀。
一个大，一个小，一只西瓜一颗枣。
一边多，一边少，一盒饼干一块糕。
一个大，一个小，一头肥猪一只猫。
一边多，一边少，一群大雁一只鸟。
一边唱，一边跳，大小多少要记牢。

不怕不会

不怕不会，就怕不学。一回不会，再来一回。绝不后悔，直到学会。

三、句段练习

【例1】她一进门，所有人都无法将目光从她身上挪开，她穿了一件绿色花呢短大衣，腰间系了一条秋季最新款的皮带，衬得她身形窈窕，异常美丽。

【例2】母亲本不愿出来的。她老了，身体不好，走远一点就觉得累。我说，正因为如此，才应该多走走。母亲信服地点点头，便去拿外套。她现在很听我的话，就像我小时候很听她的话一样。

【训练评价】

序号	评价项目	评价内容	分值	自评(30%)	互评(30%)	师评(40%)	合计
1	发音例词训练	读准音变语音	100				
2	语句、短文训练	在语流中读准语流音变	100				

模块十一　朗读基本功训练

训练目标

强化学生朗读能力；掌握朗读基本功的训练方法。

项目一　气息控制训练

朗读时声音的发出是与呼吸、发声、共鸣、咬字四个环节紧密相连的。肺部呼出的气息通过气管，振动了喉头内的声带，发出微弱的声音。这种声波经过咽腔、口腔、鼻腔等腔体共鸣得到了扩大和美化，再经过口腔、唇、齿、舌、牙、腭的协调动作，不同的声音就产生了，这就是朗读艺术发声的简单原理。

"气者音之帅也"，没有气息，声带就不能颤动发声。声音的强弱、高低、长短、大小及共鸣状况，与呼出气息的速度、流量、压力大小都有直接关系。气流的变化关系到声音的响亮度、清晰度，音色的优美圆润，嗓声的持久性。也就是说，只有气息得到控制，才能控制声音。因此，在诸多发声控制训练中，气息控制训练是学习发声中最重要的一环。

朗读用声的特点决定了对气息控制的要求——掌握胸腹联合呼吸法：一要有较持久的控制能力，二要保持较稳定的气息压力，三要呼气时间长，四要对气息的控制收纵自如，五要学会短时无声吸气，要能掌握"深、匀、通、活、稳定、持久、自如"的气息控制本领。在朗读中，气息的作用不仅仅限于是发声的动力，它还是一种极重要的表达手段。气息是"情动于内"与"声发于外"的中间过渡环节，是情与声之间必经的桥梁，只有在"气随情动"的情况下，声音才能随情而变化。如气势汹汹、气息奄奄、气冲霄汉、有气无力、气急败坏、忍气吞声、气贯长虹、怒气冲天等，这些成语涉及情感的复杂变化，如果用一种声音形式，一种气息状态去表达，那是不行的！从这个意义上讲，气息控制是由情及声，由内及外的贯穿性技巧。要想使声音能自如地表情达意，必须学会气息的控制与运用。

不少人以为生活中每个人都在呼吸，因此根本无须练习，他们不明白艺术创作的呼吸与平时的呼吸大不相同，它不仅直接影响着声音的音量大小、音质优劣，还会对思想感情的表达起到极大的作用，所以朗读艺术要求我们努力做到呼吸深沉、通畅、饱满、自如。生活中气息吸得较浅，吸气到胸部就可以了，但朗读时要用丹田之气，气沉丹田。用气时，气息的运动要均匀通畅，不能在通道里受阻，练习气息要练得运用自如，要多即多，要少即少，要停即停，要来即来。

一、正确的呼吸姿态

呼吸姿态包括姿势与神态两方面，正确的呼吸姿态要使两方面都处在对呼吸有利的最佳状态中。首先在发音之前，纠正妨碍呼吸的姿势，如扛肩、驼背、撅臀、抠胸、挺胸等；神态也会影响气息，心情舒畅、心胸开阔的精神状态有利于练习呼吸，使气息通顺，找到正确运用气息的感觉。情绪低落则气息阻滞，懒于说话。

二、正确的吸气方式

正确的吸气方式是在既兴奋又从容的状态下，两肋向周围展开，上肢松弛自如，两肋展开会使腰带周围逐渐紧张起来，似有一种发胖的感觉，但不要"胖"到顶端，仅仅七分满就够了，因为太满就僵化了，一旦僵化就无法控制，气就死了。很多人吸气时没有让两肋张开使气息自然吸入，而是有意向里吸，这就会发出较响的吸气声并带到朗读中，影响朗读效果。初练时可以请一个人帮忙，请他站在你的背后用手掐住你的两肋，给你一些压力，此时，你要用气息把他的双手顶开，但要注意，顶时肩膀不要使劲上抬。当你能用气顶开掐住你两肋的手时，你的两肋展开的感觉自然找到了。吸气时小腹向内即向丹田收缩，相反，大腹、胸、腰部同时向外扩展，这时可以感觉到腰带渐紧，前腹和后腰分别向前、后、左、右撑开。用鼻吸气，做到快、静、深。

在做吸气练习时，保持良好的精神状态，肩胸放松是很重要的，要做到"兴奋从容两肋开，不觉吸气气自来"。可以通过以下方法来体会：

（1）以衣襟中间的纽扣为标记，把气缓缓吸到最下面一颗纽扣的位置。

（2）坐在椅子的前沿，上身略向前倾，"沿着后背"将气缓缓吸入体内。这种方法排除了单纯的胸部用力吸气的可能，容易获得两肋打开的实际感觉。

（3）闻花，远处飘来一股花香，闻一闻是什么花的味呢？此时，气会吸得深入、自然。用这种方法体会降膈和开肋。

（4）调整意念，觉得气是从全身的毛细孔吸入体内的。这样会使你的两肋较充分地展开。

（5）抬起重物和"倒拔垂杨柳"。在抬起重物和"倒拔垂杨柳"时，总要深吸一口气，憋住一股劲儿，此时，腰部、腹部的感觉和胸腹联合呼吸时吸气最后一刻的感觉相近。

（6）"半打"哈欠。不张大嘴地打哈欠，进行到最后一刻的感觉和胸腹联合呼吸时吸气最后一刻的感觉相近。

三、正确的呼气方式

丹田是呼吸的支点和气息的依托，故丹田不可松懈，一松懈，气息就将失去立足的根基。呼出的气要均匀平稳，自我感觉从丹田到声门之间形成一股具有一定能量的气柱；要控制两肋，不要一呼气两肋就恢复原状，气息马上散失，也不要两肋始终不动，气息停滞僵死。呼气时小腹差不多始终要收住，不可放开，使胸、腹部在努力控制下，将肺部储气慢慢放出，均匀地外吐。呼气要用嘴，做到匀、缓、稳。这种呼吸方法可以使腹部和丹田盈满，为发音提供充足的"底气"，同时，由于小腹向内收缩，胸部外扩，以小腹、后腰和后胸为支点，为发音提供充足的"气力"。"气"与"力"的融合，可为优美的声音奠定坚实的基础。

做呼气练习时心理应自然松弛，不能为了延长使用时间而憋气、紧喉。用练习吸气的方法吸气至"八成"满，然后：

（1）以叹气方法呼出，并不带出任何语音，体会喉部如何放松。

（2）缓缓持续地发出"d"的声音。

（3）均匀、缓慢地吹去桌面上的尘土；吹歪蜡烛火苗，使其既不直也不灭。

（4）吹蜡烛：模拟吹灭生日蜡烛，深吸一口气后均匀缓慢地吹出，尽可能时间长一点，达到25～30秒为合格。

（5）咬住牙，深吸一口气，然后从牙缝中发出"咝咝"声，力求稳、匀、久。

（6）以每秒2个的速度数数：1，2，3，4…，一口气能数多少遍就数多少遍，要数得清晰响亮。

（7）数葫芦，清晰地发出"一口气数不了二十个葫芦：一个葫芦，两个葫芦，三个葫芦，四个葫芦……"

（8）用绕口令或近似绕口令的语句练习气息。

【例1】出东门，过大桥，大桥底下一树枣儿，拿着杆子去打枣，青的多，红的少。一个枣儿，两个枣儿，三个枣儿，四个枣儿，五个枣儿，六个枣儿，七个枣儿，八个枣儿，九个枣儿，十个枣儿……这是一个绕口令，一气说完才算好。（《数枣》）

【例2】一个葫芦两块瓢，两个葫芦四块瓢，三个葫芦六块瓢，四个葫芦八块瓢，五个葫芦十块瓢，六个葫芦十二块瓢，七个葫芦十四块瓢，八个葫芦十六块瓢，九个葫芦十八块瓢，十个葫芦二十块瓢，十一个葫芦二十二块瓢，十二个葫芦二十四块瓢。（《数葫芦》）

【例3】广场上飘红旗，看你能数多少面旗：一面旗，两面旗，三面旗，四面旗，五面旗，六面旗，七面旗，八面旗，九面旗，十面旗……（《数红旗》）

开始做练习的时候，中间可适当换气，练到气息有了控制能力时，逐渐减少换气次数，尽量争取多说一些。在朗读过程中，要处理好朗读和呼吸的关系，必须注意以下几点：

第一，尽可能轻松自如，吸气要迅速，呼气要缓慢、均匀，吸入气量要适中。

第二，尽可能在朗读中的自然停顿处换气，不要等讲完一个长句才大呼大吸，显得很吃力。要根据自己的气量来决定是否采用不便停顿的长句，不要为了渲染和增强表达效果而勉强使用，那只会适得其反。

第三，朗读时的姿势要有利于呼吸。无论是站姿还是坐姿，都要抬头、舒肩、展背，胸部要稍前倾，小腹自然内收，双脚并立平放，使发音的关键部位胸、腹、喉、舌等处于良好的呼吸准备和行进状态之中。呼吸顺畅，方可语流顺畅。

四、四声的用气练习

就声音形成而言,汉语语势变化的基础是四声。因此,进行四声的气息控制练习是相当重要的。要领如下:阴平字高而平,可以"铺满地面"的感觉发音;阳平字取中而升,可以"下一层楼梯"的感觉发音;上声字先降而后升,降时要"托"住气,升时"上楼梯";去声字取调高而降到底,要"托住下楼梯"。

【四声韵组合练习】

[顺序组合——阴、阳、上、去]

兵强马壮	阶级友爱	山穷水尽	山明水秀	山盟海誓	千锤百炼
飞檐走壁	飞禽走兽	风调雨顺	心怀巨测	心直口快	心明眼亮
瓜田李下	发凡起例	光明磊落	妖魔鬼怪	优柔寡断	安常处顺
阴谋诡计	花团锦簇	鸡鸣狗盗	鸡鸣犬吠	妻离子散	呼朋引类

[逆序组合——去、上、阳、阴]

逆水行舟	妙手回春	热火朝天	兔死狐悲	驷马难追	信以为真
背井离乡	遍体鳞伤	步履维艰	万古流芳	倒果为因	地广人稀
调虎离山	奋起直追	叫苦连天	救死扶伤	具体而微	刻骨铭心
量体裁衣	镂骨铭心	墨守成规	木已成舟	暮鼓晨钟	弄假成真

项目二 共鸣调节训练

声带所产生的音量是很小的,只占人们讲话时音量的百分之五左右,其他百分之九十五左右的音量,需要通过共鸣腔的放大获得。共鸣腔是决定音色的重要发音器官,直接引起语音共鸣的是声带上方的咽、口、鼻三腔,此外,胸腔和头腔也有共鸣作用。说话用声是以口腔共鸣为主,以胸腔共鸣为基础。共鸣器又可分为高、中、低三区共鸣。高音共鸣区,即头腔、鼻腔共鸣,音流通过该区共鸣可以获得高亢、响亮的声音;中音共鸣区就是咽腔、口腔共鸣,是语音的制造厂,是人体中最灵活的共鸣区,音流在这里通过,可以获得丰满圆润的声音;低音共鸣区主要靠胸腔共鸣,音流通过该区共鸣,可以获得浑厚低沉的声音。以下介绍几种简单易行的共鸣训练方法。

(1)放松喉头,用"哼哼"音唱歌。

(2)学鸭叫声。挺软腭,口腔张开成一圆筒,边发"ga ga"音边仔细体会,共鸣运用得好的,"ga ga"音好听,共鸣运用得不好的"ga ga"音枯燥、刺耳。

(3)学牛叫声。类似打电话的"嗯"(表疑问)和"嗯"(表知晓)。

(4)牙关大开合,同时发出"啊"音。

(5)模拟汽笛长鸣声。"嘀"(di)既可平行发音,也可由大到小或由小到大地变化发音。

（6）做扩胸运动，同时尽量发高亢或低沉的声音。

（7）"气泡音"练习。闭嘴，用轻匀的气流冲击声带，使之发出细小的抖动声。

（8）音阶练习。选一句话，在本人音域范围内，先用低调说，一级一级地升高，然后再一级一级下降，一句高一句低，高低交替。

（9）夸张四声练习。选择韵母较多的词语或成语，运用共鸣技巧做夸张四声的训练。如：清——正——廉——洁——，英——勇——顽——强——。

（10）大声呼唤练习。假设某人在离自己100米处，大声呼唤：张——师——傅——，快——回——来——！喂——，那——里——危——险——，快——离——开——！

项目三　吐字训练

吐字清晰，是朗读的起码要求之一。因此，吐字归音是学习朗读必须练习的一项重要基本功。

"吐字归音"是我国传统的说唱艺术理论中在咬字方法上运用的一个术语，它将一个音节的发音过程分为"出字—立字—归音"三个阶段。出字是指声母和韵头（介音）的发音过程，立字是指韵腹（主要元音）的发音过程，归音是指音节发音的收尾（韵尾）过程。其基本要领是：出字要准确有力，有叼住弹出之感；立字要拉开立起，明亮充实，圆润饱满；归音趋向要鲜明，迅速"到家"，干净利索。总之，就是要求一个音节的发音过程有头有尾，构成一个枣核形，即声母、韵头为一端，韵尾为一端，韵腹为核心。字的中间发音动程大，时间长，字的两头发音动程小，所占时间也短。无论如何，吐字时不仅要有头有尾不含混，而且要连接得浑然一体，不能有分解、断接痕迹。

在吐字训练中，还要注意到位性练习，即口形和发音器官操作到位的练习。韵母在形成口形时作用最大，讲话中的每一个音节都离不开韵母。在讲话时，有的人会图省事，嘴巴没张到位，或者嘴、齿、舌、鼻、喉、声带等器官动作不够协调，发生"吃字""隐字""丢音"或含混不清、音量过小、吐字不准等现象。

吐字归音训练与读句训练是紧密相连、相辅相成的。读句训练，就是选择一些有一定难度的语句、段落，进行快读训练。要求做到把音读准，不增减字、词，不重不断，停顿自然，有节奏，连贯流畅。目的是训练朗读时语句干净利索，出口成章，不拖泥带水，逐渐减少习惯性的口头语，直至完全消除。

一、口部训练操

口部操以唇舌练习为主，常做口部操可以有效地加强唇、舌部肌肉的力量，提高唇舌的灵活程度。

（一）唇的练习

（1）喷——双唇紧闭，阻住气流，突然放开，则发出"p"音。
（2）咧——先把双唇闭紧噘起，然后将嘴角用力向两边伸展（咧），反复进行。
（3）歪——先把双唇闭紧噘起，然后向左歪，向右歪，交替进行。
（4）绕——先把双唇闭紧噘起，然后向左转360°，再向逆时针方向环绕360°，交替进行。

（二）舌的练习

（1）刮——舌尖抵下齿背，舌体用力，用上门齿齿沿从舌尖到舌面，反复进行。
（2）捣——将枣核样物体竖（两尖端正对前舌）放在舌面上，用舌面挺起的动作使它翻转，反复进行。
（3）弹——先将力量集中于舌尖，抵住上齿龈，阻住气流，然后突然打开，爆发出"t"音，反复进行。
（4）咬——先咧唇，舌体后缩，舌根抬起至软硬腭交接处，阻住气流，然后突然打开，则发出音，反复进行。
（5）顶——闭唇，用舌尖顶左、右内颊，交替进行。
（6）绕——闭唇，把舌尖伸到齿前唇后，向顺时针方向环绕360°，再向逆时针方向环绕360°，交替进行。
（7）立——先把舌自然平放在下齿槽中，然后向左、右翻立，交替进行。

二、字词训练

发唇部音时，要把力量集中于唇的中央三分之一处；发舌部音时，力量应集中于舌的中纵线，舌体取"收势"，把字音沿上腭中线，送到硬腭前部，忌满口用力，声音散射。

[b]	巴	白	宝	帮	必	布	辨别	白布	标兵	表白	本部
[P]	排	畔	盆	扑	配	怕	偏	评判	乒乓	偏旁	铺平	爬坡
[m]	妈	买	毛	面	门	灭	满	埋没	麻木	面貌	明媚
[f]	发	泛	房	肥	奋	风	防	法	丰富	奋发	方法	反复
[d]	搭	带	担	档	到	灯	笛	道德	电灯	带动	单调	打倒
[t]	他	台	坛	上	推	吞	妥	团体	贪图	梯田	推托	探听
[n]	南	脑	内	泥	娘	您	农	男女	恼怒	泥泞	能耐	南宁
[l]	来	铃	刘	龙	楼	路	论	理论	联络	料理	来路	嘹亮
[y]	根	古	甘	工	狗	耿	一概	改革	公共	骨干	富贵
[k]	一	凯	坎	课	肯	口	哭	康	开垦	宽阔	可靠	困苦	坎坷
[h]	海	杭	河	好	黑	很	坏	黄河	横祸	缓和	航海	荷花
[j]	家	剑	脚	街	金	景	经	经济	紧急	坚决	交界	积极
[q]	恰	强	桥	秦	全缺	恰巧	亲切	请求	弃权	崎岖

[x]	夏	先	香	小	瞎	些	修	虚心	喜讯	习性	想象	休息
[zh]	展	扎	注	追	重	招	周	政治	战争	执政	主张	郑重
[ch]	拆	厂	车	陈	除	吹	春	戳穿	查抄	长城	出产	抽查
[sh]	晒	山	勺	蛇	水	说	书	事实	伤势	设施	时间	神圣
[r]	然	热	软	忍	荣	染	辱					
[z]	脏	咱	早	泽	走	祖	纵	赞总则	宗族	曾祖	罪责	栽赃
[c]	册	层	辞	粗	寸	翠	草丛	苍翠	层次	参差	残存	
[s]	三	扫	苏	随	所	宋	诉讼	琐碎	色素	洒扫	四散	

三、吐字归音练习

这部分练习是用来体会和实现咬字器官对音节各部位的控制。具体要求是：字头部位准确、弹动轻快，字腹拉开立起、圆润饱满，字尾干净利索、趋向鲜明。

（一）声母、韵母拼合练习

下面是普通话21个声母和韵母开口呼、齐齿呼、合口呼、撮口呼的拼合练习。第一，要有一定力度，弹动轻快。第二，要注意唇形，即开口音唇形自然，口咧不要过大；齐齿音口咧不要太扁、太窄；合口音不要噘唇；撮口音唇形不要太圆，只撮上唇两角。

[开口呼]　bo、po、mo、fo、de、te、ne、le、ge、ke、he、zhi、chi、shi、ri、zi、ci、si

[齐齿呼]　bi、pi、mi、di、ti、ni、li、ji、qi、xi

[合口呼]　bu、pu、mu、fu、du、tu、nu、lu、gu、ku、hu、zhu、chu、shu、ru、zu、cu、su

[撮口呼]　nü、lü、jü、qü、xü

（二）声母、韵母拆合练习

b—a—ba　　b—an—ban　　p—a—pa　　p—an——pan
b—ai—bai　　b—ang—bang　　p—ai—pai　　p—ang—pang

（三）象声词练习

吧嗒嗒　哗啦啦　叮咚咚　淅沥沥　咕噜噜　滴溜溜　滴答答
扑哧哧　扑腾腾　咕隆隆　当啷啷　扑棱棱　乒乓乓　呼啦啦
轰隆隆　吭哧哧　花楞楞　刷啦啦　吭当当　扑通通

四、综合练习

进行综合练习要在理解播读、朗诵材料的基础上进行，要言有所旨、情有所动、积极交流，而不能有字无句、有句无意，要使基础练习的效果逐渐地通向使用。

用记录速度播读稿件是练习吐字的好方法。用记录速度播读不仅要慢，而且要字清、意准，使抄收人听清记下。一般要播三遍，前两遍慢读，第三遍用正常速度校对。

（一）天气预报练习

各位听众！
现在播送北京市气象台今天早上六点发布的北京地区天气预报和天气形势预报。
今天白天：晴间多云；风向，偏南；风力一、二级；最高气温33摄氏度。今天夜间：晴间多云；风向，南转北；风力三、四级；最低气温20摄氏度。27号：晴转阴，有小雨。
下面播送天气形势预报：〔用记录速度〕
昨天20点5500米上空，在海拉尔附近有一个低压。从低压中心伸向乌兰巴托附近是一个横槽。受低压后部影响，今天傍晚，本市北部地区有小雷阵雨。
另外在酒泉西部有一个低压中心，从中心伸向格尔木南部是一个槽。预计，未来高空槽东移，将在明天傍晚影响本市。
天气预报和天气形势预报播送完了。

（二）人名单练习

播读人名单要求字字清晰、饱满，力度均匀，快慢一致。
参加这次全国会议的人员有：刘菲、阳元清、李向军、周磊、任达建、罗娟、王欢、张丹晖、丁向平、田格平、阿丘、张羽、杨冰、任永、陈亚彤、郭伟、王力、阿兰、阿娇、阿忆、兰成、徐慧、肖飞、荣翔、彭松、卢迪、佟兵、李丹、李瑞、武艳玲、徐萍、向真、王为、王梁、方亮、周雷、周向阳、周游、邵建平、宋场、高鑫、金一可、邓辉、吴碧霞、丁大海、李楠、梁莹、任毅、高博、高磊、博雅、王凝、包噪、乔丹、李奇、王方、杨强、罗璐、罗奕、李冬梅、阿朵儿。

（三）地名单练习

播读地名单除了注意字音清晰、颗粒饱满，还要根据地名单双音节、多音节（如两字、三字、四字、五字，甚至五字以上）的不同，而调整气息、把握好节奏，做到均匀、稳定、持久、托住，运用灵活自如。
【例1】哈尔滨、齐齐哈尔、长春、呼和浩特、乌鲁木齐、吐鲁番、赤峰市、翁牛特旗、巴彦喀拉山、布达拉宫、撒哈拉大沙漠、柴达木盆地、青藏高原、阿坝藏族羌族自治州、银川、拉萨、西宁、成都、重庆、龙泉、九寨沟、贵阳、昆明、西双版纳、丽江、南京、扬州、上海、深圳、海口、汕头、南宁、珠江三角洲、湖南、长沙、衡阳、韶山、湖北、宜昌、汉口、汉江、宁波、杭州、福建、厦门、山西、济南、西安、安徽、常熟、天津。
【例2】世界知名的泰航皇家风兰服务将连接北京、广州、昆明、上海，经曼谷抵斯德哥尔摩、哥本哈根、伦敦、布鲁塞尔、阿姆斯特丹、巴黎、法兰克福、苏黎世、马德里、罗马、雅典、迪拜、马斯喀特、卡拉奇、科伦坡、加德满都、德里、加尔各答、达卡、仰光、普吉岛、合艾、槟城、吉隆坡、新加坡、雅加达、登巴萨、斯里巴加湾市、马尼拉、清迈、金边、万象、胡志明市、河内、香港、高雄、台北、首尔、福冈、大阪、名古屋、东京、珀斯、墨尔本、悉尼、布里斯班、奥克兰、洛杉矶等70个目的地。

项目四　声音弹性的训练

　　声音弹性是指声音对于人们变化着的思想感情的适应能力，简单地说，就是声音随感情变化而来的伸缩性和可变性。它的表现特点有可变性（主要是气息状态及声音色彩的变化）、对比性（主要是气息的深浅、疾徐，声音的高低、强弱、实虚、明暗、刚柔、厚薄、粗细、连断、松紧、纵收等）、层次性（在每一对比项目中都有众多的层次，层次之间有着细微的差别。控制水平越高，层次间的差别越细致）、复合性（声音弹性是以各种对比项目的复合形式出现的。由于复合的成分不同，各种成分的强度、浓度不同，便产生了变化万端的声音色彩及性格）。在朗读中，思想感情是随节目内容的进展而运动变化的，它要求气息、声音随之运动变化，以体现出所感受到的一切，达到思想感情和尽可能完美的语言技巧的统一，达到语言形式与体裁风格的统一，准确、鲜明、生动地传达出朗读作品内容的精神实质。其中，朗读者要用声音来体现劳动成果，用声音创造劳动价值，这就要求声音要有极强的适应能力、"造型"能力。

　　朗读时思想感情的运动状态不同于日常生活，一方面，它比日常生活中的感情变化更集中、更鲜明，因而要求更加鲜明丰富的声音色彩变化，而这种变化能力却不是大多数未经训练的人所能轻易达到的；另一方面，如果朗读的声音运用有问题，则是僵持的、呆滞的。因此，为了适应朗读艺术创作思想感情多变的要求，必须加强声音弹性的训练。

　　声音的高低、强弱、长短以及不同的特色是普通话语音的物理基础。声音的高低就是音高，声音的强弱就是音强，声音的长短就是音长，声音的特色就是声音的本质（也叫音质、音品、音色）。这几种声音要素是朗读中必须掌握和灵活运用的重要手段。朗读作品的内容不同、形式不同、风格不同、对象不同，要求朗读的声音色彩变化也不能相同，不能千人一面、千稿一腔、千篇一律。因此，要想适应各种朗读作品的要求，就必须训练出鲜明、丰富的声音色彩。

一、音色的变化练习

　　发声过程音色的虚实、明暗变化是由声门开合变化形成的。这种音色变化是丰富语言表现力、准确表达感情色彩的重要因素。通过这部分练习，我们要对声带的活动状态有正确的感觉，学会运用不同音色，克服日常口语单一色的消极发声习惯，增强自己的发声能力。

　　体会声带的活动状态：

(1) 气泡音。声门闭合，气流从中均匀通过，发出一连串的气泡似的声音。此时，两侧声带相互靠拢，声音明亮。气泡音可用于发声前的准备活动和发声后的嗓音恢复。

(2) 带疑问色彩的"m"音。声门开始呈闭合状态，然后迅速打开，闭口发音时是带有疑问色彩的"m"音。音色由明亮迅速转暗，音高由低变高。如果张口发音，音色类似于 eng。通过发音可以体会声门由闭到开的变化过程。

二、音色对比练习

下列练习每个音都使用相同音高，通过音色变化体会声带的不同状态。

（一）两层次音色对比练习

每个单元音要有两种音色变化，体会喉部在发柔和的虚声与明亮的实声两种状态时的不同感觉。

a（实声）—a（虚声）　　　　i（实声）—i（虚声）
u（实声）—u（虚声）　　　　ü（实声）—ü（虚声）

（二）多层次音色对比练习

要求每个音有两层次以上的音色变化，开始时每个音可用虚的、柔和的和明亮的三种音色，随着能力的提高每个音可以分成由最虚到最亮的多种不同音色。通过这一练习，锻炼自己对于音色的精细识别和控制能力。

a（实声）—a（虚实声）—a（虚声）　　o（实声）—o（虚实声）—o（虚声）
e（实声）—e（虚实声）—e（虚声）　　ê（实声）—ê（虚实声）—ê（虚声）
i（实声）—i（虚实声）—i（虚声）　　u（实声）—u（虚实声）—u（虚声）
ü（实声）—ü（虚实声）—ü（虚声）

（三）音色连续变化练习

下列练习每个音使用相同音高。声音在不间断状态下产生从虚到实或从实到虚的音色变化。通过练习，可以增强声带对音色的控制能力。注意体会声门由闭到开或由开到闭的感觉。

1. 音色由虚到实练习

吸一口气，保持吸气时喉的状态（此时声门打开）开始发音，然后使声音逐渐产生由柔和到明亮的变化，声门由打开逐渐转为关闭，体会喉的感觉。

a（虚声）—a（虚实声）—a（实声）　　o（虚声）—o（虚实声）—o（实声）
e（虚声）—e（虚实声）—e（实声）　　ê（虚声）—ê（虚实声）—ê（实声）
i（虚声）—i（虚实声）—i（实声）　　u（虚声）—u（虚实声）—u（实声）
ü（虚声）—ü（虚实声）—ü（实声）

2. 音色由实到虚练习

吸一口气，然后屏住气，让声门保持在闭合状态，开始发音，此时声音是响亮的实声，然后逐渐打开声门，音色由明亮向柔和变化，体会喉的感觉。

a（实声）—a（虚实声）—a（虚声）　　o（实声）—o（虚实声）—o（虚声）
e（实声）—e（虚实声）—e（虚声）　　ê（实声）—ê（虚实声）—ê（虚声）
i（实声）—i（虚实声）—i（虚声）　　u（实声）—u（虚实声）—u（虚声）
ü（实声）—ü（虚实声）—ü（虚声）

3. 复韵母音色变化练习

在掌握单元音音色变化后，向整个音节音色变化过渡，使音色变化用于表达。复韵母音色变化练习包括汉语普通话全部复韵母，要求每个韵母都有不同音色变化，一般应能有三个层次的变化。

ai　　（虚声）　　—ai（虚实声）　　—ai（实声）
ei　　（虚声）　　—ei（虚实声）　　—ei（实声）
ao　　（虚声）　　—ao（虚实声）　　—ao（实声）
ou　　（虚声）　　—ou（虚实声）　　—ou（实声）
an　　（虚声）　　—an（虚实声）　　—an（实声）
en　　（虚声）　　—en（虚实声）　　—en（实声）
ang　（虚声）　　—ang（虚实声）　—ang（实声）
eng　（虚声）　　—eng（虚实声）　—eng（实声）
ong　（虚声）　　—ong（虚实声）　—ong（实声）
ia　　（虚声）　　—ia（虚实声）　　—ia（实声）
ie　　（虚声）　　—ie（虚实声）　　—ie（实声）
iao　（虚声）　　—iao（虚实声）　—iao（实声）
iou　（虚声）　　—iou（虚实声）　—iou（实声）
ian　（虚声）　　—ian（虚实声）　—ian（实声）
in　　（虚声）　　—in（虚实声）　　—in（实声）
iang （虚声）　　—iang（虚实声）—iang（实声）
ing　（虚声）　　—ing（虚实声）　—ing（实声）
iong （虚声）　　—iong（虚实声）—iong（实声）
ua　　（虚声）　　—ua（虚实声）　　—ua（实声）
uo　　（虚声）　　—uo（虚实声）　　—uo（实声）
uai　（虚声）　　—uai（虚实声）　—uai（实声）
uei　（虚声）　　—uei（虚实声）　—uei（实声）
uan　（虚声）　　—uan（虚实声）　—uan（实声）
uen　（虚声）　　—uen（虚实声）　—uen（实声）
uang（虚声）　　—uang（虚实声）—uang（实声）
ueng（虚声）　　—ueng（虚实声）—ueng（实声）
ue　　（虚声）　　—ue（虚实声）　　—ue（实声）
uan　（虚声）　　—uan（虚实声）　—uan（实声）
un　　（虚声）　　—un（虚实声）　　—un（实声）

4. 词的音色变化练习

下列词中包括了汉语普通话中 39 个韵母，分别用虚声、虚实声和实声练习。注意韵母与声母结合时整个音节的音色变化，体会喉和发音器官的感觉，特别注意把握播音中最常见的兼有虚实音色的柔和声音色彩。

把关	跋涉	播种	薄弱	讹诈	恶霸	职业	芝麻	子弟	自由	而且	尔后
熬煎	傲慢	欧洲	偶然	安插	繁华	恩赐	门户	昂扬	帮忙	比赛	衣裳
雅致	遐想	挑衅	飘扬	跌打	歇息	秋季	休息	编造	填写	新鲜	亲切
良好	江涛	聆听	星空	沐浴	杜绝	花絮	挖掘	夺取	作战	乖巧	衰败
威胁	追随	钻石	篡夺	温暖	敦厚	庄重	双手	老翁	交通	迂回	旅行
靴子	决策	蜷缩	劝说	功勋	询问	窘迫	穷尽				

5. 句段的音色变化练习

通过练习，学会在稿件朗读中使用不同音色，提高发声能力。在练习时，特别注意音色变化引起的感情、意境的微妙变化。

（1）分别用虚声、虚实声和实声三种音色播读下面这首诗，然后变换使用三种音色播读，达到音色变化能够随心所欲。

登鹳雀楼
王之涣

白日依山尽，黄河入海流。欲穷千里目，更上一层楼。

（2）根据要求，用不同音色播读下面各段。注意音色应与要求一致。有单一音色发声习惯的同学尤其要注意不同音色控制的持久性，通过练习来矫正不良发声习惯，形成能自如变化的发声能力。

［偏实、稍明亮音色］

有人习惯把豆腐和菠菜一起炖着吃，这种吃法不科学。因为豆腐中含有氯化镁、硫酸钙两种成分，当它们遇到菠菜中的草酸时，可产生化学反应，生成草酸镁和草酸钙，而这两种白色沉淀物是不能被人体吸收的，如果长期这样食用，就会使人缺钙。

［偏虚、稍暗音色］

将圆未圆的明月，渐渐升到高空，一片透明的灰云，淡淡地遮住月光。田野上面，仿佛笼起一片轻烟，朦朦胧胧，如同进入梦境。晚云飘过之后，田野上烟消雾散，火一样的清光，冲洗着柔和的秋夜。

［偏虚、柔和音色］

沿着校园熟悉的小路，清晨来到树下读书，初升的太阳照在脸上，也照着身旁这棵小树。亲爱的伙伴，亲爱的小树，和我共享阳光雨露，请我们记住这美好时光，直到长成参天大树。

［偏实、明亮音色］

一个六七岁的姑娘，活灵活现地站在我的眼前了。

［偏虚、柔和音色］

她疏眉细眼，故意眯缝着瞧我，小鼻子微微地朝上翘着，薄薄的两片小嘴唇因为忍住笑而紧闭着，两颗小酒窝儿，在那又红又结实的腮上陷得很深。

［根据感情和意境变化，用不同音色播读］

一阵风把蜡烛吹灭了。月光照进窗子来，茅屋里的一切好像披上了银纱，显得格外清幽。贝多芬望了望站在他身边的穷兄妹俩，借着清幽的月光，按起琴键来。

皮鞋匠静静地听着。他好像面对着大海，月亮正从水天相连的地平线上升起来，微波粼粼的海面上，霎时间洒遍了银光。月亮越升越高，穿过一缕一缕轻纱似的微云，忽然，海面上刮起了大风，卷起了巨浪，被月光照得雪亮的浪花，一个连一个朝着岸边涌过来。皮鞋匠看着他妹妹，月光正照在她那洁净的脸上，照着她睁得大大的眼睛，她仿佛也看到了，看到了她从来没有看到过的景象——在月光照耀下的波涛汹涌的大海。

三、音高的变化练习

音高由声带的长度变化控制。音高练习的目的，是增强声带伸缩的肌肉力量和对声带长度变化的控制能力，在扩展音域的同时，能灵活地运用音高变化加强语言表现力，对有不良用声习惯、发声偏高或偏低的同学，通过这些练习，应能找到朗读发声时的常用音高。通过向声音高低两个方向扩展，加大音域范围，对于发声偏高的同学，应着重向低音方向扩展；发声偏低的同学，应着重向高音方向扩展。

（一）扩展高音练习

将自己发出的舒适的中音定为音阶1，用单元音 a、o、e、i、u、ü 做练习音，发长音。然后将声音升高，发音阶2、3、4、5……注意，发高音时应避免过亮的实声，尽量使用柔和的音色。升高时应当循序渐进，一个新高度发得不费力时再往上升，不可急于求成，以免损害发音器官。

（二）扩展低音练习

将自己发出的舒适的中音定为音阶1，用单元音 a、o、e、i、u、ü 做练习音，发长音，然后依音阶7、6、5、4逐步降低。每次练到一个音，待到发此音不费力，完全自如时再降至下一个音。声音下降时容易出现声门闭合过紧的喉音，练习时应尽量避免。注意使声门稍开，尽量用柔和音色，这样可避免对喉的伤害。

（三）确定适当音高练习

（1）由高到低，分几个高度播读下面各个句子，然后进行比较。找出自己满意的，适合于播音主持艺术发声时的音高，把这一高度与自己习惯使用的音高比较，看看是否存在习惯性发声偏高或偏低的问题。根据自己的问题，确定进一步的练习内容。

【例1】黄河远上白云间，一片孤城万仞山。羌笛何须怨杨柳，春风不度玉门关。

【例2】坚持与毅力，这两者是连在一起的。

【例3】要想成功，必须战胜自己。

【例4】人生的意义在于奉献,而不是索取。
【例5】由于现代科技的日新月异,生产设备的更新,生产工艺变动是非常迅速的。
(2)运用音高变化朗读下面这首词,注意声音的高低起伏。

沁园春·雪
毛泽东

北国风光,千里冰封,万里雪飘。望长城内外,惟余莽莽;大河上下,顿失滔滔。山舞银蛇,原驰蜡象,欲与天公试比高。须晴日,看红装素裹,分外妖娆。江山如此多娇,引无数英雄竞折腰。惜秦皇汉武,略输文采;唐宗宋祖,稍逊风骚。一代天骄,成吉思汗,只识弯弓射大雕。俱往矣,数风流人物,还看今朝。

四、音量、音长的变化练习

(一)音量的改变练习

(1)发"i"音由轻、低起音,逐渐加高加强,再逐渐降低减弱。注意气息与声带的配合,注意共鸣控制,反复多遍,使声音畅通,高低、强弱活动自如。

(2)做"a"的绕音练习,由低起,螺旋上升,控制好气息压力,尽量扩展音域,随着声音的提高,注意体会小腹与两对抗力量的变化以及口腔内共鸣点似"指针后移"的感觉。此练习要量力而行,循序渐进,避免喊叫。

(3)站在原地喊口令"一,一二一,一,一二一"或呼"锻炼身体,建设祖国",先轻声,逐渐地加大音量,音高不变,如一队战士由远而近走来,再由近而远离去。要求:第一,保持一定音高(即共鸣位置不变,小声时音不低下来,大声时音不高上去);第二,注意气息控制,保持声音力度,小声不虚,大声不喊。防止轻声时气音过多,声音越轻气息越要控制好。

(4)对话。
甲:喂,你上哪儿去?
甲:请你把我的笔记本儿也带来。
甲:在我床上。
此练习可先轻后响(即先近后远),也可先响后轻(即先远后近)。可原地练习,也可变换实际距离体会。可只改变音量,也可在改变音量的同时适当改变音高,注意保持声音位置和气息的支撑。练习声音的层次感、立体感:高、中、低、底。

(5)喊话。
我们对着高山喊:祖国,我爱你!我们对着大地喊:祖国,我爱你!我们对着森林喊:祖国,我爱你!我们对着大海喊:祖国,我爱你!

(6)打长途电话。
假设:线路不好,听不清。因此既要提高音调,又要吐字清楚,还要加长音程。
甲:喂,你是北京吗?

乙：喂，我是北京。你哪里？
甲：我是山西。
乙：什么？是陕西吗？
甲：是山西，大山的山，山西。

（7）对一人讲，对十人讲，对五十人讲，对一百人讲，对一千人讲，对一万人讲。
【例】要想成功，必须战胜自己。
练习声音逐渐变化：由小到大，由弱到强，由近到远，由低到高，由短到长。

（二）音长的变化练习

用记录速度广播与用正常速度播音分别练习，体会字音音程长短的控制。

这部计划草案分十个部分，五十六章，全文约十万字。计划草案的十个部分是：一、主要任务和经济发展目标；二、产业结构和产业政策；三、地区布局和地区经济发展政策；四、科学技术发展和政策；五、教育发展及其政策；六、对外经济贸易和技术交流；七、投资结构和投资政策；八、经济体制改革的目标和任务；九、人民生活和社会保障；十、社会主义精神文明建设。

（三）快口练习

要求：由一般速度的练习开始，逐渐加快速度。气息、吐字要配合好，气息通畅不紧，吐字清晰利落，感情有起伏扬抑的变化，内容清楚，快而不乱。

1. 快板书练习

给诸位，道大喜，人民政府了不起！了不起，修臭沟，上边儿先给咱们穷人修。请诸位，想周全，东单、西四、鼓楼前；还有那，先农坛、天坛、八庙、颐和园；要讲修、都得修，为什么先管龙须沟，都只为，这儿脏，这儿臭，政府看着心里真难受！好政府，爱穷人，教咱们干干净净大翻身。修了沟，又修路，好教咱们挺腰板、迈大步；迈大步，笑嘻嘻，劳动人民努力又心齐。齐努力，多做工，国泰民安享太平！

2. 快口广告练习

时间是财富，时间是生命，赢得了时间，就赢得了成功的胜利。蝴蝶表款式新、工艺精、走时准，全国评比西安蝴蝶表八次名列前三名。时光催人奋起，蝴蝶表记下你人生的足迹，伴你在书山上攀登，祝你在学海中搏击。蝴蝶表跟着你拼搏，奋力争朝夕！

五、声音色彩变化综合练习

下面这段寓言故事中的动物形象、性格要通过声音前后、大小、强弱、高低、宽窄、明暗、刚柔、虚实等音色对比来塑造，请有声有色地朗读。

谦虚过度

水牛爷爷是森林世界公认的谦虚人，很受大家尊重，小白兔夸它："水牛爷爷劲儿最大了！""哎，过奖了，犀牛、野牛劲儿都比我大！"小山羊夸它："水牛爷爷贡献最多了！"它就说："哎，不能这样讲了，奶牛吃下的是草，挤出来的是奶，它的贡献比我多。"

狐狸艾克很羡慕水牛爷爷谦虚的美名，它想："我也来学习一下谦虚吧，这谦虚太好学了。"它又想："水牛爷爷的谦虚不就是这两点吗？一是把自己的什么都说小一点儿；二是把自己的什么都说少一点。嗯。对，就是这样。"

一天艾克遇到一只小老鼠。小老鼠看到艾克有一条火红蓬松的大尾巴，不禁发出了由衷的赞美："哎呀，艾克大叔，您这尾巴真大呀！"艾克学水牛爷爷的口气，歪歪嘴："哎，过奖了，你们老鼠的尾巴比我大多了。"小老鼠大吃一惊："你长那么长的四条腿，却拖根比我还小的尾巴？"艾克谦虚地说："哎，不能这么讲了，我哪有四条腿，三条了，三条了。"小老鼠以为艾克得了精神病吓跑了。

艾克的谦虚没有换来美名，倒换来一大堆谣言。大家说："唉，森林世界出现一条妖怪狐狸，只有三条腿，还拖一根比老鼠还小的尾巴。"

谦虚也要实事求是，不实事求是瞎谦虚，那就不知道该叫什么了。

附：普通话绕口令训练集锦

数葫芦

一口气数不了二十四个葫芦四十八块瓢：一个葫芦两块瓢，两个葫芦四块瓢，三个葫芦六块瓢，四个葫芦八块瓢，五个葫芦十块瓢，六个葫芦十二块瓢，七个葫芦十四块瓢，八个葫芦十六块瓢，九个葫芦十八块瓢，十个葫芦二十块瓢，十一个葫芦二十二块瓢，十二个葫芦二十四块瓢，十三个葫芦二十六块瓢，十四个葫芦二十八块瓢，十五个葫芦三十块瓢，十六个葫芦三十二块瓢，十七个葫芦三十四块瓢，十八个葫芦三十六块瓢，十九个葫芦三十八块瓢，二十个葫芦四十块瓢，二十一个葫芦四十二块瓢，二十二个葫芦四十四块瓢，二十三个葫芦四十六块瓢，二十四个葫芦四十八块瓢。

七层宝塔

1. 初入江湖：化肥会挥发
2. 小有名气：黑化肥发灰，灰化肥发黑
3. 名动一方：黑化肥发灰会挥发；灰化肥挥发会发黑
4. 天下闻名：黑化肥挥发发灰会花飞；灰化肥挥发发黑会飞花
5. 一代宗师：黑灰化肥会挥发发灰黑讳为花飞；灰黑化肥会挥发发黑灰为讳飞花
6. 超凡入圣：黑灰化肥灰会挥发发灰黑讳为黑灰花会飞；灰黑化肥会会挥发发黑灰为讳飞花化为灰
7. 天外飞仙：黑化黑灰化肥灰会挥发发灰黑讳为黑灰花会回飞；灰化灰黑化肥会会挥发发黑灰为讳飞花回化为灰

红鲤鱼绿鲤鱼

初级版：红鲤鱼家有头小绿驴叫驴屡屡，绿鲤鱼家有头小红驴叫吕里里，红鲤鱼说他家的驴屡屡要比绿鲤鱼家的吕里里绿,绿鲤鱼说他家的吕里里要比红鲤鱼家的驴屡屡红,不知是红鲤鱼比绿鲤鱼的驴绿,还是绿鲤鱼比红鲤鱼的驴红!

进阶版:广西壮族自治区爱吃红鲤鱼与绿鲤鱼与驴的出租车司机,拉着苗族土家族自治州爱喝自制的刘奶奶榴莲牛奶的骨质疏松症患者,遇见别着喇叭的哑巴打败咬死山前四十四棵死涩柿子树的四十四只死石狮子之后,碰到了年年恋刘娘的牛郎,走出山岗官方网站摄制组,到广西壮族自治区首府南宁市民族医院就医。

终极版:吕小绿家养了红鲤鱼绿鲤鱼和驴。李小莉家养了红驴绿驴和鲤鱼。吕小绿家的红鲤鱼绿鲤鱼和驴要跟李小莉家的红驴绿驴和鲤鱼比一比谁更红谁更绿。吕小绿说他家的绿鲤鱼比李小莉家的绿驴绿,李小莉说她家的绿驴比吕小绿家的绿鲤鱼绿。也不知是吕小绿家的绿鲤鱼比李小莉家的绿驴绿,还是李小莉家的绿驴比吕小绿家的绿鲤鱼绿。绿鲤鱼比绿驴,绿驴比绿鲤鱼。最后,吕小绿要拿绿鲤鱼换李小莉的绿驴,李小莉不愿意用绿驴换吕小绿的绿鲤鱼。红鲤鱼绿鲤鱼和驴,红驴绿驴和鲤鱼。不知是绿鲤鱼比绿驴绿还是绿驴比绿鲤鱼绿。

喇嘛和哑巴

增强版1:打南边来了个喇嘛吃葡萄不吐葡萄皮,打北边来了个哑巴留恋榴莲甜,南边吃葡萄不吐葡萄皮的喇嘛出南门往正南,看到个面铺面冲南,面铺上挂着蓝布棉门帘,摘了蓝布面门帘看见一堵粉红墙,粉红墙上画凤凰,红凤凰粉凤凰粉红凤凰花凤凰。北边留恋榴莲甜的哑巴走东门过大桥,大桥前面一树枣,拿着竿子去打枣,一个枣两个枣三个枣四个枣五个枣六个枣七个枣八个枣九个枣十个枣十个枣九个枣八个枣七个枣六个枣五个枣四个枣三个枣两个枣一个枣。打完枣往后山,山前有四十四棵紫色柿子树,山后有四十四只石狮子,山前四十四棵紫色柿子树的涩柿子涩死了山后的四十四只石狮子。

增强版2:喇嘛哑巴往集市,吃葡萄不吐葡萄皮的喇嘛买了个长扁担,留恋榴莲甜的哑巴买了个宽板凳,吃葡萄不吐葡萄皮的喇嘛要拿扁担换留恋榴莲甜的哑巴的板凳,留恋榴莲甜的哑巴说:"你不会自己买一个吗?"吃葡萄不吐葡萄皮的喇嘛心想这留恋榴莲甜的哑巴还挺横,吃葡萄不吐葡萄皮的喇嘛就急了,抄起扁担打了留恋榴莲甜的哑巴一扁担,留恋榴莲甜的哑巴也急了,拿起板凳打了吃葡萄不吐葡萄皮的喇嘛一板凳,不知是吃葡萄不吐葡萄皮的喇嘛拿扁担打了留恋榴莲甜的哑巴一扁担,还是留恋榴莲甜的哑巴拿板凳打了吃葡萄不吐葡萄皮的喇嘛一板凳,吃葡萄不吐葡萄皮的喇嘛吐了留恋榴莲甜的哑巴一身葡萄皮,留恋榴莲甜的哑巴一看打不过吃葡萄不吐葡萄皮的喇嘛,恼羞成怒抓起一块炖冻豆腐朝吃葡萄不吐葡萄皮的喇嘛扔过去。吃葡萄不吐葡萄皮的喇嘛一闪身躲了过去,嘲讽留恋榴莲甜的哑巴说:"你扔你的炖冻豆腐,我躲我的炖冻豆腐,你扔不准炖冻豆腐,就别胡扔乱扔扔坏了人家的炖冻豆腐。"留恋榴莲甜的哑巴说:"你这是欺负我不会说话,你等着。"

增强版3:留恋榴莲甜的哑巴扔下板凳就走了,吃葡萄不吐葡萄皮的喇嘛拿起留恋榴莲甜的哑巴的板凳继续逛集市。喇嘛肚子饿,正好看到有个摊位卖鳎目,喇嘛买了五斤鳎目往北走,正好撞上留恋榴莲甜的哑巴腰里还别着个喇叭,提拉着鳎目的喇嘛要拿鳎目换别喇叭哑巴的喇叭，别喇叭的哑巴不乐意拿喇叭换提拉着鳎目的喇嘛的鳎目，提拉着鳎目的喇嘛偏要拿鳎目换别喇叭哑巴的喇叭，别喇叭的哑巴偏偏不让提拉着鳎目的喇嘛拿鳎目换别喇叭哑巴的喇叭，提拉着鳎目的喇嘛又急了，抢起鳎目打了别喇叭哑巴一鳎目，别喇叭哑巴也急了，摘下喇叭打了提拉着鳎目的喇嘛一喇叭，也不知是提拉着鳎目的喇嘛拿鳎目打了别喇叭哑巴一鳎目，还是别喇叭哑巴拿喇叭打了提拉着鳎目的喇嘛一喇叭。

【训练评价】

序号	评价项目	评价内容	分值	自评（30%）	互评（30%）	师评（40%）	合计
1	吸气呼气训练	气息是否持续均匀	100				
2	共鸣调节训练	声音是否得到美化	100				
3	吐字训练	字头、字腹、字尾是否完整到位	100				
4	声音弹性训练	音色、音高是否能随表达感情需要而自然变化	100				

附 录

模块十二　普通话水平测试

项目一　普通话水平测试介绍

普通话水平测试是我国为加快共同语普及进程、提高全社会普通话水平而设置的一种语言口语测试,全部测试内容均以口头方式进行。普通话水平测试不是口才的评定,而是对应试者掌握和运用普通话所达到的规范程度的测查和评定,是应试者的汉语标准语测试。普通话水平测试是我国现阶段普及普通话工作的一项重大举措。在一定范围内对某些岗位的人员进行普通话水平测试,并逐步实行普通话等级证书上岗制度,标志着我国普及普通话工作进入了制度化、规范化、科学化的新阶段。

一、普通话水平测试要求

(一)普通话水平等级标准

《普通话水平测试等级标准(试行)》(国语〔1997〕64号)由国家语言文字工作委员会和原国家教育委员会、原广播电影电视部颁布,是划分普通话水平等级的全国统一标准。普通话水平等级分为三级六等,即一、二、三级,每个级别再分出甲、乙两个等次。其中一级甲等为最高,三级乙等为最低。普通话水平测试等级标准具体如下。

1. 一级

甲等:朗读和自由交谈时,语音标准,词汇、语法正确无误,语调自然,表达流畅。失分在3%以内,得分高于或等于97分。

乙等:朗读和自由交谈时,语音标准,词汇、语法正确无误,语调自然,表达流畅。偶有字音、字调失误。失分在8%以内,得分高于或等于92分。

2. 二级

甲等:朗读和自由交谈时,声韵调发音基本标准,语调自然,表达流畅。少数难点音(平翘舌音、前后鼻音、边鼻音等)有时出现失误。词汇、语法极少失误。失分在13%以内,得分高于或等于87分。

乙等:朗读和自由交谈时,个别调值不准,声韵母发音有不到位现象。难点音较多(平翘舌音、前后鼻音、边鼻音、送气不送气音不分,保留浊塞音、浊塞擦音、丢介音、复韵母单音化等），失误较多。方言语调不明显。有使用方言词、方言语法的现象。失分在20%以内，得分高于或等于80分。

3. 三级

甲等：朗读和自由交谈时，声韵母发音失误较多，难点音超出常见范围，声调调值多不准。方言语调较明显。词汇、语法有失误。失分在30%以内，得分高于或等于70分。

乙等：朗读和自由交谈时，声韵调发音失误多，方音特征突出。方言语调明显。词汇、语法失误较多。外地人听其谈话有听不懂情况。失分在40%以内，得分高于或等于60分。

"三级六等"是普通话水平测试中评定应试者普通话水平等级的依据，应试者的普通话水平根据在测试中所获得的具体分值来确定。其中一级可称为标准的普通话，二级可称为比较标准的普通话，三级可称为一般水平的普通话。

普通话水平测试等级证书是证明应试者普通话水平的有效凭证，证书由国家语言文字工作委员会统一印制。普通话一级乙等以下成绩的证书由省（直辖市）级语言文字工作委员会加盖印章后颁发，普通话一级甲等的证书须经国家普通话水平测试中心审核并加盖国家普通话水平测试中心印章后方为有效。普通话水平测试等级证书全国通用。

（二）行业对普通话水平的达标要求

根据国家有关部委颁发的普通话水平测试管理有关规定，现阶段各类人员应达到的等级标准为：播音员、节目主持人、影视话剧演员为一级以上水平；教师和大学生为二级以上水平；公务员和社会公共服务行业从业人员为三级以上水平。具体如下：

（1）广播电台、电视台的播音员、节目主持人：国家级和省级广播电台、电视台的播音员和节目主持人，普通话水平必须达到一级甲等；省级以下（不包括省级）其他广播电台、电视台的播音员和节目主持人应达到一级乙等。具体达标要求见原广播电影电视部相关规定。

（2）影、视、话剧演员，普通话水平必须达到一级。

（3）教师和申请教师资格的人员：大、中、小学各科教师普通话水平不得低于二级，其中语文课教师普通话水平不得低于二级甲等，普通话语音课教师和口语课教师必须达到一级；其他学科课程教师的普通话水平不得低于二级乙等；高等院校中播音、主持人专业和电视、话剧表演专业的教师，普通话水平必须达到一级乙等。报考教师资格的人员，普通话水平不得低于二级。

（4）高等学校某些专业学生：师范专业毕业生的普通话水平不得低于二级，其中中文专业毕业生的普通话水平不得低于二级甲等；播音与主持艺术专业、影视话剧表演专业以及其他与口语表达密切相关专业的学生，普通话水平必须达到一级。

（5）国家机关工作人员，普通话水平不得低于二级。

（6）行业主管部门规定的其他应该接受测试的人员，如公务员、律师、医护人员、导游、讲解员、公共服务行业的营业员等，其达标等级可根据不同地区、不同行业特点由省级语言文字工作委员会确定。一般来说，这些人员普通话水平不应低于三级甲等。公共服务行业的特定岗位人员，如广播员、解说员、话务员等的普通话水平不低于二级甲等。

（三）普通话水平测试内容

普通话水平测试试卷共由五项测试内容构成，即读单音节字词、读多音节词语、选择判断、朗读短文、命题说话。总分为100分。试卷构成具体如下：

（1）读单音节字词。单音节字词100个，限时3分钟，分值为10分。目的是测查应试者普通话声母、韵母和声调读音的标准程度。

（2）读多音节词语。多音节词语数量不确定，一般为48个左右，其中双音节词语为45～46个，三音节词语为1～2个，四音节词语为0～1个，共计100个音节，限时3分钟，分值为20分。目的是测查应试者声母、韵母、声调读音和变调、轻声、儿化读音的标准程度。

（3）选择判断。此项测试内容共包括三部分：10组词语判断；10组量词、名词搭配；5组词序或表达形式判断。限时3分钟，共10分。目的是测查应试者掌握普通话词语的规范程度，掌握普通话量词和名词搭配的规范程度，掌握普通话语法的规范程度。[①]

（4）朗读短文。短文1篇，400个音节，限时4分钟，分值为30分。目的是测查应试者用普通话朗读书面作品的水平，在测查声母、韵母和声调读音标准程度的同时，还重点测查语流音变、语调以及流畅程度等。

（5）命题说话。时间不少于3分钟，占30分。目的是测查应试者在无文字凭借的情况下说普通话所达到的规范程度。重点测查其语音标准程度、词汇语法规范程度和自然流畅程度。

二、普通话水平测试评分标准

（一）读单音节字词

字音错误，每字扣0.1分；字音缺陷，包括声母、韵母或声调缺陷，每个音节扣0.05分。超时1分钟以内，扣0.5分；超时1分钟以上（含1分钟），扣1分。

1. 声母的错误与缺陷

（1）声母错误：由于发音部位或发音方法问题而将此声母读作彼声母。例如平翘舌音不分，鼻音n与边音l不分，唇齿音f与舌根音h不分，舌面音与舌根音混淆，送气音与不送气音不分，零声母音节前加声母等。

（2）声母缺陷：由于发音部位或发音方法问题而使声母发音含混，或不完全到位的情况，都属于缺陷。例如j、q、x的发音部位靠前，发音方法近似z、c、s，带有明显的摩擦和尖音色彩；j、q、x的发音部位靠后，发音方法近似zh、ch、sh，带有明显的卷舌色彩；卷舌音发音时，舌尖未能轻松卷起，而与下齿背靠得太紧，形成强烈摩擦，近于z音；因发音不到位而介于对应音之间，如平、翘舌的发音不是纯粹的平舌音z、c、s或翘

[①] 说明：各省、自治区、直辖市语言文字工作部门可以根据测试对象或本地区的实际情况，决定是否免测"选择判断"测试项，并根据有关规定对分值作出调整。

舌音 zh、ch、sh，而是介于二者之间。

2. 韵母的错误与缺陷

（1）韵母错误：由于发音部位或发音方法问题而将此韵母读作彼韵母。例如圆唇音 o 与扁唇音 e 的混淆，前后鼻音不分，丢失韵头或韵腹，卷舌韵母 er 没有卷舌动作，其他类韵母混淆，如 iao 与 üe 不分等。

（2）韵母缺陷：由于发音部位或发音方法问题而使韵母发音不够准确等。例如开口呼韵母开口度不够大，尤其是 a、ai、ao、an 等韵腹为 a 的这类韵母；合口呼及撮口呼韵母的嘴唇合拢圆度不够；前后鼻音的区分不明显；复元音韵母或鼻韵母舌位的动程明显不够，口腔开合度变化不大或发音不到位等。

3. 声调的错误与缺陷

（1）声调错误：凡明确将此调读作彼调，属于调类之间界限混淆不清的，都属于声调错误。如将"都知道（阴—阴—去）"读作"都知道（阳—阳—去）"的，将"挫折（去—阳）"读作"挫折（阴—阳）"或"挫折（上—阳）"的，改变了本来的所属调类，即为错误。

（2）声调缺陷：凡调类界限清楚而调值表现不到位，即高度不够、长度不够的，一般都属于声调缺陷。例如：阴平调值高度不够，表现为低而平；阳平或者起点太低，或者终点达不到，或者将阳平调型的"线段"读作"射线"；上声 214 的曲折调型实际表现为只降不升的 21、211 和升不到位的 212 等；去声 51 的全降调，或者是起点偏低而缩短调程，或者是停留于 53 而降不下去。

（二）读多音节词语

字音错误，每字扣 0.2 分；字音缺陷，每字扣 0.1 分。超时 1 分钟以内，扣 0.5 分；超时 1 分钟以上（含 1 分钟），扣 1 分。

1. 读多音节词语的错误

（1）多音节词语中单字（声、韵、调）的读音错误评判标准与第一题相同。

（2）轻声词以《现代汉语词典》（修订本）为准，应该读轻声而没读作轻声的（如"态度"），或不应该读轻声而读作轻声的（如"腐败"），都以错误计。

（3）儿化词语没有读作儿化或儿化韵母读成两个音节（"儿"独立成音节）的，计错误。

（4）"一""不"或应该变调的上声字不变调的，或变调明显不对的，计错误。

（5）有限定音的异读词读音不对的，计错误。

2. 读多音节词语的缺陷

（1）读多音节词语中单字声、韵、调读音缺陷评判标准，与第一题相同。

（2）应该读轻声的字，如果轻度不够，或者不应该读轻声的有轻化倾向，计缺陷。

（3）儿化韵不够准确，计缺陷。

（4）"一""不"及"上声变调"不完全到位的，或变调不够自然的，计缺陷。

（三）选择判断

选择判断合计超时 1 分钟以内，扣 0.5 分；超时 1 分钟以上（含 1 分钟），扣 1 分。答题时语音错误，每个音节扣 0.1 分，如判断错误已经扣分，不重复扣分。

1. 词语判断（10 组）

（1）要求：根据《普通话水平测试用普通话与方言词语对照表》，列举 10 组普通话与方言意义相对应但说法不同的词语，由应试者判断并读出普通话的词语。

（2）评分：判断错误，每组扣 0.25 分。

2. 量词、名词搭配（10 组）

（1）要求：根据《普通话水平测试用普通话与方言常见语法差异对照表》，列举 10 个名词和若干量词，由应试者搭配并读出符合普通话规范的 10 组名量短语。

（2）评分：搭配错误，每组扣 0.5 分。

3. 语序或表达形式判断（5 组）

（1）要求：根据《普通话水平测试用普通话与方言常见语法差异对照表》，列举 5 组普通话和方言意义相对应，但语序或表达习惯不同的短语或短句，由应试者判断并读出符合普通话语法规范的表达形式。

（2）评分：判断错误，每组扣 0.5 分。

（四）朗读短文

1 篇短文，400 个音节，限时 4 分钟，共 30 分。

（1）语音错误：每读错 1 个音节，扣 0.1 分；漏读或增读 1 个音节，扣 0.1 分；语气词"啊"不进行音变，或音变错误，每个扣 0.1 分；没有标出"儿"的儿化词，若读"儿化"规范自然，可不扣分。

（2）语音缺陷：声母或韵母系统性缺陷，视程度扣 0.5 分、1 分。

（3）语调偏误：视程度扣 0.5 分、1 分、2 分。

（4）停连不当：出现对词、句肢解与语意误解的，视程度扣 0.5 分、1 分、2 分。

（5）朗读不流畅（包括回读），视程度扣 0.5 分、1 分、2 分。

（6）超时扣 1 分。

（五）命题说话

限时 3 分钟，30 分（或 40 分，即若第三题免测，则将其 10 分移入此题，分别加入"语音标准程度"和"词汇语法标准程度"的测查中）。

（1）语音标准程度，共 20 分（或 25 分）。分六档：

一档：语音标准，或极少有失误，扣 0 分、0.5 分、1 分或 0 分、1 分、2 分。

二档：语音错误在 10 次以下，有方音但不明显，扣 1.5 分、2 分或 3 分、4 分。

三档：语音错误在 10 次以下，但方音比较明显；或语音错误在 10~15 次，有方音但不明显，扣 3 分、4 分或 5 分、6 分。

四档：语音错误在10～15次，方音比较明显，扣5分、6分或7分、8分。

五档：语音错误超过15次，方音明显，扣7分、8分、9分或9分、10分、11分。

六档：语音错误多，方音重，扣10分、11分、12分或12分、13分、14分。

（2）词汇语法规范程度，共5分（或10分）。分三档：

一档：词汇、语法规范。不扣分。

二档：词汇、语法偶有不规范的情况。扣0.5分、1分或1分、2分。

三档：词汇、语法屡有不规范的情况。扣2分、3分或3分、4分。

（3）自然流畅程度，共5分。分三档：

一档：语言自然流畅。扣0分。

二档：语言基本流畅，口语化较差，有背稿子的表现。扣0.5分、1分。

三档：语言不连贯，语调生硬。扣2分、3分。

（4）缺时。说话不足3分钟，依据具体缺时情况酌情扣分。缺时1分钟以内（含1分钟），扣1分、2分、3分；缺时1分钟以上，扣4分、5分、6分；说话不满30秒（含30秒），本测试项成绩计为0分。

（5）无效话语/朗读文本。主要指应试者完成该测试项时，出现与测试话题毫不相关的话语，如多次简单重复相同语句，或背诵他人现成文本代替说话。累计占用时间长短，参照缺时加以扣分。有效话语不足30秒，本测试项成绩计为0分。

（6）离题。应试者完成本测试项时，出现未能紧扣住话题范围而言不及义的情况，可结合缺时项，根据离题时间长短酌情扣分。若全程离题，可依据缺时最高档扣6分，即每缺时1分钟加扣2分。

项目二　命题说话训练

如前所述，普通话水平测试中一般有四个方面内容，即读单音节字词、读多音节词语、朗读短文、命题说话。其中前三项内容在本教材其他章节中进行学习，这里专门进行命题说话训练的学习与训练。

命题说话的目的在于测查应试者在无文字凭借的情况下说普通话的水平，重点测查应试者的语音标准程度、词汇、语法规范程度和表达过程的自然流畅程度。在这项测试中只提供相应的指导性话题，要求应试者在所选试题给定的两个话题中选择其中的1个，单向连续说话3分钟，从而体现应试者的即时语言组织能力与普通话表达能力。它要求应试者的语音要达到一定的标准程度；词汇、语法的使用要达到一定的规范程度；表达过程要达到相应的自然、流畅程度。命题说话作为普通话水平测试的最后一个测试项，是最难完成、分值最多，对应试者分数影响最大的一项测试内容。

在普通话水平测试中，虽然命题说话是一种完全单向性的口语表达，但它仍具备了"说话"这种口语表达方式的共同特点。

一、命题说话测试及评分标准

针对机辅测试可能出现的新情况，机测命题说话的评分标准除保留《普通话水平测试大纲》原来规定的"语音标准程度""词汇语法规范程度""自然流畅程度"和"缺时扣分"四项外，另外新增了"朗读文本""无效语料"和"离题"三个扣分项。这也就相应增加了"命题说话"项考核的力度、强度以及应试者完成的难度。本项测试重点测查应试者的"语音标准度""词汇、语法规范度"和表达过程的"自然流畅度"。

在语音标准度测查方面，除了要测查应试者 3 分钟连续说话过程中每一个音节的声母、韵母、声调的标准程度，还要测查轻声、儿化、上声变调、"一、不"变调的发音标准程度，"啊"的音变发音的标准程度。这方面的测查涉及"量"的积累与"质"的改变的关系问题，值得深入思考与广泛注意。

在词汇、语法规范度测查方面，主要测查应试者 3 分钟连续说话过程中对于词汇的准确选择与语法的正确组织程度。例如对于方言词语与普通话规范词语的准确区分，不能以方言代替普通话；对于同义词、近义词等词语使用的准确选择，应尽量减少或消除用词不当的现象；对于方言语法使用习惯的自觉克服等。

在自然流畅度测查方面，要求应试者所提供的"说话"应是自然生成的思想流淌，而不是生硬僵化、了无生气的死记硬背；应是生动流畅的情感抒发，而不是磕磕绊绊的滞涩表达。"朗读短文"中的"流畅度"测查的是"有文字凭借"情况下对文本作者情感的准确表达，甚至需要普通话朗读的技术与技巧支撑，追求的是艺术化的表达效果；而"命题说话"中的"流畅度"测查的则是"无文字凭借"情况下说话者个人情感的自然抒发，不需要任何无关自然情感的技术与技巧的支持，追求的就是真实自然与通顺流畅。

由此不难看出，"命题说话"在四个测项中处于最高层次与最重要地位：测查的内容最多，分值比重最大，应试难度最高，评定标准最复杂。因此，应试者需格外重视命题说话的应测准备工作。

二、命题说话的测试要求

命题说话要求应试者在相应测试题所提供的两个测试话题中选择其中一个话题，进行单向连续说话，时间不少于 3 分钟。对于命题说话的测试要求，有三点需要引起注意。

（一）二选一的话题选择

所谓"二选一"，是指在应试者所抽取的测试试卷中，可能会给出两个体裁不同、话题内容不同的命题说话话题，应试者需要根据个人测试前的准备情况以及个人喜好选择其中的一个，然后围绕该话题，按照一定思路，以日常口语的方式连续说一段话。

需要说明的是，普通话水平测试所使用的所有测试用话题，皆出自国家普通话培训测试中心所编制的 50 个"普通话水平测试用话题"中。因此，全面深入解析每一个话题的范围、大致思路与内容含量，进而形成"初稿"或"腹稿"，就显得尤为必要。

（二）单向性的说话模式

通常意义上的说话往往是双向性或多向性的，有来有往，有呼有应，有对象性配合，大多没有确定的主题贯穿，随意性、跳跃性较大；而普通话水平测试中的"命题说话"旨在测查应试者的普通话水平，所以测试模式设置的是应试者的单向性说话。但需要明确的是，这里所说的单向性说话绝不是应试者的自言自语，它要求应试者要从说话对象当然存在的情形设定出发，甚至能将眼前辅助测试的计算机当成虚拟的谈话对象。也只有这样，说话测查才能顺利地进行。

事实上，单向说话是口语表达中难度较大的一种表达方式。因为缺乏双向性或多向性的对话引导，没有来往对话的启发与触动，没有持续性的话题补充，所以，应试者如果不是经过系统训练或充分准备，要顺利完成一个高水平的单向性说话过程，往往是不易做到的。

（三）三分钟的时间要求

命题说话需要应试者连续说满3分钟。在3分钟时间内，应试者可以较为完整地完成一段情节叙述或观点阐述，在此过程中，应试者需要表现出对于普通话语音、词汇、语法以及语感准确掌握的规范能力与临场驾驭能力。

3分钟的时间，如果用来演讲、朗读或日常性交流，都是很容易完成的，但如果用来进行单向性说话，则其难度要大得多。因为缺少演讲与朗读的文字凭借，缺少日常交流的对象性配合，单向性说话往往不易持续进行。所以要求应试者在测试前做好充分准备。

三、命题说话的评分标准

（一）评分标准

根据《吉林省普通话水平测试评分细则》规定，命题说话共计40分。评分标准具体如下：

1. 语音标准程度，共25分，分六档

一档：语音标准，或极少有失误，扣0分、1分、2分。

二档：语音失误在10次以下，有方音但不明显，扣3分、4分。

三档：语音错误在10次以下，但方音比较明显；或语音错误在10～15次，有方音但不明显，扣5分、6分。

四档：语音错误在10次至15次之间，方音比较明显，扣7分、8分。

五档：语音错误超过15次，方音明显，扣9分、10分、11分。

六档：语音错误多，方音重，扣12分、13分、14分。

2. 词汇语法规范程度，共10分，分三档

一档：词汇、语法规范，不扣分。

二档：语汇、语法偶有不规范的情况，扣 1 分、2 分。其中，出现 1~3 次（包括 3 次），扣 1 分；出现 3~5 次，扣 2 分。

三档：词汇、语法屡有不规范的情况，扣 3 分、4 分。

3. 自然流畅程度，共 5 分，分三档

一档：语言自然流畅，不扣分。

二档：语言基本流畅，口语化较差，有背稿子的表现，扣 0.5 分、1 分。

三档：语言不连贯，语调生硬，扣 2 分、3 分。一个字一个字地说话超过 2 分钟，扣 2 分。

4. 缺时

说话不足 3 分钟，酌情扣分。累计缺时 1 分钟以内（含 1 分钟），扣 1 分、2 分、3 分。超过 10 秒钟（含 10 秒）扣 0.5 分；超过 20 秒（含 20 秒）扣 1 分；超过 40 秒（含 40 秒）扣 2 分；超过 60 秒（含 60 秒）扣 3 分。累计缺时 1 分钟以上，扣 4 分、5 分、6 分。累计说话不满 30 秒（含 30 秒），本测试项成绩计为 0 分。

5. 离题

视程度扣 3 分、4 分、5 分。离题累积 1 分钟以上（含 1 分钟）扣 3 分，离题累积 1 分 30 秒以上（含 1 分 30 秒）扣 4 分，离题累积 2 分钟（含 2 分钟）扣 5 分。

6. 话语不具评判价值

例如，应试者背诵媒体刊载的文章、反复重复一语句、读数读秒等，累计占时酌情扣分：累计占时 1 分钟以内（含 1 分钟），以 20 秒计分，扣 1 分、2 分、3 分；累计占时 1 分钟以上，扣 4 分、5 分、6 分；具评判价值的话语不满 30 秒（含 30 秒），本测试项成绩计为 0 分。

（二）评分标准解析

1. 对于语言标准程度的评定

语音标准程度的具体量化，是以"次"而不是以"个"来计算的。语音标准度的一档"语音标准，或极少有失误"是指说话过程中完全没有语音错误，不带任何方音色彩，亦很少有发音不标准的情况；即使出现语音错误，也不会超过 5 次。二档的"语音错误在 10 次以下"指语音错误最多为 9 次；"有方音但不明显"是指偶有不规范的方言词汇出现。三档、四档的语音测查更多地体现为错误数量的积累与考核分值的相应变化，二者之间评分因素的交叉需要测试员准确把握，也需要应试者对照训练，提高普通话测试水平。五档、六档的测查重点主要体现为两个方面，一是超过 15 次甚至达几十次的语音错误数量，二是非常明显的方言色彩。

2. 词汇语法规范的评定

词汇语法规范程度的评定，也是以应试者出现错误的数量为基础的。与语音评定标准基本相同的是，词汇和语法规范水平的具体评定也是建立在错误数量累计的基础之上的，也分三档进行。一档就是准确规范，没有任何词汇和语法上的错误，不扣分；二档为偶有

不规范现象,即错误在1~3次,扣分在1分以内;三档则为屡有错误,量化的标准就是错误量在5次以上,扣分在2分以上。

3. 自然流畅度的评定

自然流畅度的评定,更多地表现为对语感和流畅度的测查。按照评分标准,一档要做到"语言自然流畅",没有明显停顿的情况,甚至在整个说话过程中,没有任何的犹豫与思考,表现为自信、自然、得体、大方。二档虽"语言基本流畅",但会表现出语气上的不自信与语调上的不自然,如"口语化较差,有背稿子的表现"、略显生硬等。三档则情况更为严重,表现为语言上缺乏应有的连贯性,边想边说,边说边想,断断续续;语调上十分生硬,很不自然,"自说自话",整体上结结巴巴,甚至语无伦次,表达吃力。

4. 缺时的评定

时间的长度限制是文字的数量累积与内容完整表达的必要保证,因此,普通话水平测试对于"命题说话"的测查明确给出了"说满3分钟"的时间要求。对此,评分标准不但对于缺时评价进行了具体量化,而且通过对"无效话语"的剔除等,明确给出了"累计说话不足30秒则测试项成绩计0分"的刚性规定。

5. 离题的评定

离题,即应试者脱离话题本身对于说话主题与说话内容的范围设定,未能紧紧抓住话题主线,缺乏"一以贯之"的话题线索,而徒有3分钟的说话形式和说话过程。离题现象的发生,从根本上说,还是属于说话内容缺乏逻辑的层次梳理,前言不搭后语,内容衔接发生错位等。本项测试的评定对于离题要求是很严格的,只要离题1~2分钟,即扣3~5分,可见离题的后果是很严重的。

6. "不具评判价值"与"无效话语"的评定

此处所说的"不具评判价值"与"无效话语"在本质上是相同的,即指说话过程中出现的无意义的语气词、无意义的习惯音节以及与话题主题毫无关联的话语。语气词与口头语的频繁出现,不但会在一定程度上大大影响表达的自然流畅度,而且缺乏应有的主题意义和话语价值,因此是"无效"的。同样,应试者如果直接背诵媒体刊载的文章,或反复重复前面已经说过的内容,或照搬照"说"、照"背"网上已有的范文,更有甚者,将相应的朗读短文改头换面硬塞进某些话题中,诸如此类的内容,虽然可能并未脱离话题的主题范围,但因其并不属于应试者本体说话水平的真实表现,因而也是"不具评判价值"的"无效话语"。"无效话语"的评定起点是20秒,累积达1分钟要扣3分,累积满2分钟将扣6分。

综上所述,可以看出命题说话的评分标准相对较为复杂甚至琐碎,其分数的评定在很大程度上更依赖于个体测试员对于评分标准的科学理解与准确把握,但不容忽视的是,质量的评价是建立在数量累积的基础之上的,离开"量变"的积累就没有"质变"的发生。所以,建议每个应试者都应在充分理解评分细则的前提下,认真准备,减少失误,争取在测试中良好地呈现本已具备的普通话水平,获得满意的测试成绩。

四、命题说话测试常见问题

普通话水平测试所提供的50个说话题目，都十分贴近日常生活，初看起来十分简易、宽泛，似乎有很多话可说。而细究起来则会发现，由于命题说话测试为单向输出，缺少说话对象的即时呼应与现场交流，说话者一不小心就会在各条思路的岔路口发生思路错位或题旨迁移。

我们必须对容易出现的问题进行科学的归纳和总结，认真研究，并找出解决问题的有效办法，对症下药。

（一）文体偏离

对于每一个命题说话的话题，从设计者的初衷来说，其中可能都被赋予了一定的文体走向与文体选择。如果在具体的表达过程中，应试者未能遵守设计者的本意，而将题目原本设定的"此"类体裁错误地理解为"彼"类体裁，即为文体偏离。

例如"我喜欢的季节（或天气）""我了解的地域文化""我喜欢的美食"等，这类话题通常蕴含的是说明性内容，但测试中常常有人将其"说"成记叙文甚至能变成抒情散文等；"谈谈卫生与健康""科技发展与社会生活""对环境保护的认识"这样较为明晰的说明文或议论文体，又常常被说成记叙文；"难忘的旅行"是明确的记叙文，却被说成抒情散文。凡此种种，都是文体偏离的体现。文体偏离会直接影响到主题内容的表达。例如有人就"难忘的旅行"这一话题进行测试时，本应是对去桂林的一次难忘旅行的回忆与描述，却变成了对抒情散文"桂林山水甲天下"的倾情朗诵。这样的说话偏离的已不仅仅是文体，更是主题。

（二）改换题目

改换题目即改换标题中的某个关键字或改换整个话题，使话题主题与内容发生根本性变化。通常有两种情况：一种可能是粗心大意，一不小心把题目看错了，改换了其中的某个字，如将"我喜欢的节日"换成了"我喜欢的节目"，这虽仅仅一字之差，但结果已是谬之千里；一种是可能觉得所给的两个题目都不太符合自己的口味，就"大胆"而"心存侥幸"地抛开所给题目，直接另起炉灶，以彼题目换掉此题目，如不会说"谈谈对环境保护的认识"，也说不好"我喜爱的季节（或天气）"，就说了自己事先准备好了的也更有把握的"我最尊敬的人"。这两种"文不对题"的情况都是违背测试要求的。

（三）思路错位

命题说话对于审题的要求是较为宽松的，只要应试者能够大体上围绕着题目给定的内容范围和思路说下去就可以了。因为要求不是很严谨，所以相对说来，对于说话思路的把握与驾驭也应该容易得多。但有的应试者却缺乏"一定之规"的约束，在测试过程中一而再，再而三地发生思路错位的现象。

例如"我喜欢的职业"，开篇即切题："我喜欢的职业是教师，因为教师是人类灵魂的工程师。"这本来是一个不错的开头,可惜好景不长,三句没说完就发生了思路错位:"可是在我小的时候,我听说教师被称为'臭老九'。"如果能遵循欲扬先抑的策略,在回顾"臭老九"的过去的基础上适时地回归到现在教师地位的不断提高以及未来教师的历史使命等,也未尝不可;而实际情况则是应试者继续不知所云、不知所往地说起了一位难忘的小学老师,接着更"忘乎所以""信马由缰"地说起了这位小学老师的讲课内容。通篇听来,说话者对于自己为什么喜爱教师职业、教师职业为什么能够吸引自己等相关内容几无提及。从头到尾,明显缺乏的就是那根本应贯穿说话始终的"思想路线"。这种应试者是典型的"能请神不能送神"者,能放不能收,最后只能是"说到哪里算哪里"。

(四)概念界定不清

给定的50个可选话题每个都有相应的主题和文体设定,有的话题则具通过括号的形式给出更多备选的话题方向,如"家乡(或熟悉的地方)""我喜欢的季节(或天气)""我所在的学校(学校、机关、公司等)""谈社会公德(或职业道德)"等。这种题目的设计本意是要求测试者选择其中一个角度再作答,可有的应试者偏偏两个话题都要谈到,说"愿望"后还要再谈谈"理想",说"季节"再说"天气",说"家乡"也不忘"熟悉的地方",有的甚至还要分开来说。如此一来,使得原本很明确清晰的话题被弄得枝枝杈杈,不但内容混乱不清,主题也混沌不明。对于这类的测试话题,应试者要注意认真分析,尤其要对话题中涉及的概念以及概念之间的逻辑关系进行必要的界定和廓清,使其外延与内涵得到进一步明确,从而确保话题内容始终游走在主题的"红线"上。

(五)无效话语堆积

命题说话与命题作文较为相似,就像命题作文作者不能想写什么就写什么一样,命题说话的应试者也不能想说什么就说什么。命题说话不是随意的东拉西扯式闲谈,更不是海阔天空的无意义聊天。

所谓"无效话语堆积",是指在测试时输出了大量背离或偏离主体要求的表达。具体表现为三方面:一指偏离话题的核心走向而与测试话题风马牛不相及的话语;二指通过自我复制而多次简单、无意义重复的语句;三指以背诵他人的现成文本来代替自己说话,简而言之,就是"空话""废话"或"套话"。无效话语堆积将必然导致中心或主题的模糊不清、内容的混乱不堪、表达的枯燥乏味。应试者必须对命题说话测试的难度有充分的认识,牢牢抓住话题中心,进行有针对性的训练,以尽量减少"无效话语"。

(六)忽略语言规范

由于命题说话测试没有书面文字作为凭借,因此这一环节受应试者个人说话习惯、语音面貌、心理状态影响较大。应试者的表达往往带有强烈的个人色彩,有的不经意间就表现出了平时的说话习惯,比如"口头语"、方言土语脱口而出。而一个人的说话习惯又是长时间形成的,要想在测试时一下子完全转变是十分困难的。因此,要想完成高水平的命题说话测试,除了充分准备,更应注重平时语音的正音积累,纠正说方言的习惯,并进行系统的普通话训练，然后通过平时的学习、工作和生活中的思想、感情交流，养成用普通话表达的规范意识和语言习惯。

六、命题说话测试技巧

如前文所述，命题说话看似发散性很强，十分贴近生活，却极容易陷入无话可说的境地。如何避免这种尴尬并高质量完成测试呢？除了做好充分的准备，还应掌握以下技巧：

（一）厘清思路

常言道"有备无患"，在测试前要在心中列好表达提纲，做到心中有数。还要具备随机应变的心理素质，即便是出现了发音错误、思维混乱等情况，也不要紧张、惊慌，而要随机应变，沉着应考。一方面可以适时调整语速，对前面说过的内容进行一下必要的总结和补充；另一方面则应迅速调动已有的知识储备和相关的测试准备，有条不紊地结束测试。

（二）分析选题

测试的50个选题未必每一个我们都能轻松应对，如果遇到不擅长的，有一个实用的方法就是"把大题目化小、小题目放大"。对于内容宽泛的话题，可以运用聚向思维，把视角缩小，甚至着眼于话题的某一点。例如，"我喜爱的艺术形式"这个非常宽泛的话题，如果想面面俱到，反而会无从下手，泛泛而谈也会流于肤浅。如果把思维定向于诗歌、绘画、舞台表演、音乐等其中的某一项，即把话题拉近到我们熟悉的领域，自然就会有很多话可说了。相反，遇到范围较窄的话题，我们则需要运用发散思维来扩大视野范围。例如"谈服饰"，可以上溯到远古时代，谈最早的服装和饰物，可以谈在阶级社会里如何根据服饰去判断人的高低贵贱，还可以尽情想象未来的服装。

（三）用语得当

在保证"主干"内容得到清晰表达、"出口千言而不离中心"的基础上，应做到以下几点：一是尽量少用长句，多用短句，少用整句，多用散句，使句式结构简单明了，使语意表达简洁明快；二是应避免书面语，尽量多用口语词，例如书面语中的"本人""此次"应换成"我""这次"；三是避免方言土语，如东北话的"膈应"和"整个浪"（"讨厌""厌烦"和"全部""全都是"）、北京话的"颠儿"和"撒丫子"（"跑""逃跑"）、四川话的"为撒子"（"为什么"）等；四是避免使用网络语言，网络词语属于非正式语言，并不适合命题说话，如"够够的""醉了""东东""亲"等。

（四）语速适中

一般来说，命题说话时的语速不可太快，否则会出现吃字、吞音、表达不清等现象。语速过快，还会导致语音、词汇、语法的接连出错，还会直接导致规定的时间未到而准备的内容已经很快说完，在余下的时间里不知所措。所以，在测试中，不妨把语速放慢些。

一是可以一边说，一边注意自己的发音，避免许多发音上的失误；二是可以一边说，一边斟酌词句，大大降低用词和语法上的错误；三是可以一边说，一边检查说话过程中的一些疏漏，及时更正或补救。但也不可太慢，否则将会影响着说话的流畅性和语句情感的表达。正常语速应控制在每分钟220~260字，最快每分钟也不能超过280字。

（五）细微着手

积极拓展说话内容，掌握从细微处着手拓展说话内容的技巧，可以有效地克服内容贫乏的现象。例如，"朋友"话题，说到我和朋友之间的关系时，不能只是笼统地用"好""很好""非常好""绝对好"来进行简单的评价，笼统地说"形影不离、无所不谈"也还是不够，而应该从小处着手，深入下去，铺展开来，发掘"好"的具体表现，而且是越详细越好，用具体的事例去铺陈。

再比如"我喜爱的植物"话题，可以介绍你所喜欢的某一种花，可以细致描述它的干、枝、叶的色泽和形状，尤其对花朵可以浓墨重彩地去铺陈；谈它的颜色、形状，它给你带来的种种奇妙的联想；还可以谈它在一天之中不同的时刻有没有变化，有怎样的变化；甚至还可以谈它的习性、养护知识、药用价值，等等。

（六）扬长避短

如果自己在语音上存在一些问题的话，那么在测试时，就要在充分了解自身的语音缺陷的基础上，尽量回避难点音。例如：h与f不分的，就尽量不要使用h做声母的音节（湖、虎、户等）；舌面音靠前，就尽可能少用"j、q、x"做声母的音节，如把"母亲"换成"妈妈"等。

七、普通话水平测试用话题

（1）我的一天
（2）老师
（3）珍贵的礼物
（4）假日生活
（5）我喜爱的植物
（6）我的理想（或愿望）
（7）过去的一年
（8）朋友
（9）童年生活
（10）我的兴趣爱好
（11）家乡（或熟悉的地方）
（12）我喜欢的季节（或天气）
（13）印象深刻的书籍（或报刊）
（14）难忘的旅行

（15）我喜欢的美食
（16）我所在的学校（或公司、团队、其他机构）
（17）尊敬的人
（18）我喜爱的动物
（19）我了解的地域文化（或风俗）
（20）体育运动的乐趣
（21）让我快乐的事情
（22）我喜欢的节日
（23）我欣赏的历史人物
（24）劳动的体会
（25）我喜欢的职业（或专业）
（26）向往的地方
（27）让我感动的事情
（28）我喜爱的艺术形式
（29）我了解的十二生肖
（30）学习普通话（或其他语言）的体会
（31）家庭对个人成长的影响
（32）生活中的诚信
（33）谈服饰
（34）自律与我
（35）对终身学习的看法
（36）谈谈卫生与健康
（37）对环境保护的认识
（38）谈社会公德（或职业道德）
（39）对团队精神的理解
（40）谈中国传统文化
（41）科技发展与社会生活
（42）谈个人修养
（43）对幸福的理解
（44）如何保持良好的心态
（45）对垃圾分类的认识
（46）网络时代的生活
（47）对美的看法
（48）谈传统美德
（49）对亲情（或友情、爱情）的理解
（50）小家、大家与国家

实训操练

认真理解普通话水平测试用的50个话题,选择其中一个,结合自己生活实际与思想实际,说一段完整的话。600~800字,时间不少于3分钟。力求做到语音准确,用语规范,层次清晰,结构完整,中心突出。可采用"写—背—讲"的模式进行训练。先借助文字厘清思路,然后结合个人生活、学习或工作实际组织材料,要有话可说,最后成于心、形于口,完整说出来。

参 考 文 献

[1] 宋欣桥．普通话语音训练教程［M］．北京：商务印书馆，2017．
[2] 国家语言文字工作委员会普通话培训测试中心．普通话水平测试实施纲要［M］．北京：语文出版社，2021．
[3] 张颂．朗读学［M］．北京：北京广播学院出版社，1999．
[4] 黄伯荣，廖序东．现代汉语［M］．北京：高等教育出版社，2001．
[5] 赵秀环．播音主持艺术语言基本功训练教程［M］．北京：中国传媒大学出版社，2011．
[6] 曾志华，吴洁茹，等．普通话训练教程［M］．北京：中国传媒大学出版社，2017．
[7] 李伟群．服务行业普通话［M］．北京：中国劳动社会保障出版社，2006．
[8] 王桂波．普通话培训与测试教程［M］．北京：高等教育出版社，2012．
[9] 沈阳．现代汉语［M］．北京：北京师范大学出版社，2016．
[10] 吴弘毅．实用播音教程［M］．北京：中国传媒大学出版社，2002．
[11] 姚喜双．普通话口语教程［M］．北京：高等教育出版社，2009．